Next 教科書シリーズ

# 社会保障

神尾 真知子・古橋 エツ子 編

弘文堂

# はしがき

　社会保障は、私たちの生活を支え、保障するものである。私たちにとって身近で大切な社会保障であるが、制度が多岐にわたっているため、全体像を理解することは必ずしも容易とはいえない。そこで、本書は、人生において出会う様々な出来事を時系列的に取り上げ、具体的な事例を通して、社会保障制度がいかに私たちの生活と密接につながっているのかを、周辺の問題・事件・判例も取り上げながら解説している。そして、どのような社会保障制度であれば、より生きやすい社会を作ることができるのかを考える糸口を提示している。

　主に、人生前期では「妊娠・出産・子育て」、人生中期では「失業、労災、生活保護、医療の諸問題」、人生後期では「高齢者雇用、高齢者医療、年金、介護、老後の資産、孤立死、お墓」について取り上げている。そして、人生全般にかかわる「医療保険、年金保険、障害者福祉」についても説明している。本書は、法学部以外の学部における社会保障および関連科目の講義に使用できる教科書とするために、わかりやすい表現につとめ、理解を助けるための図や表を適宜使っている。また、各章の最後に、簡単な設問が用意されているので、それらの設問を解くことによって社会保障の理解を確実なものとしてほしい。

　この『Next 教科書シリーズ　社会保障』を通じて学習することによって、どのような社会保障制度があるのかを理解すると同時に、少子高齢化および男女共同参画社会のなかで、社会保障制度はどうあるべきかを考えるきっかけとなれば幸いである。

　最後になったが、本書の刊行にあたり、弘文堂編集部の世古宏さんには、企画の段階から大変お世話になった。執筆者を代表して、心より感謝の意を表したい。

2014 年 1 月

執筆者を代表して　神尾真知子

# 略語表

## 法令名（五十音順）

| | |
|---|---|
| 憲 | 憲法 |
| 健保 | 健康保険法 |
| 厚年 | 厚生年金保険法 |
| 高年齢者雇用安定法 | 高年齢者等の雇用の安定等に関する法律 |
| 公務員労災 | 国家（地方）公務員災害補償法 |
| 国健保 | 国民健康保険法 |
| 国年 | 国民年金法 |
| 国年令 | 国民年金法施行令 |
| 雇児発 | 厚生労働省雇用均等・児童家庭局長の通知 |
| 雇保 | 雇用保険法 |
| 失保 | 失業保険法 |
| 児福 | 児童福祉法 |
| 障害者虐待防止法 | 障害者虐待の防止、障害者の養護者に対する支援に関する法律 |
| 自立支援法 | 障害者自立支援法 |
| 総合福祉法 | 障害者総合福祉法 |
| 認定こども園法 | 就学前の子どもに関する教育、保育等の総合的な提供の推進に関する法律 |
| 母体保護 | 母体保護法 |
| 労安衛 | 労働安全衛生法 |
| 労基 | 労働基準法 |
| 労災 | 労働者災害補償保険法 |

## 判例

| | |
|---|---|
| 大判 | 大審院判決 |
| 最大判 | 最高裁判所大法廷判決 |
| 最判（決） | 最高裁判所判決（決定） |
| 高判（決） | 高等裁判所判決（決定） |
| 地判（決） | 地方裁判所判決（決定） |
| 家審 | 家庭裁判所審判 |

## 判例集等（五十音順）

| | |
|---|---|
| 家月 | 家庭裁判月報 |
| 刑録 | 大審院刑事判決録 |
| 賃社 | 賃金と社会保障 |
| 判時 | 判例時報 |
| 判タ | 判例タイムズ |
| 民集 | 最高裁判所民事判例集 |
| 労民 | 労働関係民事裁判例集 |

**百選**　西村健一郎 = 岩村正彦編『社会保障判例百選〔第 4 版〕』別冊ジュリスト 191 号（有斐閣、2008）

# 目　次　　Next教科書シリーズ『社会保障』

はしがき…iii
略語表…iv

## はじめに…1

1. 「ゆりかごから墓場まで」の社会保障…1
2. 「自助」「共助」「公助」…2
3. 自立した個人と社会連帯…2
4. 社会保障を形づくる制度…3
   A. 社会保険…3　　B. 社会福祉サービス…4
   C. 社会手当…5　　D. 公的扶助…5
5. 社会保障の財源…5
6. 社会保障制度の課題…5

## ■第Ⅰ編■　人生前期の"ゆりかご"から…7

### 第1章　妊娠・出産・子育てに関する保健法制度…9

1. 妊娠から出産までの保健制度―事例を契機に…10
   A. 妊婦の健康診査と未受診の事例…10
   B. 妊婦の健康診査への助成制度と費用格差…10
   C. 妊娠・出産の費用負担…11　　D. 出産費用と医療保険制度…11
   E. 出産休業中の健康保険制度による給付の差…11
   F. リプロダクティブ・ヘルス/ライツ…12
2. ライフサイクルにおける保健制度…13
   A. 母子保健制度…13　B. 学齢期の保健―学校保健安全法…16
   C. 保健教育―成人保健の基礎…16
3. 健康と保険の関連法制度…17
   A. 保健と健康…17　　B. 感染症関連法制度…17　　C. 予防接種法…18
   D. 健康増進法…19　　E. 地域保健…20　　F. 保健制度への再考…21
   [コラム]　フローレンス・ナイチンゲール…21

   ● 知識を確認しよう…22

### 第2章　不妊・出生前診断・中絶など…23

1. 高齢出産…24

　　　　A. 高齢出産の事例…24　　B. 出産時平均年齢—晩婚化晩産化…24
　　　　C. 不妊治療…24　　D. 出生前診断…27

　　2　母性の保護…28
　　　　A. 母体保護法…28　　B. 不妊手術…28
　　　　C. 人工妊娠中絶…29　　D. 受胎調節…30

　　3　出生をめぐる社会保障…30
　　　　A. 不妊…30　　B. 性犯罪被害者への支援…32
　　　　C. 出産費用／出産育児一時金…33　　D. 生活保護世帯…33
　　　　E. 障害児への援助／産科医療補償制度…34

　　4　幸せを求めて…34
　　　　［コラム］SACHICO…35

　　　　● 知識を確認しよう…36

## 第3章　子どもへの虐待に関する支援保障…37

　　1　「子どもへの虐待」に関する事例…38
　　　　A. 児童虐待防止法の制定と経緯…38　　B. 児童虐待の現状について…38
　　　　C. 児童福祉の福祉施設収容の承認申立の事例…40
　　　　D. 児童養護施設の入所継続の事例…41
　　　　E. 福祉専門職による児童虐待の事例…41　　F. 里親と生活…43

　　2　児童虐待防止法…43
　　　　A. 児童虐待防止法とは…43　　B. 児童虐待防止に対応する機関…44
　　　　C. 児童虐待防止への展開過程…45
　　　　D. 児童虐待防止にむけての取組…46　　E. 里親制度…46

　　3　児童虐待防止法の課題…48
　　　　［コラム］民法の改正…49

　　　　● 知識を確認しよう…50

## 第4章　子育てへの支援制度…51

　　1　保育施設における事故の課題…52
　　　　A. 保育制度の整備へのアプローチ…52　　B. 保育施設における事故…52

　　2　子育て支援施策への取組みと課題…55
　　　　A. 少子化への子育て支援施策…55
　　　　［コラム］合計特殊出生率と1.57ショック…56
　　　　B. 子育て支援施策の課題—母性神話と3歳児神話…56
　　　　C. 経済的な子育て支援—児童手当…58

　　3　保育サービスの現状…58
　　　　A. 保育所…58　　B. 家庭的保育事業…60

　　　　［コラム］家庭的保育制度—保育ママ・保育パパ…61
　　　　C. 認定こども園…61
　4　子育て支援制度への取組みと提言…63
　　　● 知識を確認しよう…64

■第Ⅱ編■　　人生中期の"活躍のとき"…65

## 第5章　任期制雇用・派遣・パートなどと雇用保障…67
　1　労働者と失業…68
　　　A. リーマンショックと非正規雇用労働者の失業…68
　　　B. 失業というリスク…68　　C. 失業保険から雇用保険へ…69
　2　雇用保険制度…70
　　　A. 雇用保険の特色…70　　B. 保険者、被保険者、保険料…70
　　　C. 保険給付…72　　D. 雇用二事業…78
　3　求職者支援制度…78
　4　今後の課題…79
　　　● 知識を確認しよう…80

## 第6章　雇用現場における労災と労働環境…81
　1　労働災害に関する事例…82
　　　A. 業務災害…82　　B. 通勤災害の事例…85
　2　労働災害に関する主な対策…87
　　　A. 労働基準関係法令…87　　B. 労働基準監督署…88
　　　C. メンタルヘルス対策…89　　D. アフターケア（社会復帰促進等事業）…89
　3　私たちを取り巻く環境と労災保険…90
　　　A. 社会環境と労災保険…90　　B. ジェンダーと労災保険…91
　4　労災保険制度に関する提言…92
　　　［コラム］労災保険のひとり歩き…93
　　　● 知識を確認しよう…94

## 第7章　リストラ・失業・DV・災害に対する生活保護制度…95
　1　生活保護とは…96
　　　A. 身近にある貧困…96　　B. 生活保護制度の役割…97

## 2　生活保護法のしくみ…98

A. 生活保護の目的…98　　B. 基本原理…99　　C. 基本原則…102
D. 生活保護の利用…102　　E. 保護の種類および内容…103
F. 保護の実施体制および財源…106　　G. 不服申立てと訴訟…106

## 3　生活保護の動向―転換期にある生活困窮者への支援策…107

● 知識を確認しよう…108

# 第8章　医療行為・医療過誤・臓器移植など、医療の諸問題…109

## 1　医療従事者と医療行為…110

A. 医療・医業の定義…110　　B. 医療行為…110

## 2　現代の医療…111

A. 医学の進歩がもたらした諸問題…111　　B. 脳死は人の死…112
［コラム］脳死…113
C. 臓器移植について…113　　D. WHOガイドラインについて…114
E. 2009（平成21）年の臓器移植法について…114

## 3　ゲノムとゲノム解読…114

## 4　未来医療への研究…115

A. 臨床研究…116　　B. 再生医療…116
C. 臨床試験…117　　D. 治験…117

## 5　生命倫理とその課題…118

A. バイオエシックス―そのルーツと今後の問題…118
B. 医療における同意…119　　C. 医療事故と法的解決手続…120

## 6　医療保障のゆくえ…121

● 知識を確認しよう…122

# ■第Ⅲ編■　人生後期の"生活保障"…123

# 第9章　高齢期の雇用保障・医療保障と生きがい対策…125

## 1　高齢期の雇用保障と事例…126

A. 高齢期の雇用問題…126　　B. 定年後の再雇用に関する裁判事例…126
C. 高年齢者雇用安定法の概要…127　　D. 雇用保障と老齢（退職）年金…128

## 2　高齢期の医療保障…129

A. 高齢期の受療率と医療保険制度の課題…129
B. 医療保険の種類…130　　C. 退職者医療制度…131
D. 前期高齢者財政調整制度…132　　E. 後期高齢者医療制度…132

## 3　高齢期の生きがい対策…133

A. 高齢者対策のなかの生きがい対策…133
B. 社会参加活動の促進施策…134　　C. 学習活動の促進施策…135
D. 高齢者のボランティア活動の参加状況…135

4　高齢期の雇用保障制度への提言…136

［コラム］高齢者の年齢は何歳から？…137

● 知識を確認しよう…138

## 第10章　介護・虐待・孤立死に関する問題…139

1　家庭介護の事例からみる課題…140

A. 逆・老老介護の事例…140
［コラム］社会福祉協議会：社協…141
B. 家族介護と自己決定の課題…141
［コラム］社会的入院…141

2　介護の社会化と介護保険制度…143

A. 介護保険法の施行…143　　B. 家族介護者への現金給付論争…144
C. 介護のための早期退職―本人と社会の損失…144
D. 介護保険制度に関する課題…145　　E. 介護保険制度「改正」の課題…145
［コラム］後期高齢者と高齢化率…146

3　高齢者虐待の発生要因と事例…147

A. 3つの虐待・暴力防止法と世代間連鎖…147　　B. 高齢者虐待の事例…148

4　高齢者の孤立死の現状と対策…150

A. 孤立死の現状…150
［コラム］遺品処理等に関する費用の例…151
B. 孤立死への対策…151

5　生活者としての「命」を守るための提言…152

● 知識を確認しよう…152

## 第11章　晩年における資産・清算などの問題…153

1　資産と老後資金…154

A. 老後の資金計画…154　　B. 自己の「資金」…155

2　リバースモーゲージ…157

A.「リバースモーゲージ（Reverse Mortgage）」とは…157
［コラム］マイホーム借り上げ制度…161
B. リバースモーゲージの問題点と課題…161

3　リビングニーズ特約…163

A.「リビングニーズ特約」とは…163
B. その他の生前給付型保険とこれからの課題…164

［コラム］生命保険契約の買取契約とモラル・ハザードの問題…165
　　●知識を確認しよう…166

## 第12章　死期・お墓に関する法制度…167

1　死期に関する社会保障の事例…168
　　A. 家族が亡くなった時―遺族補償年金の事例…168
　　B. 家族が亡くなった時の弔慰金・見舞金・生活再建支援金の事例…169

2　お墓に関する法的問題…173
　　A. イエ意識とお墓にまつわる法律との関係…174
　　B. 日本の動向と海外のお墓事情…177
　　［コラム］死後の男女差解消…179

　　●知識を確認しよう…180

## ■第Ⅳ編■　人生全般を支える社会保障…181

## 第13章　医療保険…183

1　職域保険と地域保険…184

2　保険者と被保険者・被扶養者…185
　　A. 健康保険…185　　B. 国民健康保険…186

3　保険給付…187
　　A. 療養の給付…187　　B. 高額療養費…187　　C. 療養費…187
　　D. 保険外併用療養費…187　　E. その他の給付…189

4　保険診療の仕組み…190
　　A. 診療報酬…190　　B. 減点査定…191

5　最新動向…192
　　A. 日本の医療改革の動向…192　　B. 諸外国の医療改革の動向…193
　　［コラム］混合診療…195

　　●知識を確認しよう…196

## 第14章　年金保険…197

1　保険料…198
　　A. 年金加入対象者数…198　　B. 保険料納付義務…198　　C. 免除制度…199
　　D. 猶予制度…200　　E. 免除または猶予される場合の所得基準と年金額…200

2　公的年金制度…200

　　　　　A. 老齢年金…201　　B. 障害年金…202　　C. 遺族年金…204
　　3　年金財政…206
　　　　　A. 積立方式・賦課方式…206　　B. 保険者と被保険者…206
　　4　近年の法改正…208
　　　　　［コラム］AIJ 企業年金…209
　　　　　● 知識を確認しよう…210

## 第15章　障害者福祉…211

　　1　障害者福祉に関する事例と現状…212
　　　　　A. 重度身体障害者の介護事例…212
　　　　　B. 障害者の高齢化、孤立、貧困などに関連する事例…213
　　　　　C. 障害者の権利—障害者虐待防止法との関連…214
　　　　　D. 障害者福祉サービス利用…215
　　2　障害者の所得保障…216
　　　　　A. 障害者の経済的自立を図る制度…216
　　　　　B. 年金保険における障害者の社会保障…216
　　　　　C. 生活保護、災害補償などにおける障害者の社会保障…217
　　　　　D. 障害者の社会手当…217
　　3　障害者福祉における法制化への背景…218
　　　　　A. 障害の概念…218　　B. 障害者福祉の理念…218
　　　　　C. 障害者福祉に関する法律…219
　　　　　D. 社会福祉基礎構造改革—措置から契約へ…219
　　4　障害者総合支援法と課題…220
　　　　　A. 障害者総合支援法の概要…220
　　　　　B. 障害者総合支援法に基づく障害者福祉サービス…221
　　　　　C. 障害者総合支援法と課題—措置を必要とする例…222
　　5　障害者に対する社会保障—障害者福祉への展望…223
　　　　　［コラム］発達障害者支援法…224
　　　　　● 知識を確認しよう…224

## おわりに——支援も保障も…225

　　1　第Ⅰ編「人生前期の"ゆりかご"から」…226
　　2　第Ⅱ編「人生中期の"活躍のとき"」…227
　　　　　［コラム］みなし適用点…228
　　3　第Ⅲ編「人生後期の"生活保障"」…229
　　4　第Ⅳ編「人生全般を支える社会保障」…230

# はじめに

## 1 「ゆりかごから墓場まで」の社会保障

　イギリスは、第2次世界大戦後、社会保障政策のスローガンとして「ゆりかごから墓場まで」を掲げた。このスローガンは、社会保障が生涯にわたって人々を支え、保障することを示している。社会保障は、老齢、疾病、負傷、失業など、人生において出会う様々なリスクから人々を守り、人々が安心して生活できる基盤を作るものである。

　図1は、日本の社会保障制度と関連する雇用制度の展開を、生涯という

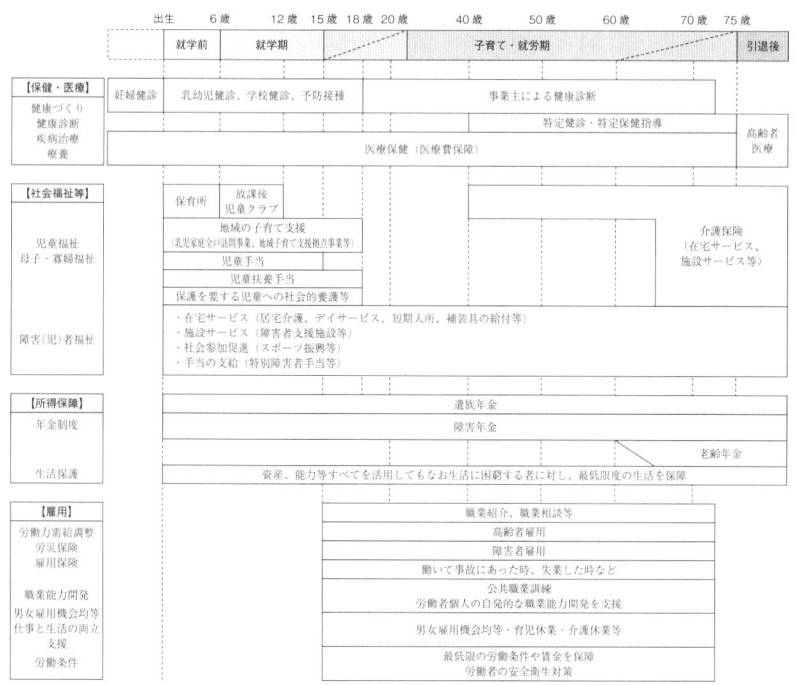

出典：「平成24年版厚生労働白書」

図1　国民生活を生涯にわたって支える社会保障制度

横軸で見たものである。お母さんのお腹にいるときから、老後まできめ細かく、社会保障が人々の生活を支えていることがわかる。

　これまでの社会保障の教科書は、年金、医療というように制度論的に社会保障を説明してきたが、本書は、人生の各段階における社会保障の役割と意義を解説することによって、社会保障を身近に理解できるようにしている。すなわち、「ゆりかごから墓場」までの社会保障を、本書において展開している。また、社会保障に関連する諸制度等も説明している。

## 2　「自助」「共助」「公助」

　社会保障は、「自助」「共助」「公助」を組み合わせることから成り立っている。「自助」は、自らの健康や生活を自分で守ることを基本とする。個人で老後のために貯金したり、民間保険に入ったりすることなどをいう。「共助」は、疾病や負傷などの生活上の様々なリスクに、社会連帯の考え方で支え合うことである。人々が、万一に備えて日ごろから社会保険料を支払い、疾病等になった時に支え合う社会保険は、「共助」である。「公助」は、これらで対応できない場合に生活を保障する。税金を財源として生活困窮に陥っている人々を公的に支援する生活保護などがある。

　「自助」「共助」「公助」をどのように組み合わせ、どこに重点を置くのかは、その国のあり方が決める。日本は、「共助」である社会保険を中心に、社会保障制度を構築している。

## 3　自立した個人と社会連帯

　現代社会は、「自立した個人」を前提としているが、実際の個人は、病気になったり、失業したり、老齢になったり、弱い存在でもある。「自助」だけで、様々な人生におけるリスクに対応することは困難である。

人間は、「社会的な動物である」といわれるように、ひとりでは生きていけないので、家族、職場、地域社会などの社会を作って生きている。そこでは、相互に依存し、結合しているという、人間同士の連帯が自然に生まれる。そのような自然の連帯を超えて、「社会連帯」という考え方が生まれた。

　私たちは、社会のなかに生まれて生きているが、それは過去の人類の能力と活動の蓄積並びに同時代の他人の能力および活動の上で生活が可能になっている。したがって、共同体のメンバーである全ての個人に、自分以外のメンバーに対する何らかの債務（社会的債務）が生じている。各メンバーは、社会を存立させていくため、メンバー間の不公平を是正したり、生活のリスクへの負担を分け合ったりすることについて、自由な議論と合意を通じて、義務としてのルール（義務としての連帯）を設定し、それを果たすことで正義を実現することが必要である。

　社会連帯の考え方は、強制加入の社会保険の成立につながっていく。

## 4　社会保障を形づくる制度

　社会保障を形づくる制度には、社会保険、社会福祉サービス、社会手当、公的扶助がある。

### A　社会保険

　社会保険は、人生の様々なリスクのうち一定のリスク（保険事故という）について、人々が予め社会保険料を拠出し、実際にリスクに遭った人に、現金やサービスを支給する仕組みである。保険料を負担したことに対して保険給付が行われるという「拠出制」になっており、生活保護のように税金で賄われ、拠出を要件としない「無拠出制」と比較すると、給付の権利性が強いと言われている。社会保険は、貧困を防止する（防貧）機能がある。

　どのような保険事故に対して、どのような単位で保険集団を構成し、どのような給付を行うかは、国によって様々である。日本は、雇われている

人が入っている被用者保険を中心に、社会保険の制度設計がなされている。一定の要件を満たした被用者であれば被用者保険に強制加入し、それ以外の人すべては、地域保険である国民健康保険や国民年金に強制加入する。そのような制度設計によって、年金と医療に関して、「国民皆保険、皆年金」を達成した。

　厚生労働省は、「国民皆保険、皆年金」の説明を次にようにしている。国民すべてが公的な医療保険に加入し、病気やけがをした場合「誰でも」「どこでも」「いつでも」保険を使って医療を受けることができる。老後の生活保障について、自営業者や無業者を含めて、国民すべてが国民年金制度に加入し、基礎年金の給付を受ける。しかし、この「国民皆保険、皆年金」は、貧困層や非正規雇用の増大によって、ゆらいでいる。

　社会保険には、年金保険、医療保険、介護保険、雇用保険、労災保険がある。雇用保険と労災保険は、労働保険と総称され、年金保険、医療保険、介護保険は、すべての人々が対象となるのに対し、労働保険は、労働者が対象となる。

　年金保険は、老齢、障害、遺族を保険事故とし、所得保障（現金給付）を行う。医療保険は、疾病や負傷に対して主に医療サービス（診療、投薬などの現物給付）を提供する。介護保険は、最も新しい社会保険であり、老齢による要支援状態や要介護状態に対して介護サービス（家事などの現物給付）を提供する。雇用保険は、失業を保険事故として、所得保障（現金給付）を行うことを主な目的としている。労災保険は、業務上の災害や通勤途上の災害を保険事故として、被災労働者または遺族に対して、補償する。労災保険だけは、保険料は使用者のみの負担となっている。

## B　社会福祉サービス

　社会福祉は、高齢者福祉、障害者福祉、児童福祉、母子福祉、生活保護を総称する言葉として使われる場合がある。ここでは、社会福祉サービスという言葉を使い、老齢等による日常生活上の困難に対して、福祉サービス（介護サービスなどの現物給付）を提供することをいう。生活保護は、公的扶助に分類する。Aで述べたように、高齢者福祉は、主に介護保険という社会保険の仕組みによって運営されている。

## C 社会手当

　社会手当は、生活上の特別の出費に対して、現金給付を行う。社会保険のように保険料の拠出を必要とせず（無拠出制）、公的扶助のように資産調査を行わずに支給されるが、受給には所得制限がある場合が多い。児童手当、児童扶養手当、特別児童扶養手当などがある。

## D 公的扶助

　公的扶助は、生活困窮者に対して、憲法25条が保障する「健康で文化的な最低限度の生活」を保障する。財源は税金であり（無拠出制）、資産調査が行われる。公的扶助は、貧困に陥った人を救う（救貧）という目的を持っており、「社会保障の最後のセーフティネット」である。

# 5　社会保障の財源

　様々な社会保障制度を運営するためには、財源を必要とする。財源の主なものとして、国庫、地方公共団体の負担、保険料がある。日本の社会保険制度は全額保険料で賄われているわけではなく、国や地方公共団体も一部負担している。
　図2は、日本の社会保障制度の財源を図示したものである。

# 6　社会保障制度の課題

　今、社会保障制度は大きな転換点に立っている。
　第1に、少子高齢化である。高齢化率でみると、昭和45（1970）年に7.1%だったのが、平成22（2010）年には23.0%となっている。また、合計特殊出生率をみると、昭和45年の2.13から平成22年の1.39に急激に低下している。日本の基礎年金は、世代間扶養の制度設計になっているので、年金

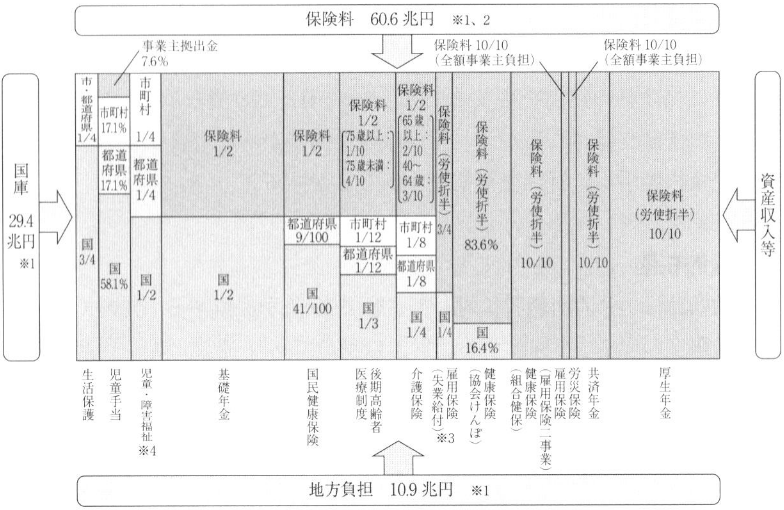

※1 保険料、国庫、地方負担の額は平成 24 年当初予算ベース
※2 保険料は事業主拠出金を含む。
※3 雇用保険（失業給付）については、当分の間、国庫負担額（1/4）の 55％に相当する額を負担。
※4 児童・障害福祉のうち、児童入所施設の措置費の負担割合は、原則として、国 1/2、都道府県・指定都市・中核市・児童相談所設置市 1/2 となっている。

出典：「平成 24 年版厚生労働白書」

**図 2　社会保障財源の全体像（イメージ）**

を支える人が減り支えられる人が増える少子高齢化は、賦課方式の年金制度の根幹を揺るがす事態である。

　第 2 に、格差が拡大していることである。社会保障制度、特に社会保険制度は、長期雇用の正社員を中心とする制度設計になっている。しかし、世界的なグローバリゼーションのなかで、企業は労働コスト削減のために非正規雇用を増やし、労働法制の規制緩和も後押しした。現在、3 人に 1 人が非正規雇用である。非正規雇用であるために、被保険者資格を満たせずに、被用者保険や雇用保険から排除されるという事態が生じている。

　第 3 に、社会保障制度が前提となる家族が変わってきていることである。これまでの社会保障制度では、「一家の稼ぎ手の夫と扶養される妻」という家族を前提としてきた。現在では、「夫も妻も働く世帯」の方が、「夫が働き妻は働かない世帯」よりも多くなってきている。立法が前提とすべき事実が変化してきているのに、社会保障制度は、変化に対応できていない。

# 第Ⅰ編

## 人生前期の"ゆりかご"から

第1章　妊娠・出産・子育てに関する保健法制度

第2章　不妊・出生前診断・中絶など

第3章　子どもへの虐待に関する支援保障

第4章　子育てへの支援制度

# 第1章 妊娠・出産・子育てに関する保健法制度

## 本章のポイント

1. ゆりかごから墓場まで、生涯にわたる保健は、保健サービスのみで実現できるとは限らない。妊娠・出産は「病気ではない」とされているため、正常分娩は医療保険の対象外である。そのため、妊婦の健診費用、駆込み出産の問題なども起きている。
2. 妊娠・出産に関する費用は、女性が就労している場合、夫の医療保険でカバーされる場合、医療保険では全く負担されない場合など、「差」が生じている。
3. 母子保健における親・保護者と乳幼児への保健教育、学校保健における保健教育は、成人保健への基礎となる。自分の健康は、自分で守ると自覚する義務がある。そのためには、保健関連の法制度を認識し、確認し、実効していかなければならない。

# 1 妊娠から出産までの保健制度——事例を契機に

## A　妊婦の健康診査と未受診の事例

　2006年に、「奈良の妊婦が12の病院をたらい回しにされ死産」との新聞記事があった。この妊婦は、妊婦に必要とされている妊婦健康診査（以下、妊婦健診）を受けておらず、かかりつけの医師がいない「飛び込み出産」であった。2007年の新聞でも、妊娠してから一度も検診を受けず、陣痛が始まってから初めて救急車を呼ぶ飛び込み出産で、病院に受け入れを拒否された記事が掲載されている。この病院が妊婦の受け入れを断った理由は、妊娠の経過を全く知らないため、その妊婦の妊娠中の健康状態の経過がわからず、出産における危険性がつかめないことや、出産に伴う妊婦の血液や体液中の感染源の有無が不明であるなど、受け入れる側にも理由があったとしている。

## B　妊婦の健康診査への助成制度と費用格差

　妊婦健診は、母体と胎児の健康状態の経過を判断する検診であるが、その費用負担は1回について、約5,000～10,000円が必要である。さらに、追加検査の必要性がある場合はそれに上乗せされる。このような経済的負担が妊婦の未受診の背景にあるとされている。これらをふまえ、厚生労働省（以下、厚労省という）は、妊娠初期より妊娠23週（第6月末）までは4週間に1回、妊娠24週（第7月）より妊娠35週（第9月末）までは2週間に1回、妊娠36週（第10月）以降分娩までには1週間に1回、合計14回程度の妊婦健診を受けることが望ましいとし、この14回を各地方公共団体の助成の啓発を行っている。

　厚労省は、「妊婦健康診査の公費負担の状況にかかる調査結果について」として、2012年4月1日現在、公費負担回数の全国平均は14.04回（公費負担回数が無制限の16市町村を除く1,726市区町村の集計）となっている。しかし、地方公共団体による費用格差があるため問題は残されている。

## C　妊娠・出産の費用負担

わが国では、妊娠・出産は「病気」ではないという考え方が根強く、妊娠から出産までの保健は、その費用負担を実費で支払うのが現状である。つまり、帝王切開などの異常分娩の場合は医療保険の対象となるので費用負担は軽くなるが、自然分娩の場合は後述の「出産育児一時金」しか給付されないため、かなりの費用負担となっている。

こうした出産に関連する費用負担が、妊娠をためらう原因になったり、妊娠から出産までの保健に対する認識や必要性を自覚していても、保健制度を活用しにくい場合があったりなど、課題となっている。

## D　出産費用と医療保険制度

出産にかかる費用は一般的には40万～50万とされている。自然分娩は費用負担が実費である。出産費用については、医療保険制度に基づく出産育児一時金が給付される。まさに名前のとおり定額制の「一時金」であって、健康保険適用の医療機関による3割の自己負担・7割の医療費給付制度とは異なる。「出産は病気ではない」と認識されているからである。この出産育児一時金は、原則として子ども1人につき42万円である。

本制度は、本人が健康保険制度に加入していることが条件である。また、健康保険に加入している夫の被扶養者として届け出されている場合には、「家族出産育児一時金」が支給される。

なお、助産院などの産科医療制度に加入していない医療機関での出産の場合は、一時金は39万円となる。出産育児一時金は、死産・流産・早産・人口妊娠中絶の場合も、妊娠4月（85日）以後の出産であれば支給される。

## E　出産休業中の健康保険制度による給付の差

働いている女性が出産した場合、産前産後の休業ができるが、休業期間中は無給である。そのため、健康保険から「出産手当金」が支給される。つまり、産前・産後休業は出勤したものとして計算することになっている（労基39条8項）。その額は、「標準報酬日額の3分の2相当額」である。この出産手当金は、パートやアルバイト、契約社員であっても、勤め先の健康保険に加入し、産休中も継続して加入していることが条件である。した

がって、健康保険に加入していない場合や産休中も継続して加入していない場合には支給されない。このように、正規雇用や非正規雇用でも、勤務先の条件や状況によって、給付の差が生じてくる。

## F　リプロダクティブ・ヘルス/ライツ
### [1] 女性の健康

リプロダクティブ・ヘルス/ライツ（reproductive health rights）は、「性と生殖に関する健康と権利」と訳され、女性の生涯が身体的、精神的、社会的に良好な状態であること享受する権利である。つまり、女性の生涯にわたる生命の安全の権利であるといえる。その内容は、1994年にカイロで開かれた国際人口会議において、次の4つが提言されている。
①女性が自ら、出産の間隔や出産の数などを決定できること
②女性の安全な妊娠と出産が保障されること
③出産後の女性と生児が健全な小児期を送れること
④性感染症の恐れなしに性的関係を持つことができること

このような権利の行使の必要性が提言された背景には、①女性の妊娠や出産にあらゆるリスクが存在すること、②女性の妊娠や出産が、健康面だけでなく、仕事や自己実現に大きく影響すること、③パートナーのとの協働が重要な鍵であることを示している。このように、リプロダクティブ・ヘルス/ライツは、女性の安全な妊娠や出産・育児が、その国の平和や繁栄を担っているということを、グローバルな視点で考えようとする顕著な提言である。

### [2] 母体の保護

母体保護に関するわが国の法律には、1952年に制定された母体保護法がある。これは、1948年に施行された「優生保護法」が、不良な子孫の出生を防止すという優生学上の見地に基づいて、母体の健康を保護することを目的とし、優生手術・人工妊娠中絶・受胎調節の実地指導などについて規定していた。それを、1996年に優生思想に基づく部分を削除し、「母体保護法」に改正、改称された経緯がある。

「この法律は、不妊手術及び人工妊娠中絶に関する事項を定めること等

により、母性の生命健康を保護することを目的とする」(同法1条)とし、不妊手術について、「妊娠又は分娩が、母体の生命に危険を及ぼすおそれのあるもの」、「現に数人の子を有し、かつ、分娩ごとに、母体の健康度を著しく低下するおそれのあるもの」およびその配偶者を対象に定めている。また、母性保護として「妊娠の継続又は分娩が身体的又は経済的理由により母体の健康を著しく害するおそれのあるもの」、「暴行若しくは脅迫によって又は抵抗若しくは拒絶することができない間に姦淫されて妊娠したもの」は医師の認定による人工妊娠中絶が行えるとしている。

本法は、受胎調節、不妊治療、人工妊娠中絶についての法的な規定にとどまっており、女性の生涯を見据えた法律というには、その目的からしても十分とはいえない。それは、リプロダクティブ・ヘルス/ライツが、女性のライフサイクルの健康への具体的な施策を整備の基本となる理念であるからである。

# 2 ライフサイクルにおける保健制度

わが国の保健制度は、胎児期、出生、死亡まで、ライフサイクルの全てを通して多岐にわたる制度が整備されてきた。これはまさに、「ゆりかごから墓場まで」という訳で知られている。この原文は"from womb to tomb"(子宮にいる時から墓場まで)である。

## A 母子保健制度

わが国の母子保健制度は、人間のライフサイクルにおける健康の基盤を築く最初の一歩である。1965年に制定された母子保健法は、児童福祉法とともに、児童や母子の健全育成に寄与してきた。母子保健法では、「この法律は、母性並びに乳児及び幼児の健康の保持及び増進を図るため、母子保健に関する原理を明らかにするとともに、母性並びに乳児及び幼児に対する保健指導、健康診査、医療その他の措置を講じ、もつて国民保健の向上に寄与することを目的とする」と明記している(1条)。

このように、母子保健法は、母子の健康の保持増進のための国の具体的な施策が明記されているだけではなく、子どもが国の将来にとっていかに大切な存在であるかということや、そのためには母親の健康を守り、母性の尊重が確実に行使されなければならないことを示している。また、「母性は、みずからすすんで、妊娠、出産又は育児についての正しい理解を深め、その健康の保持及び増進に努めなければならない」とし（4条1項）、「乳児又は幼児の保護者は、みずからすすんで、育児についての正しい理解を深め、乳児又は幼児の健康の保持及び増進に努めなければならない」としている（同2項）。

### [1] 母子保健対策

ここでは、母子保健対策の内容について主なものを示す。まず、妊娠した人は、速やかに、保健所を設置する市又は特別区においては保健所長を経て市長または区長に、その他の市町村においては市町村長に「妊娠の届出」をすること行うことが定められている。妊娠の届け出により、市町村は「母子健康手帳の交付」をしなければならない。

また、市町村の責務は、①出産・育児に関する相談、個別的・集団的な指導および助言ならびに地域住民の活動を支援するなど、知識の普及を行うこと、②妊産婦、その配偶者、乳幼児の保護者に対して、妊娠・出産・育児に関して必要な保健指導を受けることを勧奨すること、③保健指導を行うことなどである。さらに、新生児の訪問指導、健康診査があり、妊産婦も受診が勧奨されている。健康診査の対象は次のとおりである。
①満1歳6ヵ月を超え満2歳に達しない幼児
②満3歳を超え満4歳に達しない幼児

そのほか、「栄養の摂取に関する援助」、「妊娠期や出産後の両親学級」、「予防接種」、「家族計画指導」などがある。

### [2] ハイリスクをもつ母子保健対策

出産した子どもに、医療的援護や子どもが発達上のリスクをもつ場合の母子保健対策としては次のものがある。

## (1) 低体重児の届出

出生時体重が 2,500 グラム未満の乳児が出生したときは、その保護者は、速やかに、その旨をその乳児の現在地の都道府県、保健所を設置する市または特別区に届け出なければならない。低体重児は、その健康状態を早く把握し、必要な医療機関への連携を行う必要がある場合があるため、保健師による訪問がおこなわれる。

## (2) 未熟児の訪問指導

未熟児とは、栄養状態や呼吸器や循環器などの臓器が未熟である子どもや代謝などの未熟が認められる子どもをいう。日本小児科学学会では、生まれた週数に関係なく、2500 グラム未満の乳児を低出生体重児とするが、未熟児は、原則として体重にかかわりなく成熟度を示す用語としている。

都道府県、保健所を設置する市または特別区の長は、その域内に現在地を有する未熟児に、養育上必要があると認めるときは、医師、保健師、助産師またはその他の職員を訪問させ、必要な指導を行わせる。

## (3) 養育医療

都道府県、保健所を設置する市または特別区の長は、養育のため病院または診療所に入院することを必要とする未熟児に対し、その養育に必要な医療（以下、養育医療という）の給付、またはこれに代えて養育医療に要する費用を支給することができる。具体的には、①診察・薬剤または治療材料の支給・医学的処置、②手術およびその他の治療、④病院または診療所への入院およびその療養に伴う世話その他の看護・移送などである。

## [3] 母子保健の対象拡大—父子手帳の交付

近年では、妊娠や出産、育児は父母がともに行えるようにする制度や政策が増えてきた。たとえば、出産前後の妊婦の生活や健康の保持増進のための保健指導は、以前は「妊婦教室」や「母親教室」として母親を対象に行われていたが、最近では、未婚・新婚・既婚の男女を対象に、婚前学級・新婚学級・両親学級（両親教室）など、名称や対象が拡大されている。

最近では、「母子手帳」とともに「父子手帳」の交付を実施している地方公共団体もある。母子保健水準の指標である、周産期死亡率・新生児死亡率・乳児死亡率・妊産婦死亡率などは、わが国は世界的に高水準にある。

## B 学齢期の保健─学校保健安全法

　学齢とは、学校に就学して教育を受けることが適切とされる年齢のことをいう。わが国では、満 6 歳の誕生日以後の最初の 4 月 1 日から満 15 歳に達した日以後の最初の 3 月 31 日までの 9 年間が該当する。

　「学校保健法」は、1958 年に制定されたが、2009 年に改題され、「学校保健安全法」となり、学校の環境管理に関する条項が加わった。同法 1 条では「この法律は、学校における児童生徒等及び職員の健康の保持増進を図るため、学校における保健管理に関し必要な事項を定めるとともに、学校における教育活動が安全な環境において実施され、児童生徒等の安全の確保が図られるよう、学校における安全管理に関し必要な事項を定め、もつて学校教育の円滑な実施とその成果の確保に資することを目的とする」としている。

　主な内容は、学校の設置者の義務として、「その設置する学校の児童生徒等及び職員の心身の健康の保持増進を図るため、当該学校の施設及び設備並びに管理運営体制の整備充実その他の必要な措置を講ずるよう努めるものとする」とし (4 条)、学校保健計画の策定など・学校環境衛生基準・保健室を置くことが規定されている。また、健康相談 (8 条)、保健指導 (9 条) では、養護教諭その他の職員による、相互に連携を行い、児童・生徒の健康上の問題があると認めるときは、児童・生徒やその保護者に必要な指導を行うこととし、教職員すべてが学齢期の子どもの健康の保持増進に協力体制をとる必要性を明記している。

　同法では、就学時の健康診断、児童生徒などの健康診断とその方法、時期について定め、健康診断の結果に基づき、疾病の予防処置を行い、または治療を指示し、運動および作業を軽減するなど適切な措置をとらなければならないとしている。また、教職員の健康診断について規定し、教育者の健康の保持増進をはかるものとしている (15 条)。これは、教職員の健康と学齢期の児童・生徒の健康を相互に守る必要性を示している。

## C 保健教育─成人保健の基礎

　成人の定義は、国によって異なる。わが国では、民法 4 条の「年齢 20 歳をもって、成年とする」という規定があり 20 歳が成人である。

成人は、母子保健や乳幼児期・学齢期の保健と密接につながっている。たとえば、生活習慣病は、乳幼児期からの予防によって、その発症を抑えることができる場合も多く。このため、母子保健における保護者や幼児への保健教育および学校保健における保健教育は、成人保健への基礎となる。なお、成人保健に関する高齢者の保健は、第13章を参照されたい。

# 3 健康と保健の関連法制度

## A 保健と健康

「保健とは健康を保つこと」という定義が一般的である。わが国では、WHOの健康の定義が広く紹介されている。WHO（世界保健機関）が制定したWHO憲章前文で、健康は「完全な肉体的、精神的及び社会的福祉の状態であり、単に疾病又は病弱の存在しないことではない」と定義している。「"Health is a state of complete physical, mental and social well-being and not merely the absence of disease or infirmity."」（昭和26年官報掲載の訳）

1998年、WHO執行理事会におけるWHO憲章全体の見直し作業において、「健康」の定義を「完全な肉体的（physical）、精神的（mental）、Spiritual及び社会的（social）福祉のDynamicな状態であり、単に疾病又は病弱の存在しないことではない」と改めることが議論された。

「"Health is a dynamic state of complete physical, mental, spiritual and social well-being and not merely the absence of disease or infirmity."」

しかし、Spiritualという用語の解釈が議論となったことにより、加盟国の批准には至らず、継続審議されている。

## B 感染症関連法制度

2011年に施行された「感染症の予防及び感染症の患者に対する医療に関する法律」は、わが国における感染症の蔓延を防止し、公衆衛生上の向上をはかるという意味では、乳幼児期から高齢者に至るまですべての人を対象としている。本法は、「この法律は、感染症の予防及び感染症の患者に対

する医療に関し必要な措置を定めることにより、感染症の発生を予防し、及びそのまん延の防止を図り、もって公衆衛生の向上及び増進を図ることを目的とする」とその目的を示している（1条）。

同法は、感染力・重篤度・危険性の高さ、届出の緊急性によって1類感染症から5類感染症に分類している。伝染性疾患は、出生から死亡まで、感染の機会が多くある。また、重症度によっては重篤な状態を引き起こしたり、後遺症を残したりする場合もある。

近年では、鳥インフルエンザや、原因不明の急性肺炎として2003年にアジアを中心に拡大した、重症急性呼吸器症候群、(Severe Acute Respiratory Syndrome) が、世界規模の流行、いわゆるパンデミック（pandemic）が国際的に問題となったことは記憶に新しい。本法に規定されている感染症のなかには、先に述べた予防接種法で規定された伝染性疾患も入っているが、予防接種が無いものも多く存在するため、とくに乳幼児への感染防止に積極的に取り組む必要がある。

## C 予防接種法

1948年に制定された予防接種法は、「伝染のおそれがある疾病の発生及びまん延を予防するために公衆衛生の見地から予防接種の実施その他必要な措置を講ずることにより、国民の健康の保持に寄与するとともに、予防接種による健康被害の迅速な救済を図ることを目的とする」と定めている（1条）。あらゆる疾患のなかでも、予防接種は、ワクチンによる予防が可能である疾患について、その接種につき、疾患別に接種の費用や接種時期などが規定されている。

予防接種は、定期接種と任意接種とがある。定期接種は、国が感染症の蔓延を防止し、公衆衛生の向上を目指し、接種を強く勧めているものである。このため、国や自治体が行っており、無料で受けられる。一方、任意接種は努力義務であり、保護者や本人の接種の意向によって、希望があれば接種できる。この場合、全額自己不安である。ただし、定期接種にはその期間に規定があり、規定期間外の接種は、任意接種となるため費用も全額自己負担となる。

予防接種は、その副反応についての懸念も否定できない。このため、定

期・任意接種ともに、かかりつけ医と相談して受けることが必要である。

2009年の「麻疹」の大流行によって、国は「麻疹」の予防接種を無料で臨時に行ったことは記憶に新しい。この原因として、予防接種が「努力義務」であることや、予防接種の安全性の根拠について多くの見解があること、実際に予防接種による重篤な副反応の症例が報告されているため、接種をためらう場合が多いことが指摘されている。しかし、学校などの集団の場、病院や介護施設など、体力や免疫力の低下している人が多い場に出入りする人たちが感染源にならないようにすることも大切である。

感染症の蔓延は、伝染性疾患によって、公衆衛生上の大きな問題となるにもかかわらず、健康保険は適用できない。このように、①定期接種の時期に接種できず公費負担の適用にならないこと、②健康保険が適用されないことなど、疾患の予防対策が全額自己負担であるという点は、人間ドックも同様である。自己の疾患の予防や健康チェックに健康保険が適用されないことは、今後の大きな課題である。

## D 健康増進法

健康増進法は、2012年に制定された。本法の目的は、「我が国における急速な高齢化の進展及び疾病構造の変化に伴い、国民の健康の増進の重要性が著しく増大していることにかんがみ、国民の健康の増進の総合的な推進に関し基本的な事項を定めるとともに、国民の栄養の改善その他の国民の健康の増進を図るための措置を講じ、もって国民保健の向上を図ること」である（1条）。また、「国民は、健康な生活習慣の重要性に対する関心と理解を深め、生涯にわたって、自らの健康状態を自覚するとともに、健康の増進に努めなければならない」とし、国民自らが自己の健康を守る必要性を明記している（2条）。

この法律では、国と地方公共団体による、①教育活動および広報活動を通じた健康の増進に関する正しい知識の普及、②健康の増進に関する情報の収集、整理、分析および提供、③研究の推進や健康の増進に係る人材の養成および資質の向上、④市町村による生活習慣の改善の相談に応じることや、栄養指導、保健指導などが規定されている。

その他、公共施設や学校における受動喫煙の防止、販売に供する食品に

つき、乳児用、幼児用、妊産婦用、病者用その他内閣府令で定める特別の用途に適する旨の表示をしようとする者は、内閣総理大臣の許可を受けなければならない。また、その場合は、製品見本を添え、商品名、原材料の配合割合および当該製品の製造方法、成分分析表、許可を受けようとする特別用途表示の内容その他内閣府令で定める事項を記載した申請書を、その営業所の所在地の都道府県知事を経由して内閣総理大臣に提出しなければならない。

## E　地域保健

　地域保健は、公衆衛生の向上や、わが国の国民の生涯の保健を担うことが国や地方公共団体の指名であること、その権利を行使するための各種の施策を総合的に統括する役割がある。

　1994年に制定された「地域保健法」は、1937年に制定された「保健所法」を、改正し、改称したものである。本法は、「地域保健対策の推進に関する基本指針、保健所の設置その他地域保健対策の推進に関し基本となる事項を定めることにより、母子保健法（昭和40年法律141号）その他の地域保健対策に関する法律による対策が地域において総合的に推進されることを確保し、もつて地域住民の健康の保持及び増進に寄与すること」を目的としており（1条）、保健、福祉、医療、その関連分野が総合的に国民の健康を守るものである。

　本法は、2001年に一部改正がなされた。その背景には、①阪神淡路大震災など地域住民の生命、健康の安全に影響を及ぼす事態が頻発し、健康危機管理のあり方の問題になったこと、②介護保険制度が施行され、地域における健康危機管理体制の確保や介護保険制度の円滑な運用のために、地域保健対策として取組みを強化する必要があったことである。

　具体的には、①国民の健康づくりの推進、②次世代育成支援対策の総合的かつ計画的な推進、③高齢者対策と介護保険制度の円滑な実施のための取組み、④精神障害者施策の総合的な取組み、⑤児童虐待防止対策に関する取組み⑥生活衛生対策、⑦食品衛生対策、⑧地域保健と産業保健の連携などである。

　これらの事業を実施する中心施設として、各地方公共団体は「保健福祉

センター」を設置している。保健福祉センターは、社会問題となっている児童虐待への対応の中心拠点のひとつである。また、感染症サーベイランス事業の基礎となる地域単位の統計や報告を行うなど、地域環境の整備や監視を行う公衆衛生活動の基幹でもある。

## F 保健制度への再考

この章では、妊娠から出産までの保健制度を述べた。だが、健康で人生の最期を迎えるためには、胎児から「健康」を意識することが大切である。何より、自分の意思で健康を認識し、努力しなければならない。そのためには、すべての人が保健・医療などの給付差がないように、乳幼児から成人にいたるまで、人生トータルで健康をつなげていく「保健制度」の整備を再考し、制度の見直しをする時がきているのではないだろうか。

### コラム　フローレンス・ナイチンゲール

看護の先駆者であるフローレンス・ナイチンゲールは、看護の役割を明確にした一人である。彼女は、クリミア戦争での傷病者への看護の経験から、環境衛生の重要性を指摘している。どんなに健康な人でも、劣悪な環境はその人の健康を脅かす。また、どんなに劣悪な環境でも、その人の生命力が強ければそれに打ち勝つこともできる。公衆衛生の重要性はそこにある。彼女は、「病気はどのような状況でも、一種の回復過程である」とし、その回復過程を助けるのが看護の重要な役割であるとしている。また、看護は、健康・不健康を問わず、健康のステージ全てに看護の役割があるとし、健康な人への看護が保健であること、また看護は患者のみならず、患者の家族やその周囲の人にも必要であるとしている。

#### もっと知りたい方へ
- 神庭純子『初学者のための『看護覚え書』第3巻―看護の現在をナイチンゲールの原点に問う』現代社白鳳選書37（現代社、2013）
- 大西和子ほか『ヘルスプロモーション』（ヌーヴェルヒロカワ、2006）

## 知識を確認しよう

**問題**
(1) 妊娠から出産、子育てを支援する施策にはどのようなものがありますか。胎児とその母親だけでなく、家族への施策について説明しなさい。
(2) ライフサイクルを通して、健康の保持・増進のためにはどのような施策がありますか。個人だけではなく、公衆衛生の側面からも説明しなさい。

**解答への手がかり**
(1) 胎児、母親、父親、家族への援助は、疾病でない限り、医療保険が適用されない。このため、保健や福祉サービスについて考えてみよう。
(2) 国民の健康を守るために、母子保健、学校保健、成人保健、高齢者保健サービスや法律を整備してみよう。

# 第 2 章 不妊・出生前診断・中絶など

## 本章のポイント

1. 自分の子どもを持ちたいという願いは特別なことではない。生殖補助医療の進歩で、かつては叶わなかった願いを叶えられるようになった。私たちが生命の誕生をコントロールすることをどのように考えればよいのだろうか。
2. 中絶は本来犯罪である。望まない妊娠から女性を守る制度にはどのようなものがあるのか。母体保護法によって認められる人工妊娠中絶は、母体の健康を著しく害するおそれのある身体的理由・経済的理由に該当する場合と性暴力による場合である。
3. 不妊治療、人工妊娠中絶など、出生をめぐる社会保障にはどのようなものがあるのだろうか。性犯罪被害者に対する救済制度も含めて、健康保険の適用の有無や公的な補助制度をみる。

# 1 高齢出産

## A 高齢出産の事例

　2011年1月6日、帝王切開で1人の重い障害のある子どもが生まれた。2154グラムの男の子である。母は、41歳から10年間にわたり不妊治療に取り組んだ。体外受精を13回失敗（うち1回は流産）した後、第三者からの卵子提供により50歳で初めて子どもを持つことができた。妊娠初期に胎児の重大な奇形（臍帯ヘルニア・心臓疾患）が分かっていたが、そのまま妊娠を継続した。大量出血して、2ヵ月半入院を余儀なくされ、生まれてきたときは仮死状態だった。誕生後すぐに食道閉鎖症が見つかり、経口食は不可能と診断された。NICU（新生児集中治療室）、PICU（小児集中治療室）での治療が続けられ、2年間に気管切開、食道、胃、心臓など9度手術が行われた。2013年4月8日、ようやく退院し自宅での生活をはじめることができた。母のブログにはかわいい写真がアップされている。

## B 出産時平均年齢―晩婚化晩産化

　1980年の平均初婚年齢は、夫が27.8歳、妻が25.2歳であったが、2010年では夫が30.5歳、妻は28.8歳で、この30年間に夫は2.7歳、妻は3.6歳上昇している。第1子を出生した時の母親の年齢も同様に上昇傾向で、2010年には29.9歳、2011年は30.1歳と初めて30歳を超えた（厚生労働省の人口動態統計）。30年前と比較して3.5歳上昇している。そして、30代後半以降になると、女性の妊娠・出産にリスクが伴うようになるとともに、妊娠率は低下し、不妊治療に移行することになる。有配偶女性の出生率も35歳を境に低下する。晩婚化に伴う晩産化傾向は、不妊治療を余儀なくされる夫婦の増加につながる。

## C 不妊治療
### [1] 不妊から生殖補助医療へ

　国立社会保障・人口問題研究所の出生動向基本調査によれば、夫婦の理想の子ども数は一貫して減少傾向にあるとはいえ、2010年でも2.42人、実

表2-1 生殖補助医療の種類

|  |  | 卵子 | 精子 | 懐胎者 |
|---|---|---|---|---|
| 人工授精 | AIH | 妻 | 夫 | 妻 |
|  | AID | 妻 | ドナーM | 妻 |
| 体外受精 | 配偶者間 | 妻 | 夫 | 妻 |
|  | 精子提供型 | 妻 | ドナーM | 妻 |
|  | 卵子提供型 | ドナーF | 夫 | 妻 |
|  | 胚提供型 | ドナーF | ドナーM | 妻 |
| 代理懐胎 | 代理母型<br>(サロゲートマザー) | ドナーF | 夫 | ドナーF |
|  | 借り腹型<br>(ホストマザー) | 妻 | 夫 | 第三者 |
|  | 借り腹＋精子提供 | 妻 | ドナーM | 第三者 |
|  | 借り腹＋卵子提供 | ドナーF | 夫 | 第三者 |
|  | 借り腹＋胚提供 | ドナーF | ドナーM | 第三者 |

際には何人の子どもを持つつもりか（以下予定子ども数）の平均は2.07人である。予定子ども数が理想子ども数を下回る理由は、理想を3人以上としている夫婦は経済的理由をあげる割合が高いが、理想が2人以下や30代以上の夫婦では、年齢・身体的理由をあげている。

不妊とは、世界保健機関の定義によれば「避妊をしていないのに2年以上にわたって妊娠に至れない状態」のことである。不妊の原因としては、疾患によるものもあるが、男女どちらにも疾患がなく妊娠に至らない場合の主な原因は、加齢による妊娠出産能力の低下、卵子の老化である。

不妊治療は、適切な性交の指導から始まり、排卵促進剤・誘発剤の投与や、不妊の原因となる疾病（子宮内膜症など）の治療、人工授精、体外受精などがある。生殖補助医療とは、これらのうち、生殖を補助することを目的として行われる人工授精、体外受精、顕微授精、代理懐胎などの医療をいう（表2-1）（法務省法制審議会生殖補助医療関連親子法制部会）。

女性が30代後半以降になると、6組に1組の夫婦が通常の妊娠ができず、体外受精による出産は増加している。2010年に生殖補助医療で生まれた子どもは28,945人（体外受精67,714件、顕微授精190,677件、凍結融解胚83,626件）で、全出生児（1,071,304人）の2.7%、すなわち出生児37人に1人の割合で誕生していることになる。

### [2] 非配偶者間の場合

　医療技術が進んだことにより、夫婦の精子と卵子の受精によらなくても子どもを持つことが可能になった。1949年、提供精子による人工授精（AID）によってはじめての子どもが誕生して以降、10年間に1万人以上が生まれたといわれている。この間、法律の整備は行われておらず、日本産科婦人科学会の自主規制に従っている。以下は、特に記載のない場合、同学会会告にもとづいている。

　AIDについては、法律上の夫婦であることと夫婦双方の同意を前提として認めているが、倫理的・法的・社会的基盤に十分配慮することが求められている。出生した子どもは夫婦の嫡出子として認めることを確認したうえで治療を始める。提供精子については、健康な提供者の凍結保存精子を用いることと、同一提供者からの出生児数が10名以内となることが実施の条件である。体外受精・胚移植については、心身ともに妊娠・分娩・育児に耐え得る状態の配偶者間に限定している。胚提供（精子卵子とも提供）は認めていない。卵子提供（ED）は禁止されている。このようななか、日本生殖医学会は2009年3月、姉妹や知人からの卵子提供を容認する見解を発表している。しかし、現状では生殖補助医療による出生子の親子関係に関する法制度が未整備であるため、近親者間の卵子提供は複雑な親子関係・人間関係をつくることとなる。

### [3] 代理懐胎

　日本産科婦人科学会は、代理懐胎を認めていない。それは、①子どもの福祉を最優先するべきである、②身体的危険性・精神的負担を伴う、③家族関係を複雑にする、④代理懐胎契約は倫理的に社会全体が許容しているとは認められないことを理由とする。日本学術会議の提言でも、代理懐胎は原則禁止である。現実には、これを無視する形で少数の医師により代理懐胎が実施されている。人工授精でも体外受精によっても子どもを得られなかった夫婦が、アメリカの一部の州やインドなど海外において代理出産を依頼した例は100例を超えるといわれている。借り腹、いわゆるホストマザー型代理懐胎で実親子関係を認めなかった事例がある（最決平成19・3・23民集61-2-619）。

## D 出生前診断
### [1] 受精卵診断と胎児診断
　出生前診断には、着床前診断と言われる受精卵診断と、着床後に行われる胎児診断がある。受精卵診断は遺伝性疾患の早期発見を目的とする診断と、不妊治療の一環として妊娠率・出産率を上げるために行われる受精卵スクリーニングがある。優生学的な生命の選別につながることへの批判がある。胎児診断は、出生前に胎児の状態を知るための診断学であり、一般的な妊婦健診で行われる超音波診断（エコー検査）もこれに含まれる。出生前診断を提示されなかった親が、予期しない障害児の出生に関し、損害賠償請求したケースがある（PM病の第1子を持つ親が、その後の妊娠に関する説明に関して慰謝料と経済的負担分を請求：東京高判平成17・1・27判時1953-132、先天性風疹症候群児の出生の可能性について慰謝料を請求：東京地判昭和58・7・22判タ507-246、同じく風疹の事例で慰謝料と普通児と比較して特に出捐される費用を請求：東京地判平成4・7・8判時1468-116）。

　日本産科婦人科学会は、着床前診断については、重篤な遺伝性疾患に限るなどの条件を付けており、出生前診断については、夫婦からの希望があって、十分な遺伝カウンセリングなどによる理解が得られた場合に特定の条件下の妊娠についてのみ行う旨の見解を明らかにしている。

### [2] 新型出生前診断
　2011年、米国のシーケノム（Sequenom）社が開発した、これまでの出生前診断と比較してダメージが少なく高精度とされる新型出生前診断が2013年4月から日本にも導入された。妊婦の採血のみで、胎児の染色体異常が陽性か陰性かで表される。ダウン症の場合、陰性ならば99.9％の確率でダウン症ではないと診断される。一方陽性の場合、受診する妊婦の年齢が低いほどダウン症である確率が下がり、年齢が高いほど確率は高くなる。

　検査を受けることができる妊婦には条件がある。①超音波検査・母体血清マーカー検査で、胎児に染色体異常の疑いがある、②過去に染色体異常の児を妊娠したことがある、③35歳以上の高齢妊娠のいずれかである。

　この検査の実施は日本医学会により認定された実施病院でのみ、当面「臨床研究」として行われる（2013年6月現在23施設）。陽性の場合には、羊水検

査を受けて胎児の異常の有無を確定することになる。医療保険の対象外であるため、自己負担は約 21 万円と高額である。

## 2 母性の保護

### A 母体保護法
　母性の生命健康の保護を目的とする母体保護法は、平成 8（1996）年に優生保護法（昭和 23 年 7 月 13 日制定）の一部を改正、改称された法律である。大きな改正点は、「優生上の見地から不良な子孫の出生を防止」するという目的とともに、強制断種などに係る条文が削除され、優生手術は不妊手術と言いかえられたことである。優生保護法は、昭和 15（1940）年に制定された国民優生法に由来したため、遺伝性疾患や障害を持つ人の不妊手術・人工妊娠中絶が正当なものとして行われてきた。また、昭和 24（1949）年には経済的理由による人工妊娠中絶を認めている。
　母体保護法は、不妊手術および人工妊娠中絶ならびに受胎調節の実地指導について規定している。法定の理由がある場合に認められる不妊手術も人工妊娠中絶も、本人の同意なしに行うことはできない。また、配偶者がいる場合は配偶者の同意も必要である。

### B 不妊手術
　不妊手術とは、生殖腺を除去することなしに、生殖を不能にする手術で厚生労働省令をもって定めるものをいう（母体保護 2 条 1 項）。不妊手術は、妊娠または分娩が母体の生命に危険を及ぼすおそれのある場合、子どもが複数いて以後出産予定がなく配偶者の同意がある場合に、母体保護法にもとづいて行われる。前者は医療保険の対象となる。不妊手術は外科手術を必要とし、元に戻して再び子どもを持つことには困難を伴う。
　優生保護法のもとでは、遺伝性精神病や顕著な遺伝性身体疾患とされた人々に対して、本人の同意を伴わない優生手術（不妊手術）が行われた。同意を前提としながら事実上強制された、ハンセン病患者に対する不妊手術

と合わせると、その数は1996年までに約1万8000件にのぼる。

## C 人工妊娠中絶

　人工妊娠中絶とは、胎児が、母体外において生命を保続することのできない時期に、人工的に、胎児およびその附属物（胎盤、卵膜、臍帯、羊水）を母体外に排出することをいう（母体保護2条2項）。妊娠中絶に係る法は、刑法と母体保護法であるが、堕胎禁止を定める刑法（212条）の規定が原則であり、条件付きで人工妊娠中絶を認める母体保護法が例外規定である。人工妊娠中絶は、①妊娠の継続または分娩が身体的または経済的理由により母体の健康を著しく害するおそれのあるもの、②暴行もしくは脅迫によってまたは抵抗もしくは拒絶することができない間に姦淫されて妊娠したもの、のいずれかに該当する者に対して、医師会の指定を受けた指定医師が行う場合にのみ認められる（母体保護14条1項）。胎児に障害があるという理由での中絶（胎児条項）は認められていない。

　医療保険の対象でない人工妊娠中絶の費用は高額で、一般に、妊娠初期（11週まで）の場合は約13万円、中期（12週以降）は30〜40万円かかる。

### [1] 母体の健康

　母体保護法14条1項に該当すると指定医師が認めれば、中絶が可能になる。実態としては99％が「経済的理由」にもとづくものといわれている。経済的理由（中絶の適応）の有無を判断するのも指定医師である。

　胎児に障害のあることは、中絶の理由として認められていないのは先に述べたとおりである。しかし、「出生する子に異常が生じるかどうかは切実かつ深刻な関心事であることは当然」であって（東京地判平成4・7・8判時1468-116）、産婦人科医のなかに、「妊婦が異常児の出産を憂慮するあまり健康を損なう危険がある」と唱える者がいることを認める判例がある（東京地判昭和58・7・22判タ507-246）。人工妊娠中絶か障害ある子どもを持つかのいずれを選ぶかの判断は、両親の高度な道徳観・倫理観にかかる事柄である。なお、「胎児が、母体外において生命を保続することのできない時期」については、厚生事務次官通知により平成3（1991）年1月からは満22週未満とされている。

### [2] 強姦（暴行・脅迫）

母体保護法（14条1項2号）では、前述のように、性暴力などの結果妊娠してしまったものは、人工妊娠中絶を行うことができる。本人の同意が必要であること、指定医師によって行われることは同条1号の場合と同様である。

### D 受胎調節

受胎調節は、子どもを産む・産まないの意思をもって、計画的に避妊したり妊娠したりすることであるが、避妊の意味で用いられることが多い。妊娠・出産を避ける方法として最もリスクの少ないものが受胎調節である。コンドーム・ペッサリーの使用、経口避妊薬（ピル）の服用、排卵時期を避けるなどのほか、子宮内避妊器具（IUD）の挿入等の方法がある。ペッサリーは医師の診断が前提で、挿入は医師による。受胎調節の実地指導は、都道府県知事の認定する講習を修了した助産師、保健師または看護師が行う。

## 3 出生をめぐる社会保障

### A 不妊
#### [1] 不妊治療の保険適用

初期の一般不妊治療としての排卵誘発剤の投与、卵管形成術などや精管形成術は保険の適用範囲である。しかし、原因の明らかでない不妊は「疾病」ではなく、保険給付外とされ自由診療となる。医療機関により差はあるが、人工授精で1〜3万円、体外受精や顕微授精の場合は20〜60万円と高額である。

保険適用には賛否両論があるが、推進派は①生殖補助医療の費用の適正化や、②生殖補助医療の適正な利用と実施が図られること、③保険適用上、保険給付の内容として移植される卵や胚の数に保険適用上の制限を設けることができるから、患者に対して、どこまで治療を続けるかについての1つの目安を提示できるなどのメリットを指摘する。保険適用が阻まれる主

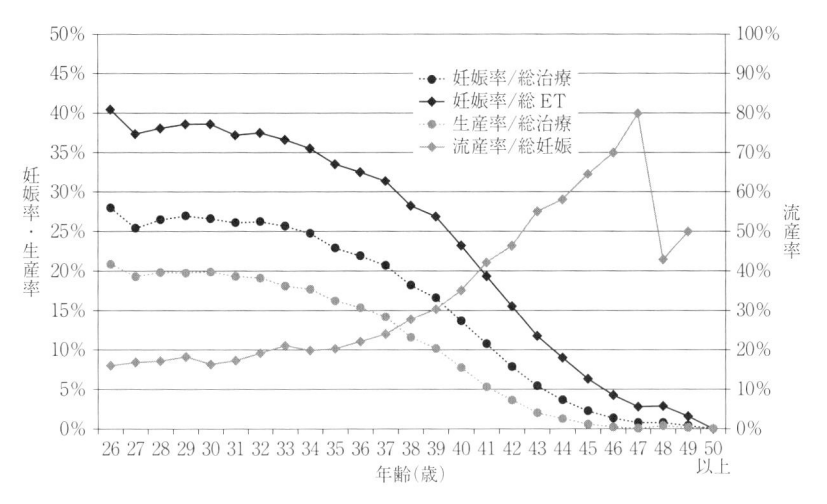

図中凡例:
- 妊娠率/総治療
- 妊娠率/総ET
- 生産率/総治療
- 流産率/総妊娠

出典）日本産科婦人科学会　ARTデータ集　http://plaza.umin.ac.jp/~jsog-art/data.htm

注）
ART（Assisted Reproductive Technology）：体外受精・胚移植、顕微授精、凍結胚移植など、配偶子を人為的に操作して受精させ、妊娠に至らしめる一連の生殖補助技術の総称。
ET（Embryo transfer）：一般的な体外受精・胚移植（In vitro fertilization-Embryo transfer : IVF-ET）。

図2-1　ART 妊娠率・生産率・流産率　2010

な要因は①疾病該当性、②生殖補助医療の実験医療性、③多胎妊娠に伴う減胎手術の倫理上の問題、④財源確保が困難であることなどである。

一方、保険適用に批判的な立場からは、①不妊患者に対して周りから安易に妊娠・出産を強制されかねない、②少子化対策の視座があるなどの指摘がある。

生殖補助医療にかかる費用の全額あるいは一部について、保険給付若しくは補助の対象とする国は25ヵ国にのぼっている。

## [2] 特定不妊治療費助成事業

体外受精や顕微授精などの生殖補助医療の平均的な費用は、前述のように非常に高額である。少子化対策の一環として、この治療を受ける夫婦の経済的負担を軽減するため、2004年度から、費用の一部を助成する特定不妊治療費助成事業が導入された。

体外受精および顕微授精（以下「特定不妊治療」という）以外の治療法によっては妊娠の見込みがないかまたは極めて少ないと診断された法律上の夫婦がこの治療を受けた場合、治療費の一部が給付される。1 年度あたり 1 回 15 万円を限度に、1 年目は年 3 回まで、2 年目以降は年 2 回まで、通算 5 年度（期間が連続している必要はない）まで、通算 10 回申請できる。

1 回の治療とは原則、診察（治療計画）、採卵・採精、特定不妊治療、胚移植、診察までの一連の不妊治療をいう。住所要件、所得制限（夫婦合算で 730 万円未満）が設けられている。2004 年度開始当初の受給件数は、約 17,600 件であったが、2012 年度は約 115,200 件と急増している。

年齢が上がるにつれ、妊娠する確率は下がり、一方で流産の確率が上昇するとの調査結果から、公費による助成についての検討が行われている（図 2-1）。11、12 年度に助成を受けた人のうち 40 歳以上の人の割合は 3 割を超えている。現在年齢制限はないが、今後は 43 歳未満など年齢制限が設定され、受給上限回数も減ることになる。

厚生労働省が各都道府県などに整備を進めている不妊専門相談センターでは、専門家が不妊に悩む夫婦に対して、治療内容や医療機関などに関する情報を原則として無料で提供する。

## B 性犯罪被害者への支援

性犯罪被害者に対しては、平成 18（2006）年度より警察庁の事業として、緊急避妊などに要する医療費が公費で負担されている（16 道府県に支給上限額あり）。初診料・診断料・緊急避妊薬処方・性感染などの検査費用・人工妊娠中絶費用・診断書料などが含まれる。

国は、平成 23（2011）年の第 2 次犯罪被害者等基本計画にもとづき、ワンストップ支援センターの設置を促進している。ワンストップ支援センターとは、性犯罪被害者に対して、医師による心身の治療、医療従事者・民間支援員・弁護士・臨床心理士などによる支援、警察官による事情聴取等の実施が可能なセンターのことである。性暴力救援センターとして、先行設置されていた大阪府（コラム参照）、愛知県に続いて、東京、佐賀、北海道などで設置が進んでいる。平成 23（2011）年 2 月に緊急避妊薬レボノルゲストレルが承認され、ワンストップ支援センターでも提供される。これは従

来のホルモン配合剤より副作用が少なく、被害後72時間以内に2錠服用する。この薬の服用により妊娠を回避できる確率は約84%である。

警察では、性犯罪被害者に対して、精神的被害を軽減するための相談・カウンセリング体制を整備している。

性犯罪被害に伴う精神疾患は、犯罪被害者給付金制度の対象となる。

## C 出産費用／出産育児一時金

正常な妊娠・出産は病気（保険事故）ではないので、医療保険の適用対象とはされない。したがって、出産費用は全て自己負担ということになる。2010年、厚生労働省により出産費用に関する初の全国調査が行われ、全国平均は約47万であると公表された。最も高かったのは東京都の56万3617円、次いで神奈川県の52万172円、最も安かったのは鳥取県の39万1459円であった。もちろん、妊娠に伴い、何らかの異常があるときや帝王切開などは医療保険の対象となる。

出産費用をまかなうため、出産育児一時金が医療保険各法に基づいて支払われる。医療保険の被保険者または被扶養者が妊娠4ヵ月（12週85日）以降で出産すると、子ども1人につき42万円、産科医療補償制度（後述）のない病院や医療機関以外で出産した場合は39万円が給付される。死産や流産の場合も受給対象となる。妊娠週数22週未満の場合は、産科医療補償制度の加算対象とされないため39万円である。出産費用の準備ができなくてもいいように、平成21年10月からは医療機関に直接支払われる。

## D 生活保護世帯

生活保護受給者が妊娠・出産にあたって受けることができるのは以下に該当するものである。

不妊手術（母体保護3条）、人工妊娠中絶（同14条）は医療扶助の適用となる。人工妊娠中絶の場合、流産手術で算定された手術費用（医療扶助）と12週以降22週未満までは分娩費用（出産扶助）が支給される。

出産にあたっては、まず助産施設を利用して出産する（児福36条、現物給付）。この場合でも、衛生材料費（5400円以内）の支給は認められる。入院助産施設が見つからない場合には、出産扶助が適用され、規定の範囲内で実

費が支給される。これは分娩介助料・沐浴料・分娩前後の処置料などと衛生材料費であり、居宅分娩は249,000円以内、施設分娩は245,000円以内である。施設分娩は通常自治体指定病院となり、8日以内の実際の入院日数に要する必要最小限度の分娩費用が加算される。通常は入院料・処置料・分娩介助料・食事療養費・新生児介補料・産科医療補償制度保険料・胎盤処置料・新生児用品貸与料・新生児介補料加算（都道府県）である。

### E　障害児への援助／産科医療補償制度

　産科医療補償制度は、分娩に関連して発症した重度脳性麻痺児に対する補償と脳性麻痺の原因分析・再発防止を目的として平成21年1月に創設された。補償の対象となるのは、この制度に加入している分娩機関の医学的管理下における分娩で出生した児が、①原則33週以降に体重2000グラム以上で誕生し、②身体障害者障害程度等級1級または2級に相当する重度脳性麻痺と認定されることである。染色体異常など先天的な要因や分娩後の感染症による脳性麻痺は補償対象外である。出産育児一時金の分娩場所による3万円の給付額の差は、この保険料分である。

　補償額は、看護・介護を行うための基盤整備のための資金として一時金600万円と、看護・介護費用として毎年120万円が、20歳になるまで合計3000万円給付される。受給するためには、原則として、満1歳の誕生日から満5歳の誕生日までの間に分娩機関に補償認定を申請する。

## 4　幸せを求めて

　生殖医療の進歩により、妊娠・出産に関する多様な選択肢が可能となった。神の領域に踏み込むこととなった結果、当事者としての女性およびその周りの人たちの人権、産まれてくる子どもの福祉、社会の安定などさまざまな問題を避けて通れない状況にある。

　多くの親が障害のない子どもの誕生を願うなか、出生前診断の結果によっては「産む」「産まない」という重大な決断を迫られることになる。検査

そのものが簡便な新型出生前診断では、妊婦がその意義、検査結果の解釈について十分な認識を持ったうえで検査を受けるよう、事前に複数の専門家による遺伝カウンセリングが行われる。熟慮が望まれる一方で、時期を失しない判断も求められる。中絶しないことも選択肢の１つである。どのような決断が行われたとしても非難することはできない。自由に決断できるためには、少なくとも経済的な負担を考慮しなくてもよい社会でなければならない。長期的なカウンセリング体制や、障害児の教育・療育機関の拡充といった障害のある子どもを育てやすい環境整備など課題は多い。

　性と生殖に関する事柄について、その当事者である女性自身が自由な意思で選択し決定できること（リプロダクティブ・ヘルス/ライツ）は女性の基本的人権であり、妊娠の継続を強要すべきでないともいえる。いったい誰が、産まれてこようとする命と女性の人権を秤にかけることができるのだろうか。十分な検討が必要である。

　リプロダクティブ・ヘルス/ライツを重視し、妊娠初期の一定期間内（11週程度）の人工妊娠中絶は理由を問わず合法化する国（フランス・ドイツ・イタリア）がある一方で、わが国では、中絶の許される法定理由に該当するか否かを決定するのは指定医師であり、配偶者の同意が必要とされている。これに対して、女性の自己決定権を認めていないという指摘がある。

## コラム　SACHICO

　望まない妊娠のなかでも、性暴力による被害ほど深刻なものはない。女性の安全と医療支援ネットとして性暴力救援センター・大阪（SACHICO）がある。SACHICO は Sexual［性］Assault［暴力］Crisis［危機］Healing［治療的］Intervention［介入］Center［センター］Osaka［大阪］の頭文字をとってつけられた。ここは、産婦人科医、精神科医、臨床心理士、弁護士など性暴力被害者とさまざまな形で接してきた人たちによって 2010 年にスタートされた総合的支援活動である。阪南中央病院内にある SACHICO では、24 時間のホットライン、産婦人科的診療、証拠採取、カウンセリングや弁護士の紹介などを行っている。

　性暴力被害者に対しては、初期対応が重要であることから、①緊急避妊

対策（緊急避妊薬処方）、②STD（性感染症）の検査、③外傷の診療、④予防的投薬（主として抗生剤）、⑤妊娠への対応、⑥心のケアなど、心身両面から産婦人科的救急医療が行われる。医療保険を使用しない場合、緊急避妊ピル（ノルヘボ）は平日15,000円、土日は20,000円である。警察に通報すると、初診時に、初診料、診察/処置の費用、性感染症（梅毒・HIV・クラミジア・淋菌・B型肝炎）検査の費用、診断書料、緊急避妊措置と感染症対策についての公費援助がある。人工妊娠中絶費用は最大13万円まで援助される。主な活動資金は、寄付に頼っている。

**もっと知りたい方へ**
- 江口聡『妊娠中絶の生命倫理―哲学者たちは何を議論したか』（勁草書房、2011）
- 林弘正『児童虐待―その現況と刑事法的介入』（成文堂、2000）

## 知識を確認しよう

**問題**
(1) 子どものできない夫婦が、不妊治療をする際に利用できる公的助成について説明しなさい。
(2) 産科医療補償制度について説明しなさい。

**解答への手がかり**
(1) 不妊の定義を確認しよう。不妊治療にはどのような種類があるか、そのうち、公的助成のあるものはどのようなものか、なぜ助成されるのかを考えてみよう。
(2) 産科医療補償制度が創設された背景を調べ、制度の目的および内容を整理してみよう。

# 第3章 子どもへの虐待に関する支援保障

## 本章のポイント

1. 児童虐待の防止等に関する法律は、児童相談所への虐待相談件数の増加や児童虐待問題が深刻化していることから、児童虐待の早期発見・早期対応と被害を受けた児童の適切な保護を行うことを目的に制定された。
2. 児童虐待とは、保護者がその監護する児童について行う次に掲げる行為をいう。身体的虐待、性的虐待、保護の怠慢・拒否、心理的虐待である。
3. 虐待を受けている子どもを発見した場合、児童相談所は、会議などを経て保護の方針を決める。保護者が児童相談所の介入を拒否するような場合に、児童相談所の職員などは住居に立入調査などができる。

# 1 「子どもへの虐待」に関する事例

## A 児童虐待防止法の制定と経緯

　児童虐待への行政の対応は、児童福祉法および関係する通達などで行われた。しかし児童相談所への虐待相談件数の増加や児童虐待問題が深刻化していることから、児童虐待の早期発見・早期対応と被害を受けた児童の適切な保護を行うこと等を目的として、「児童虐待の防止等に関する法律（平成12年5月24日法律第82号）」通称児童虐待防止法が制定された。2004（平成16）年の改正では、虐待・放置の定義のなかに同居人と配偶者への暴力を含め、児童虐待を受けた者から受けたと思われる者に改正された。また児童の安全の確認および確保について警察への援助を求めなければならないとされた。児童相談所長および都道府県知事は、児童の安全の確認および確保について、必要に応じ適切に警察への援助を求めなければならないものとされた（10条2項）。保護者の同意を得た施設入所などの措置が行われている場合であっても、児童との面会・通信を制限できるように改正された（12条）。児童虐待を受けたために学業が遅れた児童への施策、進学、就職の支援について規定された（13条の2）。2007（平成19）年の改正では、児童の安全確認のための立入調査権が強化され、出頭要請に応じない場合、裁判所の令状をとって強制的に立ち入ること、保護者による面会や通信を制限し、強制入所措置がとられている場合には、保護者に対する通信・面会の制限の強化、保護者に対する措置に従わない場合の措置の明確化、保護者の児童に対するつきまといや接近禁止が可能となった。2011（平成23）年の改正では、児童虐待の防止をはかり、児童の権利擁護の視点から親権停止の制度が導入された。これにともなって、民法、児童福祉法の改正がなされた。このように改正がされてきたが児童虐待の件数は、次の事例のような状況である。

## B 児童虐待の現状について

　2011（平成23）年度に全国の児童相談所が対応した児童虐待に関する相談が、5万9862件で過去最多を更新したことが2012（平成24）年7月26日、

厚生労働省（以下、厚労省という）のまとめでわかった。2010（平成22）年度に虐待死した児童は前年度より2人多い51人で、0歳児が半数近くを占めた。同省は「警察との連携が進み、通報が増えていることが相談対応件数の増加につながっている」とみている。厚労省によると、全国の児童相談所に寄せられた通報や相談のうち、虐待の疑いがあると判断されて親への指導や施設への入所などの対応が取られた件数をまとめた。前年度に東日本大震災の影響で集計ができなかった福島県（256件）を除いた相談件数で比べると、5.7%（3219件）の増加となる。都道府県別でみると、大阪が8900件で最も多く、神奈川が7276件、東京が4559件、埼玉が4360件、千葉2959件と続いた（厚労省ホームページ　平成25年7月25日　児童相談所での児童虐待相談対応件数　雇用均等・児童家庭局総務課）。また表3-1では、虐待者は母親が特に多いことがわかる（表3-1参照）。さらに表3-2では、虐待の類別でみると身体的虐待が多いことがわかる。そして平成22年度の数字は、東日本大震災の影響により福島県を除くとあるが、平成21年度より増加している（表3-2参照）。

次に児童相談所はどのように被虐待児への対応・支援をしているのか判例を挙げる。

表3-1　主たる虐待者の推移　　　単位：人（　）内％

|  | 総数 | 実父 | 実父以外の父 | 実母 | 実母以外の母 | その他 |
|---|---|---|---|---|---|---|
| 平成12年 | 17,725<br>(100.0) | 4,205<br>(23.7) | 1,194<br>(6.7) | 10,833<br>(61.1) | 311<br>(1.8) | 1,182<br>(6.7) |
| 平成17年 | 34,472<br>(100.0) | 7,976<br>(23.1) | 2,093<br>(6.1) | 21,074<br>(61.1) | 591<br>(1.7) | 2,738<br>(7.9) |
| 平成20年 | 42,664<br>(100.0) | 10,632<br>(24.9) | 2,823<br>(6.6) | 25,807<br>(60.5) | 539<br>(1.3) | 2,863<br>(6.7) |
| 平成21年 | 44,211<br>(100.0) | 11,427<br>(25.8) | 3,108<br>(7.0) | 25,857<br>(58.5) | 576<br>(1.3) | 3,243<br>(7.3) |
| 平成22年※ | 56,384<br>(100.0) | 14,140<br>(25.1) | 3,627<br>(6.4) | 34,060<br>(60.4) | 616<br>(1.1) | 3,941<br>(7.0) |

出典）厚生労働統計協会「国民の福祉と介護の動向」2012/2013より作成
※東日本大震災の影響により福島県を除いて集計した数値

表 3-2　虐待の内容別相談件数

|  | 平成 12 年 | 平成 17 年 | 平成 20 年 | 平成 21 年 | 平成 22 年※ |
|---|---|---|---|---|---|
| 総数 | 17,725 | 34,472 | 42,664 | 44,211 | 56,384 |
| 身体的虐待 | 8,877 | 14,712 | 16,343 | 17,371 | 21,559 |
| ネグレクト | 6,318 | 12,911 | 15,905 | 15,185 | 18,352 |
| 性的虐待 | 754 | 1,052 | 1,324 | 1,350 | 1,405 |
| 心理的虐待 | 1,776 | 5,797 | 9,092 | 10,305 | 15,068 |

出典）厚生労働統計協会「国民の福祉と介護の動向」2012/2013 より作成
※東日本大震災の影響により福島県を除いて集計した数値

## C　児童福祉の福祉施設収容の承認申立の事例

申立人（Y 中央児童相談所長）は「申立人が本人 X を児童福祉施設に入所させることを承認する」旨の審判を求めた。

裁判所によれば、母親は子どもである本人 X の施設収容を拒否して、自ら X を引き取ることに固執している。しかし、①このまま母親による X の養育を放置しておくと、X が人間として社会人としての基本的資質である言語表現面などにおいて重大な障害を抱えたまま成育してしまう畏れがあること、② X を引き取って常識的かつ適切な養育をなし得る親族が身近にいないことなどから、母親の X に対する態度は、いわゆるネグレクトによる児童福祉の侵害、すなわち児童福祉法 28 条 1 項の「保護者が、その児童を虐待し、著しくその監護を怠り、その他保護者に監護させることが著しく当該児童の福祉を害する場合」に該当するものというべきであり、X の発達障害の早急な回復と今後の適切な教育のためには、専門的な施設処遇が必要であり、まず乳児院に入院させて乳児並の処遇を行って愛着関係を育成しながら全般的な発達の改善を図った上で、その後に児童養護施設に変更入所させて措置するのが適当というべきであるとし、申立人が X を乳児院または児童養護施設に入所させることを承認するとした（岡山家審平成 15・5・8 家月 56-1-128）。

B の現状および C の判例は、児童相談所と被虐待児の両親との信頼関係の構築があってはじめて可能であろう。児童相談所が 1 人ひとり対象者との関わりをしていかなければならないという業務の様子がうかがわれる。なお、この判例の参考として（浦和家審平成 8・5・16 家月 48-10-162〔百選 98 事

件〕）がある。

## D 児童養護施設の入所継続の事例

申立人（児童相談所長）が子どものXに対する児童養護施設入所措置の期間を更新することの承認を申し立てた。

裁判では母親が、子どものXと同居し、かつ、Xに対して放置（入室拒否）がみられた場合において、Xに対する虐待、監護懈怠その他のXの福祉を害する対応をするおそれの有無が検討された。母親は、Y児童相談所やZ学園に対して批判的な言動をしつつも、①自らのXに対する対応の仕方に行きすぎた部分があったこと、②これを改める必要性、Xの養育方法について児童相談所ほかの関係機関の関与を受入れる必要性を各認識していること、③母親がXのための居室を準備し、経済的にもXを受け入れることが可能な状況にあること、④Xが母親との同居を強く望んでいることがそれぞれ認められる。以上の各事情からすると、措置を継続しなければ母親がXを虐待し、著しくその監護を怠るなどして著しくXの福祉を害すると認めることはできない。

裁判所は、「母が、本件の審問手続きにおいて、今後は、関係機関に不信感を抱くことがあるとしても、これをXに伝達するなどXへ悪影響を与えるような行為はしない旨述べていることをも併せ鑑みるに、これがXの虐待や監護の著しい懈怠若しくはこれらに比肩しうるようなXの福祉を著しく害する行為を推認させる事情であるとは評価しがたい」として本件申立てを却下した（秋田家審平成21・3・24家月62-7-79）。

この判例は、先例（東京家審平成18・2・7家月58-6-69〔百選99事件〕）にもあるように、入所措置を継続しなければ著しく子どもの福祉を害するおそれがあると認められるのか否か、という判断基準にそって判断した例である。なお本判例の課題としては、退所後の援助（ターミネーション）をどのようにするのかである。

## E 福祉専門職による児童虐待の事例

児童虐待は、児童の親が虐待者となっていることが多いが、本判例のように福祉専門職が虐待者となることがある。

原告夫婦Xは、2005（平成17）年6月1日、被告Zの本件自宅に赴いて同被告と面談し、その場で保育利用契約を締結することにした。そこで、原告夫婦Xは、被告Zとの間で、2005（平成17）年5月31日付けで本件契約を締結した上、原告Yの養育を保育ママである被告Zに委託した。

被告Zは、ベビーカーにのせてゆっくりゆさぶることで寝かせようとしていたが、それでも原告Yが泣き止まず、頭に響くような大きな声で泣き続けたことから、いらいらがつのり頭部を強く動揺させる暴行を行うことにより被告Yに傷害を負わせた。原告Xは、2005（平成17）年7月12日午前11時半過ぎころ、原告Yを保育中の被告Zから、Xの携帯電話に原告Yが痙攣を起こしたとの連絡が入ったので、直ちにK成育療養センターへ搬送するよう指示した。原告Yは、K成育療養センターへ同日に入院して検査を受けた結果、緊急手術により一命を取り留めた。そこで原告夫婦Xは被告に対して損害賠償請求をした。

裁判所は、「保育ママによって保育される乳幼児は、保育ママからの虐待に対しては、これを回避したり防御することは事実上不可能であって、その身体・生命に対する危険回避努力を期待することは困難であるから、上記乳幼児の被侵害利益の重大性と児童福祉法の趣旨に照らし、保育ママ制度を運営する被告S区においては、保育ママとしての不適格者を排除して上記危険を回避すべき義務があるというべきである。そして、被告S区は、児童福祉法の趣旨に従って保育ママ制度の適切な運営を行う義務を負い、その履行のために、区要綱ないし取扱要領を定めているのであるから、区要綱ないし取扱要領の権限の不行使について、具体的事情の下において、その権限の趣旨・目的に照らして著しく不合理と認められる場合には、国家賠償法1条1項の適用上違法の評価を受けるものと解するのが相当である」とした（東京地判平成19・11・27判時1996-16）。

本判例の「児童虐待という重大な乳幼児の生命・身体に対する危害の発生が切迫しており、また、その危険を予見し得る十分な徴表であり、被告S区の区長あるいは保育課担当職員が適切な対応をしておれば、その後の本件各不法行為の発生を防止できた」という基準は類似の事例において今後の国家賠償責任の判断基準になるであろう。参考として、施設での子どもの事故で国家賠償責任を問われた例（千葉地松戸支判昭和63・12・2判時1302-

133〔百選104事件〕）、認可外保育所での虐待により園児が死亡し、国家賠償責任が認められた例（高松地判平成17・4・20判時1897-55）がある。

## F 里親と生活

　厚労省によれば、虐待や死別などで親と暮らせない「要保護児童」のうち、施設に入らず里親に預けられる割合には、都道府県で最大6倍の差があるという。自治体ごとの里親への支援策の違いを反映しているとみられる。同省は、家庭的な環境で育てられることが子どもの成長の土台形成につながるとして里親委託を推進、自治体にも支援拡充を呼びかけている。

　厚労省の調査では、要保護児童のうち2011（平成23）年3月末時点で児童養護施設や乳児院に入所したのは、約3万2千人、里親経験者ら3人以上の養育者が自宅で5～6人の子どもを預かる「ファミリーホーム制度」を含め、里親と生活するのは約4370人で、里親委託の割合の全国平均は、12.0％だった。都道府県別の割合では新潟（33.6％）が最も多く、次いで滋賀（30.5％）、沖縄（27.4％）の順だった。最も低かったのは愛媛（5.0％）で、大阪（5.3％）、鹿児島（5.9％）と続いた。新潟と愛媛は割合に6倍以上の差があった。新潟県は2011年3月時点の児童養護施設の定員が約200人と少なく、「里親さんに多くの子どもを預かってもらう必要があった。児童相談所が中心となって呼びかけた結果、里親制度への理解が深まった」と県の児童家庭課は説明している。

# 2　児童虐待防止法

## A　児童虐待防止法とは

　児童虐待防止法は、「児童虐待が児童の人権を著しく侵害し、その心身の成長及び人格の形成に重大な影響を与えるとともに、我が国における将来の世代の育成にも懸念を及ぼすことにかんがみ、児童に対する虐待の禁止、児童虐待の予防及び早期発見その他の児童虐待の防止に関する国及び地方公共団体の責務、児童虐待を受けた児童の保護及び自立の支援のための措

置等を定めることにより、児童虐待の防止等に関する施策を促進し、もって児童の権利利益の擁護に資することを目的」としている（1条）。

この法律において、「児童虐待」とは、保護者（親権を行う者、未成年後見人その他の者で、児童を現に監護するものをいう）がその監護する児童（18歳に満たない者をいう）について行う次に掲げる行為をいう（2条）。①児童の身体に外傷が生じ、または生じるおそれのある暴行を加えること、②児童にわいせつな行為をすることまたは児童をしてわいせつな行為をさせること、③児童の心身の正常な発達を妨げるような著しい減食または長時間の放置、そして④児童に対する著しい暴言または著しく拒絶的な対応である。

児童虐待を禁止し（3条）、国および地方公共団体に児童の迅速かつ適切な保護と虐待防止のため必要な体制の整備などの責務を課している（4条）、児童虐待を発見しやすい立場にある教職員、医師、保健師、など児童福祉にたずさわる者に早期発見の努力義務を課している（5条）。また、児童虐待を発見した者に通告義務を課した（6条）。都道府県は、虐待の疑いがある場合に、住所地に職員の立入調査、質問権を認めた。児童の安全確認、一時保護、立入調査の際に警察官の援助を求めることができるとした（表3-3参照）。

表3-3 児童虐待防止法の体系

| 児童虐待防止法　体系 |
| --- |
| 目的 |
| 児童虐待の定義　児童に対する虐待の禁止 |
| 国および地方公共団体の責務等 |
| 児童虐待の早期発見および児童虐待にかかる通告 |
| 児童虐待を受けた児童の保護等 |
| 親権に関する事項 |

## B 児童虐待防止に対応する機関

児童虐待を防止する行政の機関として重要な役割を果たすのは児童相談所である。児童相談所は、児童福祉の第一線の現業機関として、都道府県、指定都市に義務設置され児童に関するさまざまな問題について、家庭その他からの相談に応じ、調査・判定・指導・一時保護などを行っている。児童相談所は児童福祉法12条により、児童に関する各般の問題について、家

庭その他からの相談に応じ、児童が有する問題または児童の真のニーズ、児童の置かれた環境などを的確にとらえて、個々の児童や家庭などにもっとも効果的な援助を行い、もって児童の福祉を図るとともにその権利を保護することを主たる目的として設置されている。

　被虐待児は、児童養護施設などに入所することによって虐待の被害からまぬがれる。児童養護施設とは、児童福祉法 41 条に規定されている児童福祉施設である。児童を入所させて、これを養護し併せて退所した者に対する相談、その他自立のための援助を行うことを目的とする施設である。また入所対象者は、保護者のない児童（乳児を除く。ただし、安定した生活環境の確保その他の理由により特に必要のある場合には乳児を含む）、虐待されている児童、その他環境上養護を要する児童と明記されている。

　ここでいう環境上養護を要する児童とは、保護者の行方不明、死亡、拘禁、経済的理由などによって養護が必要とされる児童である。つまり児童養護施設は、保護者のいない子どももしくは保護者に養育させることが難しい子どもについて、保護者にかわって養護する。いいかえれば家庭の代替となる施設である。

## C　児童虐待防止への展開過程

　児童虐待防止法では、子どもの虐待を発見しやすい立場である職種、例えば、学校、児童福祉施設、病院、その他児童福祉に業務上関係のある団体および学校の教職員、児童福祉施設の職員、医師、保健師、弁護士、その他児童福祉に職務上関係のある者は、被虐待児童の早期発見に努めるとともに、被虐待児童を発見した場合には速やかに通告しなければならないとしている（同法 5 条・6 条）。

　通告を受理した児童相談所では、臨時の受理会議を行うなどをして、担当者や対応方針など機関としての決定を行う。児童相談所では、関係者などから必要な情報を収集し、必要に応じ近隣住民・学校教職員・児童福祉施設などの職員の協力をえて、面会などの方法によって子どもの安全確認を速やかにおこなうことで、緊急保護の要否判断を行う（同法 8 条）。

　児童虐待が行われているおそれがある場合、さらに保護者が児童相談所の介入を拒否するような場合については、都道府県知事が、児童委員や児

童相談所の職員等に住居に立入調査や質問をさせることができる（同法9条）。またこれらの職務の執行に際して必要がある場合には、児童相談所長は警察署長に対して援助をもとめることができる（同法10条）。

立入調査の結果、子どもを緊急に保護する必要があると判断される場合、すみやかに児童相談所や都道府県知事は一時保護を行う。原則として、一時保護は、親権者の合意のもとで行われることが望ましい。しかし、子どもの生命に直ちに重大な危機が生じるようと判断される場合には、親権者の意思に反して一時保護をすることができる（同法8条2項・11条4項）。

## D 児童虐待防止にむけての取組

施設などでトラブルが生じた場合、苦情解決などのサービスがある。苦情解決について、社会福祉事業の経営者は、常にその提供する福祉サービスについて、利用者などからの苦情に対して適切な解決に努めなければならない（社会福祉法82条）としている。また児童福祉施設の設備および運営に関する基準は、児童福祉施設に苦情の相談窓口を設置して、第三者の立会いのもとで当事者同士の解決を求めている。こうした苦情処理について、施設内での解決が困難な場合などは、都道府県社会福祉協議会の運営適正化委員会が解決に乗り出すとされている。

また第三者評価というものがある。第三者評価は、サービス内容の質の向上や利用者の福祉サービス内容の把握という目的で行われる。児童養護施設については、児童が施設を選ぶことのできない措置制度などであり、また施設長による親権代行などの規定があり、虐待されないためにも、施設運営の質の向上が必要である。そこで3年に1度以上の第三者評価をうけ、その結果の公表が義務づけられている。

第三者評価だけでなく、子どもや保護者による利用者評価や施設職員自身の自己評価も重要である。苦情解決制度は、子どもや保護者による評価の1つとして位置づけられ、評価に対していかに対応するかが現場において問われている。

## E 里親制度

里親制度は、児童福祉法の制定1947（昭和22）年により、同法の27条1

項3号に「里親(保護者のいない児童または保護者に監護させることが不適当であると認められる児童を養育することを希望する者であって、都道府県知事が適当と認める者をいう)」と規定されて開始された。

　2002(平成14)年の改正では、①里親の類型が規定されたこと(養育里親・親族里親・短期里親・専門里親)、②里親が行う養育に関する最低基準が定められたこと、③里親に対する支援体制の強化がされたことなどが主な内容である。その背景には児童養護施設の入所定員がいっぱいになってきたことなどの事由がある。2004(平成16)年の改正は、里親の定義、里親の監護・教育・懲戒等の権限の明確化の改正がされた。2008(平成20)年の改正は、養子縁組里親とそうでない養育里親とを区別し、里親研修の義務化、里親の欠格事由を規定した(表3-4参照)。

表3-4　里親制度の概要

| 里親は、要保護児童(保護者のない児童又は保護者に監護させることが不適当であると認められる児童)の養育を委託する制度であり、その推進をはかるため、<br>・2002(平成14)年度に親族里親、専門里親を創設、<br>・2008(平成20)年度の児童福祉法改正で、「養育里親」を「養子縁組を希望する里親」と法律上区分<br>・2009(平成21)年度から、養育里親と専門里親について、里親研修を充実 ||||||
|---|---|---|---|---|
| 種類 | 養育里親 || 養子縁組を希望する里親 | 親族里親 |
|  |  | 専門里親 |  |  |
| 対象児童 | 要保護児童 | 次に掲げる要保護児童のうち、都道府県知事がその養育に関し特に支援が必要と認めたもの。①児童虐待等の行為により心身に有害な影響を受けた児童、②非行等の問題を有する児童、③身体障害、知的障害又は精神障害がある児童 | 要保護児童 | 次の要件に該当する要保護児童①当該親族里親に扶養義務のある児童、②児童の両親その他当該児童を現に監護する者が死亡、行方不明、拘禁、入院等の状態となったことにより、これらの者により、養育が期待できないこと |

出典)厚生労働省ホームページ　平成25年3月　社会的養護の現状について

　里親委託は、児童福祉法27条1項3号により措置により実施される。里親委託の手続きは、児童相談所を通じて行われる。まず里親を希望する者が居住地を管轄する児童相談所に相談・申し込みをする。その後児童相談所は、申込者の家庭調査を行ったうえで、都道府県知事に送付する。都

道府県の児童福祉審議会を経たうえで里親の認定・登録がされる。児童相談所は、要保護児童が発生すると、その児童の処遇方針（施設入所か里親委託など）をケースカンファレンスで決定する。里親委託の候補と里親委託が決まった児童が決定した場合は、両者が施設などでの面会をしたうえで交流を開始し、外出・外泊など少しずつ要保護児童と里親との適合性が確認されたあと、正式な委託になる。

## 3　児童虐待防止法の課題

　児童虐待の発生を未然に防ぐには、親がストレスをためないように児童福祉サービスを充実させるなどの方法がある。しかし、親が虐待をしている意識がないなどの場合は、自らサービス利用を考えないことが多い。そこで児童虐待を発見しやすい立場にある職業の者が、今まで以上に積極的に関わって支援していくアウトリーチという手法をとっていく必要がある。
　なお、アウトリーチとは、ソーシャルワーカーが関わることが困難な人に対して、相手からの要請がなくても積極的に出向いて、信頼関係を構築し、サービス利用の動機づけなどをする援助技術である。虐待を受けている子どもが、一時保護をされたとしても、援助の目標は親子を離すことではなくて、親子一緒の生活が援助の目標である。そのために虐待を行う親への援助が必要である。児童相談所は、児童虐待防止のために立入調査や一時保護を行う強力な権限をもつが、これを発動した場合、親との信頼関係の構築に困難な場合もある。
　児童相談所の児童福祉司や市町村の職員（虐待対応）は多忙であり、1つひとつのケースに十分な援助をする余裕がない。また子どもの保護を優先とした援助は、親とのあいだで対立することがある。援助にともなうストレスが強く、結果として職員はバーンアウトしてしまう。

## コラム　民法の改正

　2011（平成23）年の民法改正では、主に以下の点が定められた。①父母が協議上の離婚をするときは、子の監護をすべき者、父または母と子の面会およびその他の交流、子の監護に要する費用の分担その他の子の監護について必要な事項は、その協議で定めるものとされ、この場合においては、子の利益をもっとも優先して考慮しなければならないとされた。②父または母による虐待または悪意の遺棄があるときその他父または母による親権の行使が著しく困難または不適当であることにより子の利益を著しく害するときは2年以内にその原因が消滅する見込みがあるときをのぞき家庭裁判所は、子、その親族または未成年後見人のなどの請求により、その父または母について、親権喪失の審判をすることができるとした。③父または母による親権の行使が困難または不適当であることにより子の利益を害するときは、家庭裁判所は、子、その親族または未成年後見人などの請求により、その父または母について2年以内の期間に限り親権停止の審判をすることができることとされた。なお2012（平成24）年度、児童相談所長による親の親権停止の申し立ては、17自治体で27件あり、家庭裁判所が12自治体の15件で親権停止を認めた（厚生労働省ホームページ2013（平成25）年7月25日　雇用均等・児童家庭局総務課）。

### もっと知りたい方へ
- 大村敦志『民法改正を考える』岩波新書（岩波書店、2011）
- 梶村太一ほか『家族法実務講義』（有斐閣、2013）

## 知識を確認しよう

**問題**
(1) 児童虐待の定義、類型について説明しなさい。さらに他の対象者の虐待（高齢者）などとの違いについても説明しなさい。
(2) 児童虐待の連絡を受けた場合、児童相談所などの機関はどのように対応するか説明しなさい。

**解答への手がかり**
(1) 児童虐待とは、保護者がその監護する児童について行う、身体的虐待、性的虐待、保護の怠慢・拒否、心理的虐待である。例えば、高齢者虐待の類型には経済的虐待があるので、対象者によって違うことについて考えてみよう（第10章参照）。
(2) 通告をうけた児童相談所は、会議などを経て被虐待児の保護の方針を決め、保護者が児童相談所の介入を拒否するような場合について児童相談所の職員などは、住居に立入調査などができる。被虐待児に対して、どのような保護があるのか考えてみよう。

# 第4章 子育てへの支援制度

## 本章のポイント

1. 子育ては、親だけの養育や責務ではない。法的には、子どもの親・保護者とともに国と地方公共団体は、心身ともに健やかに子どもを育成する責任を負っている。そのなかで、保育関連事故に関する裁判例を考察する。

2. 家族形態の変化により、共働きの親だけでなく、すべての親にとって保育サービスへの期待は高まっている。保育サービスは、措置から契約へ、そして、「保育を必要とする」すべての子どもを対象に子育て支援事業へと整備されている。

3. 過去に例のない「少子化」への対応として、保育政策の取組みがどのようにされているのか。とりわけ、待機児童ゼロをめざす保育サービスのあり方や運営については、国と地方公共団体との間で模索されている。

# 1 保育施設における事故の課題

## A 保育制度の整備へのアプローチ

　家庭と職業との両立は、小さな子どもを抱えながら働く親にとって重要な課題である。とくに、家族形態、就労形態などの変化とともに、親子にとって、多様なニーズに応えることのできる保育制度の整備が求められている。したがって、より良い保育を保障できる保育制度の必要性も求められている。保育所・幼稚園など、保育制度の整備に関するアプローチは、国により以下のように異なっている。

　①子育ては、家庭生活の一面であるとして親に任せている国
　②社会の子として子育てを公的な責任として保育施設を充実する国
　③公的、私的な保育制度を選択的に利用できるよう整備している国

　また、保育施設以外の保育制度のなかには、子どもを個人の家庭で保育する家庭的保育制度（通称、保育ママ制度）や学童保育などが存在する。これらの制度も、各国の保育政策のあり方によって、制度自体が公的または私的な保育制度として位置づけられている。いずれにせよ、親にとって、子どもを安全に、安心して託すことのできる保育制度を求めていることはいうまでもない。

　そこで、まず子育て支援としての保育制度では、どのようなことが問題となるのか、事例を通してみてみよう。

## B 保育施設における事故

### [1] 保育施設における事故報告

　平成25（2013）年1月公表の「保育施設における事故報告集計」（厚生労働省）によると、平成24（2012）年1月〜12月までの1年間に保育施設で発生した「死亡事故や治療に要する期間が30日以上の負傷や疾病を伴う重篤な事故等」の報告が145件であった（表4-1参照）。この事故の総数145件は、前年より56件増えている。

　「意識不明」は、睡眠中に異常を発見した事例で、「骨折」は、鉄棒や遊具などからの落下、廊下や保育室での転倒などによる事例である。また、

## 1 保育施設における事故の課題

表 4-1 保育施設の事故報告の内訳

| | 負傷など | | | | | 死亡 | 計 |
|---|---|---|---|---|---|---|---|
| | | 意識不明 | 骨折 | 火傷 | その他 | | |
| 認可保育所 | 110 件 (67 件) | 0 件 (1 件) | 88 件 (57 件) | 1 件 (1 件) | 21 件 (8 件) | 6 件 (2 件) | 116 件 (69 件) |
| 認可外保育施設 | 17 件 (8 件) | 1 件 (0 件) | 8 件 (4 件) | 1 件 (1 件) | 7 件 (3 件) | 12 件 (12 件) | 29 件 (20 件) |
| 計 | 127 件 (75 件) | 1 件 (1 件) | 96 件 (61 件) | 2 件 (2 件) | 28 件 (14 件) | 18 件 (14 件) | 145 件 (89 件) |

＊（ ）内は、平成 23（2011）年の事故報告件数。
＊「意識不明」は、平成 24（2012）年 12 月末時点の状況。
＊「骨折」のうち 5 件は、靱帯損傷、切り傷、打撲の複合症状を伴う。
＊「その他」には、指の切断、唇や歯の裂傷を含む。
＊「死亡」のうち 1 件は、SIDS（乳幼児突然死症候群）である。
＊認可外保育施設は、事業所内の保育施設を除く。
出典）厚生労働省「保育施設における事故報告集計」2013 年

「火傷」は、調乳用のポットが倒れて児童にかかった事例、保育士の昼食に用いる熱湯が児童にかかった事例である。「死亡」は、睡眠中に異常を発見した事例、団子を喉に詰まらせた事例、プールで溺れた事例、マンションの足場倒壊による事例などで、0 歳が 10 名と最も多かった。

事故の発生場所は、保育施設の室外が 65 名と最も多かった。骨折などの負傷 127 件のうち、認可保育所が 110 件と多いことについて、厚生労働省は、「認可保育所は、室外で遊ぶ年長の児童が多いのが影響しているのではないか」とみている。なお、負傷などは 5 歳が 48 名と最も多かった。

最近では、保育所におけるアレルギー対応についても、保育所の生活に特別な留意が必要な場合には「生活管理指導表」の提出も指導されている。なお、生活管理指導表は厚生労働省のホームページからダウンロードすることができる（http://www.mhlw.go.jp/bunya/kodomo/hoiku.html 厚生労働省・保育所におけるアレルギー対応ガイドライン作成検討会「保育所におけるアレルギー対応ガイドライン Q & A」2013 年 3 月参照）。

## [2] 無認可保育所における乳児死亡の事例
### (1) 事例の概要
　共働きの両親が、生後9ヵ月の長女を在住の市立保育所へ入所の申請をしたが、満員であったため家庭保育福祉員制度の説明をされて同市の無認可保育所を勧められた。そこで両親は、紹介された無認可保育所の経営者との間で、子どもの保育委託契約を締結して入所させた。ところが、入所1ヵ月後に昼寝の際、うつぶせ寝のまま約2時間半にわたって放置され、顔面部分にあったバスタオルを口に詰めた状態で死亡した。解剖検査結果による死因は、鼻口閉塞による窒息死であった。

　両親は、①同保育所の経営者に対しては、保育上の注意義務違反の過失があり、不法行為および債務不履行に基づく損害賠償を請求、②市に対しては、保育要求権に対応する保育所の設置・整備義務違反による重大な過失、③県および国に対しては、市と同様の保育請求権の侵害、④県知事は、同保育所への立入調査権や行政指導による実態調査の実施などを放置したこと、⑤国・厚生大臣（当時）は県知事に対して③の実施などの指導や監督を怠ったこと、したがって、県と国は国家賠償法1条1項による国家賠償責任を免れないとして、市・県・国に対して損害賠償を請求した。

### (2) 裁判の要旨
　裁判所は、子どもの死因については両親の主張を認め、経営者には損害賠償の支払いを命じた。一方、市・県・国の責務は、本件の事故当時は、①市町村の保育義務が国の機関委任事務として市長村長が執行していたので市の公務ではないこと、②県知事の責務は、当時の児童福祉法58条2項には立入調査権限の明文規定はなかったこと、③厚生大臣は、行政庁の権限不行使が違法とされるような証拠はなく、格別の問題はなく保育業務が実施されていたこと、以上により責務を否認し、両親の請求をすべて棄却した（千葉地松戸支判昭和63・12・2判時1302-133〔百選104事件〕）。

### (3) 公的責任の課題
　保育所における乳幼児の死亡事故では、被告の保育経営者が主張するSIDS（乳幼児突然死症候群）を理由に、親からの保育経営者などに対する損害賠償請求を棄却した判例もみられた（東京高判昭和57・7・14判時1053-105、東京地八王子支判昭和59・6・27判時1138-97など）。

(1)の事例判決後の控訴審でも、子どもの死因は、「窒息死であるとする刑事事件における鑑定結果」と「SIDS であるという鑑定結果」とを対比し、SIDS によるものと判示した（東京高判平成 7・2・3 判時 1591-37）。また、上告審も、子どもの死因を SIDS とした控訴審の判断を是認できるとして、両親の上告を棄却した（最判平成 11・7・13 判例集未登載）。控訴審も上告審も、ともに子どもの死因を SIDS とすることで、保育要求権への対応などを含めた市・県・国の行政責任への判断を回避している。

こうしたなかで、その後、乳児院でうつぶせ寝の乳児死亡事件について、死因を SIDS ではなく「保育者の過失による窒息死」とし、両親から市に対する債務不履行による損害賠償請求を認めた判例がある（神戸地判平成 12・3・9 判時 1729-52）。

少子化が問題とされ、多様な保育サービスが求められるなかで、保育施設事故に関する責任を法律的にどう処理するのかが、今後の保育サービスの公的責任との関連で課題となる。

# 2　子育て支援施策への取組みと課題

## A　少子化への子育て支援施策

子育て支援施策への取組みが積極的に実施されたのは、合計特殊出生率が 1.57 となった「1.57 ショック」以降である。その後、エンゼルプラン、新エンゼルプラン、少子化対策プラスワン、子ども・子育て応援プランと 1995 年度から 2009 年度までの間、①保育サービスなど子育て支援サービスの充実、②仕事と子育て両立のための雇用環境の整備、③母子保健医療体制の整備、④地域での子育て教育環境の整備など、具体的な施策目標を掲げて実施されていった。

とくに、②の目標のため、2001 年 1 月 1 日より育児休業中の所得保障である「育児休業給付金」が給与の 25% から 40% へとあがった。翌年から、父親の育児休業取得率 10% が目標の 1 つとなる。また、子育て支援の対象を「共働き家庭」から、「すべての子育て家庭」へと拡大した。さらに、

2003年に議員立法「少子化社会対策基本法」と2015年までの時限立法「次世代育成支援推進法」が施行され、子育て支援施策への強化をめざした。

しかし、2005年の合計特殊出生率は、過去最低の1.26まで低下した。その後、微増しているが、2012年は1.41である。

### コラム　合計特殊出生率と1.57ショック

合計特殊出生率は、1人の女性が一生涯に平均何人の子どもを産むかを示す数値である。実際の計算方法は、妊娠が可能な年齢とされる15歳から49歳までの女性を対象に、年齢ごとに子どもの出生数を女性の人口で割った出生率を算出して合計している。人口を増減なく同じ水準を保つには、2.08程度の合計特殊出生率が必要である。

1.57ショックは、1989年の合計特殊出生率が1.57となり、1966年の丙午年の1.58よりも低くなったことへのショックをいう。丙午年は、火災が多く、「この年に産まれた女性は夫を食い殺す」という俗信があったため、1966年の出生率が極端に下がっていた。

## B　子育て支援施策の課題──母性神話と3歳児神話

少子化対策としての子育て支援施策が実施されてきたにもかかわらず、効果がなかった主な要因として、以下をあげることができる。

①女性は出産後、退職をして育児をすべきという雇用環境があること
②性別役割分業意識がいまだ一般化しており、子育ては女性である母親が担うべきという母性神話や3歳児神話が根強く残っていること
③育児休業中の所得保障が低いため、父親は育児休業取得をためらい、単親家庭の場合は生活できない状況となること

### [1] 母性神話

母性という言葉は、スウェーデン語のmodelskapの訳語として昭和期に定着した。しかし、母性を意味するmodelskapは、英語ではmotherhood、仏語ではmaternité、独語ではMütterschaftにあたり、母親としての性質、

母親である期間を意味している。それが、母親は子どもを産むだけでなく育てる機能にまで拡大されたのは、①英国の精神医学者であるボウルビィが提唱した「愛着理論」が日本でひろがったこと、②ボウルビィが使った「母性的養育」という言葉が、日本では母親だけを指していると誤解されたことなどが、母性神話につながっていった。

しかも、医学、看護学、保健学、心理学、教育学などの出産・育児にかかわる専門家たちのなかには、女性の「母性」に期待する者があったため、母性神話、母性礼賛、そして3歳児神話へとつながり、「母親が子育てを担うべき」に変わっていった。したがって、「父性」は父親としての性質のみがいわれているが、「母性」は母親としての性質、出産に加えて育てる機能ととらえられてしまった。

### [2] 3歳児神話

こうした背景から「子どもは母親が3歳頃まで育てる」という3歳児神話を定着させた。そのため、保育は、3歳児からの保育を中心に展開されてきた。また、子どもの養育は母親か、母親以外の保育者の養育かによって、子どもの発達に差があるという母性礼賛の認識も定着していった。

しかし、1998（平成10）年の厚生白書で、「3歳児神話には、少なくとも合理的な根拠は認められない」と明記され、それ以後、3歳未満児の保育が制度として位置づけられている。同時に、母親が働いているか否かで、子どもの発達に差がないという国内外の研究結果がでたことも後押しした。

だが、残念ながら、3歳児神話は根強く残っている。9歳から15歳の子どもを持つ父母を対象とした2006（平成18）年の内閣府の調査結果では、「母親は、子どもが3歳になるまでは子育てに専念すべきだ」という考え方に約7割が賛成していた。現在も、成長戦略の柱の1つである「女性の活用」のなかで、「3年間、抱っこし放題での職場復帰を総合的に支援する」と示している。なぜ、3歳という年齢に結び付けられたのだろうか。それは、出産・育児にかかわる専門家たちが、3歳児検診、幼稚園の入園年齢などの際に、「三つ子の魂百まで」という諺の影響をあげてきたからである。この点を国文学者が、「この諺は、幼い頃の性質は高齢になっても変わらないという意味」であることを明言している。

## C 経済的な子育て支援—児童手当

経済的支援は、1971（昭和46）年から、所得制限のある児童手当制度が開始されていた。2010（平成22）年には、所得制限のない「子ども手当」に改称して実施したが、改称や所得制限のないことに反発があり、2012（平成24）年、名称は児童手当に戻され、所得制限も復帰した。

現在の児童手当の支給対象者は、中学校卒業まで、つまり15歳の誕生日後の最初の3月31日までの子どもを養育している親・保護者である。支給額は、表4-2のとおりである。

表4-2 児童手当の受給年齢と金額

| 子どもの年齢 | 児童手当の額（1人当たり月額） |
|---|---|
| 3歳未満 | 一律 15,000円 |
| 3歳以上 小学校修了前 | 10,000円 （第3子以降は、15,000円） |
| 中学生 | 一律 10,000円 |

出典）厚生労働省「児童手当」の一部を参考に筆者作成

# 3 保育サービスの現状

## A 保育所

保育所は、保育を必要とする乳児・幼児を日々保護者の下から通わせて保育を行うことを目的とする施設である（児福39条）。保育所は、保育サービスのなかで中心的な役割をはたしている。

かつて、保育所の利用方法は、市町村の行政処分としての「措置」であった。1997（平成9）年の児童福祉法改正により、市町村の措置を残しながら「契約制度」へと変更された。また、保育所への入所要件は、「保育に欠ける」子どもが対象であったが、2012（平成24）年の同法の大幅改正により、「保育を必要とする」となった。同時に、後述の「認定子ども園」や「家庭的保育事業」などによる保育の確保が市町村の実施義務となる。

[1] 保育の実施規準

　保育を実施する規準は、親・保護者が、①昼間労働することを常態としていること、②妊娠中であるか、または出産後間がないこと、③疾病、負傷、または精神もしくは身体に障害を有していること、④同居の親族を常時介護していること、⑤災害の復旧にあたっていること、⑥上記の①〜⑤に類する状態にあることなどである。

[2] 保育所の現状

　共働き家庭の増加、核家族化の進行などにより、保育所の入所希望者は増大し、保育所入所への活動、いわゆる「保活」をする親が多くなった。2012（平成24）年10月現在、待機児童数は約46,000人に増えている。

　現在、以下の保育サービスが保育所などで実施されている。

(1) 延長保育

　親・保護者の就労形態の多様化や長い通勤時間などに伴い延長保育の要望が高く、保育時間の延長や長時間保育が認められてきた。実情に応じて11時間の開所時間を基本に前後30分以上の延長保育を行う。

(2) 休日・夜間保育

　親・保護者の休日または夜間勤務により、保育に欠ける子どもを対象に行う。休日保育は、開所する保育所を指定して行うが、他の保育所の子どもも利用できる。夜間保育は、需要の多い都市部に多く設置され、実施場所は保育所の他に公共施設などの空き部屋でも実施される。

(3) 一時保育

　親・保護者の疾病などで家庭での子どもの世話が一時的に困難となった乳幼児を対象に行う。育児疲れによる親たちの心身への負担軽減支援、子どもの福祉などを目的としており、親たちの就労の有無は問われない。

(4) 病児・病後保育

　就労している親・保護者のために、病気の子どもや快復期の子どもを対象に行う。子どもが保育中に体調不良となった場合、緊急に保育所で実施する際は、看護師の配置が規定されている。

### [3] 待機児童対策と横浜方式

　待機児童への対策は、2008（平成20）年の「待機児童ゼロ作戦」により、認可保育所の設置・運営に関して規制緩和が行われた。

　2013（平成25）年の春、横浜市は保育所の待機児童を解消した。3年前の待機児童数は全国最多であったが、保育所経営に福祉法人と同額の補助金を企業に出して参入を促進したり、「保育コンシェルジュ」を配置して親たちの相談にのったり、認可保育所に入所できなかった親に認可外保育所を紹介したりして達成した。ただし、保育児の定員を増やすためにプールを撤去して部屋を増築した市立保育園への批判がされている。

　大阪市は、企業参入型の横浜方式を認めている。これに対して、福岡市は、企業が経営悪化などで撤退した場合、子どもが被害に遭うため導入には慎重にならざるをえないとしている。名古屋市も、民間企業は社会福祉法人と比べて営利目的であるため、倒産や閉園の可能性、保育の質の不安などを理由に慎重である。なお、家庭的保育事業や市町村が必要と認める保育を利用している児童は待機児童ではないと示されたことで（平成15年厚生労働省令130号）、前述の乳児死亡の事例における認可外保育所での事故責任などが、不透明になるおそれも課題となってくる。

## B　家庭的保育事業

　2009（平成21）年、厚生労働省は、「家庭的保育事情の実施について」（雇児発1030第2号）により、家庭的保育事業を2010（平成22）年度から実施することにともない、「家庭的保育ガイドライン」（以下、ガイドラインという）を定めたことを地方公共団体に通知した。同時に、「待機児童解消促進等事業実施要綱」（以下、事業実施要綱という）によって、家庭的保育事業に関する要件などを定めて、待機児童への対策を始めた。

　家庭的保育事業は、希望するすべての人が子どもを預けて働くことができるようにするため、保育所から技術的な支援を受けながら、保育士または研修により市長村長が認めた「家庭的保育者」の居宅などで、少人数の乳幼児保育を実施する事業である。事業の目的は、保育サービスの供給を増やし、待機児童の解消を図り、地域の実情に応じた多様な保育サービスを提供することである。以前は、家庭的保育者に就学前の子どもがいない

ことが要件であったが、2009（平成21）年度から要件は撤廃された。

家庭的保育を実施する際は、連携保育所を確保することが義務づけられている。連携保育所の役割は、助言・指導、代替保育、集団保育の体験、児童の健康診断などである。市長村長が認めた家庭的保育者には、看護師・幼稚園教諭・無資格者のうち研修を受けた者が該当する。資格に応じて研修時間が定められ、無資格者は研修時間が一番長く規定されている。

家庭的保育者をサポートするための「家庭的保育支援者」は、保育士であり、10年以上の保育所または家庭的保育の経験を有し、研修を修了した者が担当する。具体的には、①家庭的保育者の代わりに延長保育を実施、②家庭的保育の実施場所を訪問して相談・指導・助言などを実施、③家庭的保育者が休暇などを取得した際に乳幼児の保育を実施するなどを行う。

### コラム　家庭的保育制度―保育ママ・保育パパ

スウェーデンには、子どもを個人の家庭で保育する制度に「ファミリー保育所」がある。保育ママ・パパは、在住の自治体の保育者として雇用され、身分上も地方公務員として保障される。保育者が年次有給休暇を取る期間中は、近くの連携保育所が保育を担当する。親たちは、保育費用を自治体に支払う。ドイツの家庭的保育制度には「ターゲスムッター制度」がある。本制度は、両親と保育ママ・パパとの私的な契約のため、親の就労形態に合わせて保育時間や日を契約内容に明記できる。自治体によっては親に補助金を支給しているが、保育費用は親の自己負担が原則である。

## C　認定こども園

### [1] 認定こども園の概要

認定こども園は、2006（平成18）年の「就学前の子どもに関する教育、保育等の総合的な提供の推進に関する法律」（以下、認定こども園法という）の施行により誕生した。認定こども園は、幼稚園と保育所の機能を一体的に運営する施設として、①幼保連携型、②幼稚園型、③保育所型、④地方裁量型の4つの類型がある（図4-1参照）。

## 図4-1 認定こども園概要

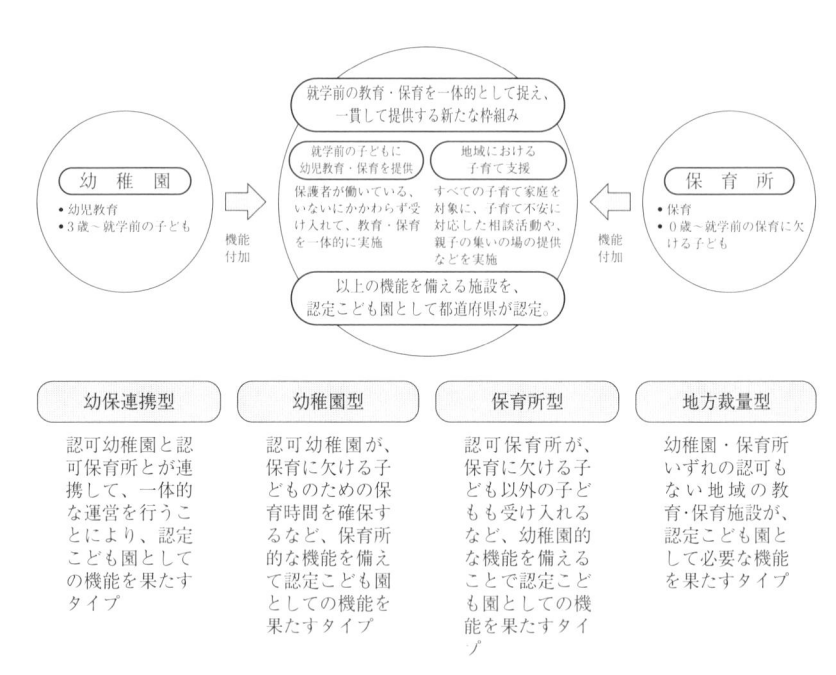

```
幼稚園                                                                          保育所
・幼児教育          就学前の教育・保育を一体的として捉え、                    ・保育
・3歳〜就学前の子ども   一貫して提供する新たな枠組み                              ・0歳〜就学前の保育に欠ける子ども

              就学前の子どもに      地域における
              幼児教育・保育を提供   子育て支援

              保護者が働いている、   すべての子育て家庭を
   機能       いないにかかわらず受   対象に、子育て不安に      機能
   付加       け入れて、教育・保育   対応した相談活動や、    付加
              を一体的に実施        親子の集いの場の提供
                                   などを実施

              以上の機能を備える施設を、
              認定こども園として都道府県が認定。
```

| 幼保連携型 | 幼稚園型 | 保育所型 | 地方裁量型 |
|---|---|---|---|
| 認可幼稚園と認可保育所とが連携して、一体的な運営を行うことにより、認定こども園としての機能を果たすタイプ | 認可幼稚園が、保育に欠ける子どものための保育時間を確保するなど、保育所的な機能を備えて認定こども園としての機能を果たすタイプ | 認可保育所が、保育に欠ける子ども以外の子どもも受け入れるなど、幼稚園的な機能を備えることで認定こども園としての機能を果たすタイプ | 幼稚園・保育所いずれの認可もない地域の教育・保育施設が、認定こども園として必要な機能を果たすタイプ |

出典）文部科学省・厚生労働省幼保連携推進室『認定こども園』参照

## [2] 幼保一元化の課題

認定こども園の施行後、移行する際の問題として、①財政支援が不十分なこと、②幼稚園が文部科学省で保育所が厚生労働省という省庁間の連携、地方公共団体の連携が不十分なこと、③認定申請の手続きや会計処理などの事務手続きが複雑なことなど、普及が遅れて見直しが求められていた。

その後、幼稚園と保育所を一体化する、いわゆる「幼保一元化」が望ましいとの主張のもとに、「社会保障と税の一体改革」により、幼保の合体が重要施策となり「総合こども園法案」が提案されたが、廃案となった。

その後、2012（平成24）年3月、①子ども・子育て支援法案、②認定こども園法の一部改正法律案、③子ども・子育て支援法及び総合こども園法の施行に伴う関係法律の整備等に関する法律案の3法案が通常国会に提出され、同年8月に成立し、認定こども園の拡充が進められることになった。

## 4　子育て支援制度への取組みと提言

　わが国が1994（平成6）年に批准した「子どもの権利条約」において、「親の第1次的養育責任と国の援助」が明記され（同18条）、「児童福祉法」においても、国および地方公共団体は、親・保護者とともに子どもの育成責任が定められている（同2条）。こうした児童福祉の理念をふまえつつ、現行の子育て支援制度の課題への取組みと提言を述べたい。

　第1に、単親家庭、障害児を養育する家庭、育児疲れ・育児ノイローゼ、家族介護など、子育てが困難な親たちへの配慮が不十分という課題がある。これに対して、高齢者・障害者・子どもたち1人ひとりの生活リズムに合わせた柔軟なサービスを行う「宅幼老所の取組」（厚生労働省、2013年5月）の活用が推進されている。期待したい取組みである。

　第2に、多様な保育ニーズに対応した保育施設を増設することである。①設置に伴い保育士などの雇用が増え、②働く人が増えることで税金・社会保険料を払う人も増えることにつながる。保育所設置への投資は、3倍になって返ってくるという試算もある（福田志津枝＝古橋エツ子編『私たちの生活と福祉〔第4版〕』ミネルヴァ書房、2010年、209-211頁参照）。

　第3に、母性神話から「イクメン神話」を推奨したい。スウェーデンでは、子どもが1歳までに育児休暇を取得した父親は、父子関係が良好なため、たとえ1人になっても落ち込まないと評価がされているからである。

## 知識を確認しよう

**問題**

(1) 心身ともに健やかに子どもを育てるためには、どのような子育て支援があるのか。保育サービスをいくつか挙げて、その特色を説明しなさい。

(2) 待機児童ゼロをめざす保育サービスのあり方や運営に関して、課題となっている点を指摘し、説明しなさい。

(3) 子育てに関するさまざまな「神話」が、信じられている要因を説明しなさい。

**解答への手がかり**

(1) 保育所の実施している保育内容、保育所と幼稚園を一体化させた幼保一元化、保育施設ではなく家庭で保育する制度などを参考に考えてみよう。

(2) 待機児童を解消するために、いろいろな取組みがある。待機児童の定義や範囲を狭くとらえることで待機児童数を少なくとらえる場合もある。保育施設を増やすために設置・運営への規制緩和として企業の参入もある。これに対して、メリットとデメリットを挙げながら、親と子どもの双方にとって最善な保育サービスを考えてみよう。

(3) 子育て支援制度が充実しても、母性神話や3歳児神話などによって、制度を活用しにくい環境があることは否定できない。それが、どのような背景からきているのかを自分自身に引きつけて考えてみよう。

# 第Ⅱ編

## 人生中期の"活躍のとき"

第5章　任期制雇用・派遣・パートなどと雇用保障

第6章　雇用現場における労災と労働環境

第7章　リストラ・失業・DV・災害に対する生活保護制度

第8章　医療行為・医療過誤・臓器移植など、医療の諸問題

# 第 5 章 任期制雇用・派遣・パートなどと雇用保障

## 本章のポイント

1. 失業は、資本主義経済における景気の変動等によって必然的に生じる問題であることが社会的に認識されて、失業を保険事故（リスク）ととらえる失業保険が生まれた。昭和22（1947）年失業保険法が制定され、昭和49（1974）年、雇用保険法に改称された。
2. 雇用保険制度は、様々な目的をもった給付や事業を行っている。今や、3人に1人の労働者が非正規雇用であるが、非正規雇用労働者にも雇用保険法は適用されるのだろうか。
3. 雇用保険制度と公的扶助制度の間に、もうひとつのセーフティネットである「第2のセーフティネット」として、平成23（2011）年に求職者支援制度がもうけられた。

## 1 労働者と失業

### A リーマンショックと非正規雇用労働者の失業

　平成20 (2008) 年秋のリーマンショックによって、日本は世界的な金融危機に襲われた。景気が後退し、企業は雇用調整を行った。それは、もっぱら「派遣労働者の削減」や「臨時・季節、パートタイム労働者の再契約停止・解雇」という方法をとった。そのため、多くの非正規雇用労働者が失業したが、雇用保険の適用を受けられない事態が生じた。当時の雇用保険の被保険者資格の要件が、「週所定労働時間20時間以上で、雇用期間が1年以上（見込み）」とされていたからであった。有期雇用の非正規雇用労働者は、「雇用期間1年以上」という要件を満たせないことが多かった。

　そこで、平成21 (2009) 年、平成22 (2010) 年と矢継ぎ早に被保険者資格要件が緩和され、非正規雇用労働者への雇用保険の適用拡大がはかられた。

### B 失業というリスク

　かつて、失業は労働者個人の問題であるととらえられていた。しかし、昭和4 (1929) 年の世界恐慌による大量失業にみるように、失業は景気の変動によって生じるものであり、社会的なリスクとしてとらえられるようになった。

　最初に強制的な失業保険を法制度化したのは、イギリスで明治44 (1911) 年のことである。失業給付のほか、傷病給付や年金等も包括する総合的な国民保険法が制定された。その後、強制的な失業保険制度は、大正8 (1919) 年イタリア、大正9 (1920) 年オーストリア、昭和2 (1927) 年ドイツなどに導入された。

　失業という保険事故は、疾病や負傷などの他の社会保険の保険事故とは異なる性質を持っている。第1に、たとえば、負傷という保険事故は、労働者の労働能力の喪失や減少があり、その結果働くことができなくなった場合に、健康保険から「傷病手当」が支給され、疾病による休業期間中の所得保障がなされる。それに対し、失業という保険事故は、労働者の労働能力の喪失や減少はないが、働きたいのに働ける仕事がないというリスク

である。第2に、疾病や負傷などのように外形的・客観的に把握が可能な保険事故ではない。すなわち、雇用保険の求職者給付を受給するためには、被保険者である労働者の「労働の意思」が必要であるが、「労働の意思」の確認は外形的・客観的に困難である。

## C 失業保険から雇用保険へ

第2次世界大戦後、インフレと社会不安のなかで、失業問題は深刻な社会問題となった。そこで、失業保険法(以下、「失保」という)が、昭和22(1947)年に職業安定法とともに制定された。「被保険者が失業した場合に、失業保険金を支給して、その生活の安定を図ること」を目的とし(失保1条)、保険者は政府で、常時5人以上の従業員を雇用する法人および一定の産業の事業所に適用された(失保6条)。失業した場合は、離職の日以前1年間に通算して6か月以上被保険者期間があれば、180日分の失業保険金を1年間受けることができた(失保15条、18条、20条)。

失業保険法が制定された当時からの経済社会情勢の変化に伴い、制度の抜本的な改革が必要となった。その結果、雇用保険法(以下、「雇保」という)が、昭和49(1974)年に制定され、一部規定は昭和50(1975)年1月1日より施行されたが、全体としては同年4月1日から施行された。

雇用保険法の目的は、①労働者が失業した場合に必要な給付を行い、労働者の安定を図るとともに、求職活動を容易にするなどその再就職を促進すること、あわせて、②労働者の職業の安定に資するため、雇用構造の改善、労働者の能力の開発向上その他労働者の福祉の増進を図ること、である(雇保1条)。

雇用保険法は、失業した労働者に必要な給付を行うほかに、失業の予防等雇用構造の改善、労働者の能力開発や向上、その他労働者の福祉の増進を図るための諸事業を行う雇用保険制度を規定している。雇用保険制度は、雇用に関する総合的な機能を持った制度として創設された。

## 2 雇用保険制度

### A 雇用保険の特色

雇用保険は社会保険であるが、労災保険と併せて労働保険と称されている。年金保険、医療保険は、皆年金・皆保険の下、すべての国民が対象となっているのに対し、労働保険は、労働者のみを対象としている。

雇用保険は、基本的に期間に限定をつけて給付を行っている。たとえば、失業給付である基本手当は、最長330日（障害者等を除く）であり、330日過ぎて仕事が見つからなかったとしても、基本手当の支給は打ち切られる。健康保険の傷病手当金も期間の上限があるが、療養の給付には期間の上限はない。雇用保険の給付は、基本的に期間を限定して給付を行っており、保険事故に完全には対応していない。

健康保険や厚生年金保険という被用者保険には、扶養している家族に対する優遇的配慮措置（たとえば、健康保険では家族療養費、厚生年金保険では遺族厚生年金）があるが、雇用保険にはない。

### B 保険者、被保険者、保険料

[1] 保険者

保険者は政府である（雇保2条）。このための行政機関として、中央には厚生労働省、地方には都道府県労働局および公共職業安定所（ハローワーク）があり、それぞれ、厚生労働大臣、都道府県労働局長および公共職業安定所長が行政庁として事業の運営にあたる。

[2] 被保険者

雇用保険法は、労働者が雇用される事業を適用事業としている（雇保5条）。事業とは、一の経営組織として独立性を持ったもの、すなわち、一定の場所において一定の組織の下に有機的に相関連して行われる一体的な経営活動をいう（個々の本店、支店、工場など）。附則2条によって、適用範囲に関する暫定措置として、農林水産の事業のうち雇用される労働者が5人未満の個人経営の事業は、任意適用事業とされている。

雇用保険の被保険者は、適用事業に雇われている労働者である。しかし、労働者であっても、適用除外に該当する次の者は、雇用保険法の適用を受けることができない(雇保6条)。①65歳に達した日以後に雇用される者、②1週間の所定労働時間が20時間未満である者、③同一の事業主の適用事業に継続して31日以上雇用されることが見込まれない者、④季節的に雇用される者であって、4か月以内の期間を定めて雇用される者または1週間の所定労働時間が20時間以上30時間未満である者、⑤学校教育法に定める学校の学生または生徒、⑥一定の船員、⑦国、当道府県、市町村等に雇用される者。国家公務員や地方公務員は、雇用が安定しているので、雇用保険法は適用されない。

雇用保険法は、「労働者」の定義を置いていない。労働基準法、雇用保険法、労災保険法の「労働者」は同じであると理解されている。労働基準法9条は、「労働者」を定義しており、使用従属関係が判断基準となる。経営コンサルタントが、雇用保険法の被保険者かどうかが争われた事件があり、出退社、時間管理、指揮監督などから労働者性を判断したが、地裁は労働者性を認め(浦和地判昭和57・9・17労民33-5-837〔百選76事件〕)、高裁は認めなかった(東京高判昭和59・2・29労民35-1-15)。

雇用保険の被保険者資格要件の変遷は、表 5-1 に示すとおりである。平成 13 (2001) 年までは、年収要件があった。非正規雇用労働者に、雇用保険が適用されない問題を解決するために、雇用期間を、平成 21 (2009) 年 3 月

表5-1　雇用保険の被保険者資格要件の変遷

|  | 労働時間 | 雇用期間 | 年収 |
| --- | --- | --- | --- |
| 1975年以降 | 所定労働時間が通常の労働者のおおむね4分の3以上かつ22時間以上 | 反復継続して就労する者であること | 52万円以上 |
| 1989年以降 | 週所定労働時間22時間以上 | 雇用期間が1年以上（見込み） | 90万円以上 |
| 1994年以降 | 週所定労働時間20時間以上 | 雇用期間が1年以上（見込み） | 90万円以上 |
| 2001年以降 | 週所定労働時間20時間以上 | 雇用期間が1年以上（見込み） |  |
| 2009年以降 | 週所定労働時間20時間以上 | 雇用期間が6か月以上（見込み） |  |
| 2010年以降 | 週所定労働時間20時間以上 | 雇用期間が31日以上（見込み） |  |

作成）神尾真知子

31日以降1年から6か月に緩和したが、それでも不十分であることから、平成22（2010）年4月1日以降さらに緩和し、31日とした。

被保険者の種類は、①一般被保険者、②高年齢継続被保険者（雇保37条の2第1項）、③短期雇用特例被保険者（雇保38条1項）、④日雇労働被保険者（雇保43条1項）がある。本章では、一般被保険者について説明する。

### [3] 保険料と保険料徴収

平成25（2013）年度の保険料は、以下の表5-2のようになっている。一般の事業の保険料率は、給与およびボーナスの1.35%である。このうち1%が失業等給付の保険料率で、労使折半する。残りの0.35%は、雇用保険二事業にあてられ、事業主が全額負担する。雇用保険の事業に対する国庫負担は、給付の種類によって、異なっている。国庫負担の額は、平成19（2007）年以降、当分の間本来の負担額の55%に引き下げられている。国庫負担の割合については、C [1] の表5-3を参照。

表5-2　平成25（2013）年度　雇用保険料率

| 負担者<br>事業の種類 | ①労働者負担<br>（失業等給付の保険料率のみ） | ②事業主負担 | | ①+②<br>雇用保険料率 |
| --- | --- | --- | --- | --- |
| | | 失業等給付の保険料率 | 雇用保険二事業の保険料率 | |
| 一般の事業 | 5/1000 | 8.5/1000 | 5/1000 | 3.5/1000 | 13.5/1000 |
| 農林水産<br>清酒製造の事業 | 6/1000 | 9.5/1000 | 6/1000 | 3.5/1000 | 15.5/1000 |
| 建設の事業 | 6/1000 | 10.5/1000 | 6/1000 | 4.5/1000 | 16.5/1000 |

出典）厚生労働省

## C　保険給付

### [1] 保険給付の全体像

表5-3は、雇用保険の全体像を示している。大きく分けると、失業等給付と雇用二事業である。保険給付や事業の機能からみると、所得保障としての機能と雇用保障としての機能がある。たとえば、基本手当は、所得保障の機能を有し、就職促進手当は、所得保障と雇用保障の両方の機能を有している。

## 2 雇用保険制度

表5-3 雇用保険の全体像

| 失業等給付 | Ⅰ 求職者給付 | 一般求職者給付（基本手当、技能実習手当、寄宿手当、傷病手当） ≪国庫負担1/4≫ |
|---|---|---|
| 保険料は労使折半 ≪国庫負担あり≫ | | 高年齢求職者給付（高年齢求職者給付金） ≪国庫負担なし≫ |
| | | 短期雇用特例求職者給付（特例一時金） ≪国庫負担1/4≫ |
| | | 日雇労働求職者給付（日雇労働求職者給付金） ≪国庫負担1/3≫ |
| | Ⅱ 就職促進給付 ≪国庫負担なし≫ | 就業促進手当 |
| | | 移転費 |
| | | 広域求職活動費 |
| | Ⅲ 教育訓練給付 ≪国庫負担なし≫ | 教育訓練給付金 |
| | Ⅳ 雇用継続給付 | 高年齢雇用継続給付（高年齢雇用継続基本給付金、高年齢再就職給付金） ≪国庫負担なし≫ |
| | | 育児休業給付（育児休業給付金） ≪国庫負担1/8≫ |
| | | 介護休業給付（介護休業給付金） ≪国庫負担1/8≫ |
| 雇用二事業 保険料は事業主負担のみ ≪国庫負担なし≫ | 雇用安定事業（雇用調整助成金、特定求職者雇用開発助成金、労働移動支援助成金等） | |
| | 能力開発事業（キャリア形成促進助成金、職業能力開発施設の設置・運営等） | |
| 就職支援法事業 保険料は労使折半、 ≪国庫負担1/2≫ | | |

＊現在、国庫負担の額は本来の負担額の55％に引き下げられている。
作成）厚生労働省作成の図を神尾真知子が加工した。

## [2] 求職者給付

### (1) 目的

　雇用保険の中心的な給付である基本手当（雇保13条～35条）について説明する。基本手当は、被保険者が、定年、倒産、契約期間の満了等により離職し、失業中の生活を心配しないで、新しい仕事を探して、1日も早く再就職できるようにするために支給される。

## (2) 受給資格―被保険者期間

　基本手当を受給するためには、被保険者に受給資格がなければならない。一般被保険者が失業した場合には、図5-1にみるように、離職日前に被保険者期間が一定期間以上なければならない(雇保13条・14条)被保険者の受給資格の決定は、公共職業安定所長が行い、離職票を提出した者について基本手当の受給資格を有する者であると認定する。

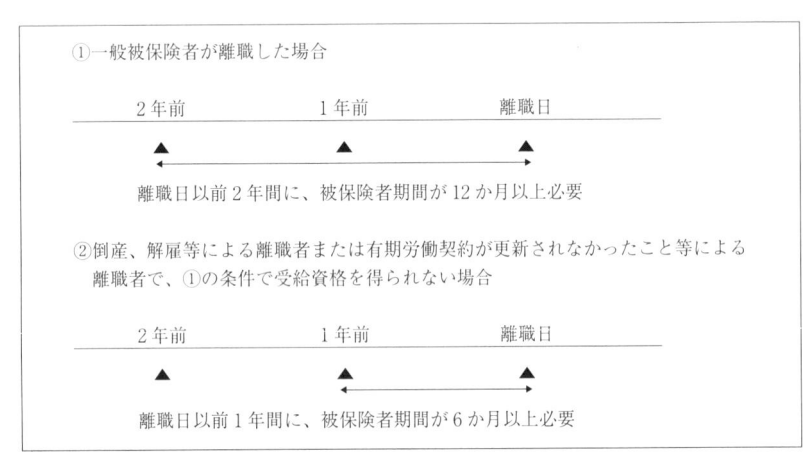

```
①一般被保険者が離職した場合

    2年前        1年前        離職日
     ▲           ▲           ▲
                 ←―――――――――→
    離職日以前2年間に、被保険者期間が12か月以上必要

②倒産、解雇等による離職者または有期労働契約が更新されなかったこと等による
  離職者で、①の条件で受給資格を得られない場合

    2年前        1年前        離職日
     ▲           ▲           ▲
                 ←―――――――→
    離職日以前1年間に、被保険者期間が6か月以上必要
```

出典）厚生労働省

**図 5-1　基本手当の受給資格**

## (3) 失業の認定

　受給資格があっても、基本手当は、被保険者が「失業」した場合に支給される(雇保13条)。雇用保険法にいう「失業」とは、「被保険者が離職し、労働の意思及び能力を有するにもかかわらず、職業に就くことができない状態にあること」(雇保4条3項)をいう。したがって、学校を卒業しても就職できなかったという場合には、雇用保険法にいう「失業」には該当しない。「職業に就くこと」というのは、雇われる労働のみを意味するのだろうか。定年退職後失業認定を受け、失業給付の基本手当を受給していたが、妻が設立した会社の代表取締役に就任した(報酬なし)ことは、「職業に就くこと」に該当するのかが争われた事件では、雇用保険法4条は、職業の内容について何ら規定していないので、会社役員に就任した場合や自営業を

始めた場合も含むとされた（広島高判昭和63・10・13労判526-25〔百選78事件〕）。

　失業の認定を受けようとする受給資格者は、離職後、公共職業安定所に出頭し、求職の申込みをしなければならない。失業の認定は、原則として離職後最初に出頭した日から起算して、4週間に1回ずつ行う（雇保15条）。出頭できない事由として認められているのは、雇用保険法15条に規定する事由であるが、日にちを勘違いして出頭しなかったことが「やむをえない理由」にあたるかどうかが争われた事件では、到底いえないと判断された（神戸地判昭和61・5・28労判477-29〔百選80事件〕）。

### (4) 受給期間

　基本手当の受給期間は、原則として、離職した日の翌日から1年間（所定給付日数330日の場合は1年と30日、360日の場合が1年と60日）である（雇保20条）。失業給付は、このように短期の給付であるので、離職して1年経過すると、受給できる日数が残っていても給付は打ち切られる。基本手当は、離職後最初に公共職業安定所に求職の申込みをした日以後において失業している日が7日に満たない場合には支給されない（雇保21条）。これを待機期間という。しかし、被保険者が自己の責めに帰すべき重大な事由によって解雇された場合や正当な事由がなく自己の都合によって退職し場合には、7日の待機期間満了後、1か月以上3か月以下の間（原則3か月）で公共職業安定所長の定める期間は、基本手当は支給されない。タクシー乗務員が、離職理由を正当の事由のない自己都合による退職であると公共職業安定所に認定されたことに対し争った事件では、離職に至る経緯を事実認定し、請求を棄却した（東京地判平成4・11・20労判620-50〔百選77事件〕）。

　**表5-4**にみるように、給付日数は、離職理由、年齢、被保険者期間等によって、異なる。基本手当は、離職理由を問わず、自己都合退職（自発的な辞職）であっても支給されるが、離職理由により給付日数に差異がある。倒産や解雇等により離職した者を、「特定受給資格者」とし（雇保23条2項1号）、手厚くしている。非正規雇用問題が社会問題となり、「特定受給資格者」のほかに、「特定理由離職者」（雇保18条3項）というカテゴリーが設けられた。「特定理由離職者」は、期間の定めのある労働契約の期間が満了し、かつ当該労働契約の更新がないことにより離職した者等である。「特定受給資格者」には該当しないので、「特定理由離職者」は本来①の給付日数で

表5-4 基本手当の給付日数（一般被保険者）

① 一般の離職者（②または③を除く）

| 区分＼被保険者であった期間 | 1年未満 | 1年以上5年未満 | 5年以上10年未満 | 10年以上20年未満 | 20年以上 |
|---|---|---|---|---|---|
| 全年齢 | — | 90日 | 90日 | 120日 | 150日 |

②倒産・解雇等による離職者（③を除く）

| 区分＼被保険者であった期間 | 1年未満 | 1年以上5年未満 | 5年以上10年未満 | 10年以上20年未満 | 20年以上 |
|---|---|---|---|---|---|
| 30歳未満 | 90日 | 90日 | 120日 | 180日 | — |
| 30歳以上35歳未満 | 90日 | 90日 | 180日 | 210日 | 240日 |
| 35歳以上45歳未満 | 90日 | 90日 | 180日 | 240日 | 270日 |
| 45歳以上60歳未満 | 90日 | 180日 | 240日 | 270日 | 330日 |
| 60歳以上65歳未満 | 90日 | 150日 | 180日 | 210日 | 240日 |

③就職困難な者（障害者等）

| 区分＼被保険者であった期間 | 1年未満 | 1年以上5年未満 | 5年以上10年未満 | 10年以上20年未満 | 20年以上 |
|---|---|---|---|---|---|
| 45歳未満 | 150日 | 300日 | | | |
| 45歳以上60歳未満 | | 360日 | | | |

出典）厚生労働省

あるが、平成26（2014）年3月31日までは、暫定的に②の給付日数となっている。

### [3] 就職促進給付

　就職促進給付は、基本手当等を受給中の人を対象として、再就職を促進するための給付である（雇保56条の3～60条）。就業促進手当、移転費、広域求職活動費からなる。就業促進手当には、①就業手当（受給資格者が職業に就いた場合であって、所定給付日数の3分の1以上かつ45日以上を残して就業した場合に、就業日ごとに基本手当日額の30％相当額を支給）、②再就職手当（受給資格者が1年超の雇用の見込みのある職業等安定した職業に就いた場合であって、所定給付日数の3分の1以上を残して再就職した場合に、支給残日数の50％に基本手当日額を乗じた額

の一時金を支給)、③常用就職支援手当 (障害者、45 歳以上の再就職援助計画対象者等が安定的な職業に再就職した場合であって、支給残日数が所定給付日数の 3 分の 1 未満である者について、支給残日数の 40% に基本手当日額を乗じた額の一時金を支給) がある。

### [4] 教育訓練給付

　教育訓練給付は、働く人の主体的な能力開発の取組みを支援し、雇用の安定と再就職の促進を図ることを目的とし、教育訓練給付金が支給される (雇保 60 条の 2・60 条の 3)。教育訓練給付金の支給対象者は、①教育訓練を開始した日 (基準日) に一般被保険者である者、または②基準日に一般被保険者でなくなってから 1 年以内にある者、のいずれかの要件を満たし、教育訓練を開始する日までの通算した被保険者であった期間が 3 年以上ある者で、厚生労働大臣の指定する教育訓練を受け、修了した者である。給付額は、教育訓練に要した費用の 20% (上限 10 万円) である。

### [5] 雇用継続給付

　雇用継続給付は、高年齢者や育児休業・介護休業を取得した者の職業生活の円滑な継続を支援促進するために、雇用継続が困難となる事由を、失業に準じた保険事故として扱い、所得保障を行うものである。雇用継続給付には、高年齢雇用継続給付、育児休業給付、介護休業給付がある。

　高年齢雇用継続給付には、基本手当を受給せずに雇用を継続する者に対して支給する高年齢雇用継続基本給付金と基本手当を受給した後再就職した者に対して支給する高年齢再就職給付金がある (雇保 61 条～61 条の 3)。育児休業給付には、育児休業給付金があり、1 歳 (場合によっては 1 歳 6 か月) 未満の子を養育するために育児休業をした被保険者であって、育児休業開始前 2 年間にみなし被保険者期間 (賃金支払の基礎となった日数が 11 日以上ある月) が 12 か月以上ある者に対し、休業前開始時賃金日額の 50%(当分の措置) 相当額を支給する (雇保 61 条の 4・61 条の 5)。介護休業給付は、家族の介護を行うため介護休業をした被保険者であって、介護休業開始前 2 年間にみなし被保険者期間が 12 か月以上ある者に対し、休業開始前賃金日額の 40% 相当額を支給する (61 条の 6・61 条の 7)。

### D　雇用二事業

　雇用二事業は、事業主の保険料だけでまかなわれている。雇用安定事業と能力開発事業がある（雇保62条～65条）。雇用安定事業は、被保険者等に関し、失業の予防を図るとともに、雇用状態の是正、雇用機会の増大等雇用の安定を図るための事業である。雇用調整助成金（失業予防に努める事業主を支援）、特定求職者雇用開発助成金（就職困難者の雇入れを支援）、地域雇用開発助成金（地域の雇用開発を支援）という助成金を支給し、高齢者や障害者の雇用を支援するための独立行政法人高齢・障害・求職者雇用支援機構の設置と運営にも支出されている（雇保62条）。能力開発事業は、職業訓練施設の整備、労働者の教育訓練受講の援助など、職業生活の全期間を通じた労働者の能力開発・向上を図るための事業を行う（雇保63条）。

## 3　求職者支援制度

　これまで述べてきたように、雇用保険制度の給付は一定の期間を区切った短期の給付であるので、失業が長期化した場合に、失業者は生活困難に陥る。また、非正規雇用労働者のように、そもそも雇用保険の被保険者資格を有しない者もいるし、被保険者であっても受給資格を満たせない場合もある。このような人々に対して、これまでの日本の社会保障制度は、最後のセーフティネットである生活保護しか手を差し伸べる制度はなかった。

　しかし、そのような人々は、労働能力はあるにもかかわらず、働きたいのに仕事がないという状況にある。そこで、雇用保険と生活保護の間に第2のセーフティネットを作ることが課題となり、平成20（2008）年以降暫定的な事業が実施され、恒久的な措置を定める「職業訓練の実施等による特定求職者の就職の支援に関する法律」（以下、「特定求職者支援法」という）が平成23（2011）年に制定され、同年10月1日から特定求職者支援法による求職者支援制度が施行されている。

　求職者支援制度は、雇用保険法とは別の法律によって制度化されているが、雇用保険法の能力開発事業に位置づけられている（雇保64条）。職業訓

練受講給付金については、2分の1は国庫負担、残りの2分の1は被保険者と事業主の保険料によっている（雇保66条1項4号・68条2項）。しかし、国庫負担は現在暫定的に55%となっているので、実際には、国庫負担が27.5/100（50%×55%）、労使負担が72.5/100となっている。

　求職者支援制度の趣旨・目的は、雇用保険を受給できなかった求職者に対し、訓練を受講する機会を確保するとともに、一定の場合には、訓練期間中に給付金を支給し、公共職業安定所が中心となってきめ細かな就職支援を行うことにより、早期の就職を支援することである。

　「特定求職者」とは、公共職業安定所に求職の申込みをしている者のうち、労働の意思および能力を有しているものであって、職業訓練その他の支援措置を行う必要があるものと公共職業安定所長が認めたものをいう。具体的には、雇用保険に加入できなかった者、雇用保険を受給中に再就職できぬままに支給を終了した者、雇用保険の加入期間が足りずに受給資格要件を満たさなかった者、学卒未就職者、自営廃業者などである。

　求職者支援訓練は、成長分野や地域の求人ニーズを踏まえた地域職業訓練実施計画を策定し、厚生労働大臣は、民間教育訓練機関が実施する就職に資する訓練を認定する。訓練には、基礎的能力を習得する基礎コースと基礎的能力から実践的能力まで一括して習得する実践コースがある。訓練実施機関には、就職実績も加味した奨励金を支給する（実践コースのみ）。訓練受講中、一定の要件を満たす場合に、職業訓練受講給付金が支給される（月10万円＋交通費）。訓練受講者に対しては、公共職業安定所において訓練受講者ごとに個別に支援計画を作成する。そして、訓練開始前、訓練期間中、訓練終了後と一貫して公共職業安定所が中心となって、訓練実施機関と緊密な連携を図りつつ、定期的な来所を求めて支援する。

## 4　今後の課題

　雇用保険の失業等給付の財源として国庫負担は、暫定措置ではあるが、平成19（2011）年以降、法律の本則（4分の1）の55%（＝13.75%）とされてい

る。雇用保険の保険事故である失業は、政府の経済政策や雇用対策とも関係が深く、政府もその責任を担うべきであるから、早急に暫定措置を廃止するべきである。

　求職者支援制度の財源についても、疑問がある。求職者支援制度は、2分の1が国庫負担、残りの2分の1が労使の保険料負担となっている。事業主のみの負担とすることが妥当であり、労働者の保険料を財源とすることは見直すべきであろう。

　平成21（2009）年度から実施し、平成26（2014）年3月31日まで延長された非正規雇用労働者に対する暫定措置には、雇止めにより離職した有期契約労働者等の給付日数の充実（特定理由離職者制度）などがあるが、今後恒久的な制度にすべきか、検討が必要である。

## 知識を確認しよう

### 問題
(1) 雇用保険の「失業」とは、どのようなことをさしているのだろうか。
(2) 雇用保険の被保険者資格について説明しなさい。
(3) 求職者支援制度の目的・趣旨を説明し、制度としての課題について述べなさい。

### 解答への手がかり
(1) 雇用保険法の「失業」の定義を確認し、その内容を調べてみよう。
(2) 雇用保険の被保険者資格は、どのような事業が対象になっているのかを確認しよう。そして、労働者であれば、誰でも適用になるのかについて調べてみよう。
(3) 求職者支援制度は、なぜ創設されたのか、どのような問題点があるのかを考えてみよう。

# 第6章 雇用現場における労災と労働環境

## 本章のポイント

1. 労働者災害補償保険は、業務上や通勤途上の怪我や病気、障害、死亡を補償するための保険制度であり、雇用保険とともに労働保険と呼ばれている。
2. 労働者災害補償保険法は業務上の災害が生じた後に対応するものであるが、労働環境を事前に整備する主な法律として、労働基準法および労働安全衛生法がある。
3. 近年では、快適な労働環境をめざすキーワードとして、「ワーク・ライフ・バランス(仕事と生活の調和)」および「ディーセント・ワーク(働きがいのある人間らしい仕事)」が注目されている。

# 1 労働災害に関する事例

## A 業務災害

人生中期の活躍の時、労働は私たちと切っても切れない関係になる。働く場では、どれほど注意をしていても業務が原因で怪我や病気をしてしまうことがあるだろう。そのような時、労働者本人や遺族の生活を支える社会保険制度が労働者災害補償保険（以下、「労災保険」）である。労働を支えるための労災保険は、雇用保険とともに「労働保険」といわれている。

労災保険の目的は、業務上の事由または通勤による労働者の負傷、疾病、障害、死亡などに対して迅速かつ公正な保護をするために必要な保険給付を行うとともに、被災労働者の社会復帰の促進や、労働者およびその遺族の援護を行い、労働者の安全及び衛生の確保を図り、労働者の福祉の増進に寄与すること、とされている（労災1条）。

通常、怪我や病気などに対する保障は、医療保険の健康保険制度により対応されるが、健康保険制度はあくまでも「業務外」の怪我や病気を保障する制度であり、業務上の場合は労災保険で対応される（健保1条）。

それでは、労災保険ではどのようなことが問題になるのか、事例を通じてみてみよう。

### [1] 業務上疾病の事例

労災保険は業務上の怪我や病気、障害、死亡を補償するための保険制度であるため、業務と災害の間に密接な関係がなければ補償の対象とはならない。その際の判断基準には、①労働者が労働契約に基づいて事業主の支配下で業務を行っている状況にあること（業務遂行性）と、②業務と生じた災害との間に一定の因果関係があること（業務起因性）が用いられる。ではどのようにして、この基準が満たされていると判断されるのだろうか。

業務上疾病の判断基準に大きな影響を与えたのが、横浜南労基署長（東京海上横浜支店）事件（最判平成 12・7・17 判時 1723-132〔百選 54 事件〕）である。この事例では、保険会社の支店長付き運転手 X（原告）が、支店長を迎えに行く際に発症したくも膜下出血が業務上の疾病にあたるか否かが争われた。

たとえば、職場で作業中に足を滑らせ怪我をしたというような場合には、業務と生じた災害の因果関係が分かりやすい。だが、脳卒中や心臓疾患などの発症には、高血圧などの基礎疾患や本人の生活習慣などの要因が影響をおよぼすため、業務との因果関係の判断が難しい。そのため疾病については、医学的な見地から業務起因性が認められる疾病が「職業病（業務上疾病）」としてリスト化されている。ただし、具体的にリスト化されていない疾病であったとしても、「その他業務に起因することの明らかな疾病」として業務起因性が個別に立証されると労災保険の対象として認められる。

　この事例では、業務とくも膜下出血との業務起因性が争われた。Xは、約6ヵ月前から続く過重業務やストレスが原因でくも膜下出血を発病したとして労災保険給付を申請したが、申請を受けた労働基準監督署長は業務外と判定したため、Xはその取消しを求め提訴した。

　地裁判決においては、業務とくも膜下出血の因果関係が認められたが、高裁判決では両者の因果関係が認められなかった。しかし、その後の最高裁判決では、「相当因果関係の存在を肯定することができる」としてXの主張が認められた。裁判の経過からも、疾病が労災認定される際の判断の難しさがみてとれる。

　「過労」と認められる循環器系疾患の発病にはさまざまな要因が影響するため、業務起因性の立証が難しく、従来では業務上と認められることが困難であった。そのようななか、上記の最高裁判決では、①発症よりかなり前の業務による発症の場合の業務起因性を認めたこと、②長期間の業務に伴う疲労の蓄積による発症を認めたことから、後述する「過労死」などへの判断に大きく影響を与えた。判決後、行政にも新たな認定基準が設けられ、発症前のおおむね6ヵ月の過重労務についても考慮されることになり、その後、「脳・心臓疾患およびこれによる死亡（過労死）」の業務上の認定件数は飛躍的に増大している。

## [2] 過労自殺の事例

　過度の長時間労働が原因となり死亡に至る「過労死」は、「Karoshi」として英語の辞書に記載されるほど、世界的にも日本の労働市場の問題点として有名である。また、過労死に関連して問題となるのが、過労が原因によ

る自殺（過労自殺）である。過労自殺は過労死に比べて精神的な要因が関わること、一般的に自殺は本人の意思によるものと考えられているため、過労死よりも業務との因果関係の判断が難しくなる。

　このような過労自殺をめぐる判決のリーディングケースとなっているのが、電通事件（最判平成12・3・24民集54-3-1155〔百選74事件〕）である。この事例は、広告代理店に入社2年目の20代男性Xが、慢性的な長時間労働によりうつ病を発症し、その後自殺するに至った事例である。

　労災保険では状況に応じてさまざまな補償が行われる（図6-1）。ただし、労災保険により補償されていない損害については、使用者に対して損害賠償請求を行うことになる。この事例では、Xの死後、両親が会社に対し損

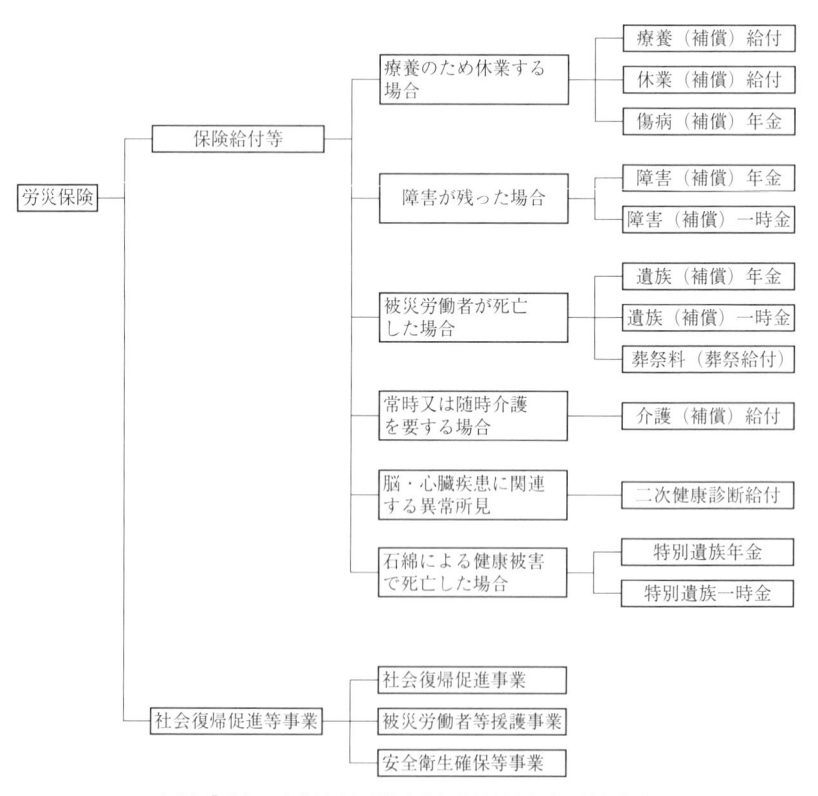

出典）『平成24年版 厚生労働白書』資料編を参考に筆者作成

**図6-1　労災保険制度の給付内容**

害賠償請求を行った。

地裁判決では、長時間労働の結果うつ病を発症し、自殺に至ったということから長時間労働と自殺の因果関係を認め、両親の請求がほぼ全面的に認められた。一方、高裁判決では両親の主張を認めたものの、Xの性格がうつ病に親和的であることなど、Xの側にも原因があったとして「過失相殺」により請求額を7割に減額させた。その結果を受け、最高裁判決では「その性格及びこれに基づく業務遂行の態様等を、心因的要因としてしんしゃくすることはできないというべき」であり、高裁判決の結果は「法令の解釈適用を誤った違法がある」として、全額の損害賠償が認められることになった。

この事例は、最終的には本人の意思によると考えられている過労自殺に対し、業務と自殺との因果関係を認め、損害賠償を認めた初めての判決であり、その後の過労自殺をめぐる労災判決に影響を与えている。

### [3] 精神疾患

身体的な怪我や病気だけでなく、過労自殺につながるようなうつ病などの精神疾患も労災保険の対象となる。

そのような、精神疾患に関する労災認定は近年増加している。最近では、仕事上のストレスが原因で精神疾患を発症し、労災と認定された人の数が、平成22（2010）年から3年連続で過去最多を更新していることが厚生労働省の調査により判明し、話題となった（**表6-1**）。

精神疾患の原因は、「仕事内容・量の大きな変化」が多いほか、「嫌がらせ、いじめ、暴行」、「1ヵ月に80時間以上の時間外労働」および「セクシュアルハラスメント」は平成23（2011）年から平成24（2012）年にかけて増加している。ストレスフルな環境にさらされている労働環境が明らかになるとともに、これらの出来事による「こころの病」が、労災の認定範囲であるという意識が少しずつ浸透しているといえる。

## B　通勤災害の事例

労災保険では、業務上の怪我や病気などのほか、通勤途上の災害（通勤災害）についても保険給付を受けることができる。労災保険において通勤と

表 6-1 精神障害の労災補償状況

| 区　分 | 年度 | 平成20年度 | 平成21年度 | 平成22年度 | 平成23年度 | 平成24年度 |
|---|---|---|---|---|---|---|
| 精神障害 | 請求件数 | 927 | 1136 | 1181 | 1272 | 1257 |
| | 決定件数　注2 | 862 | 852 | 1061 | 1074 | 1217 |
| | うち支給決定件数　注3<br>（認定率）注4 | 269<br>(31.2%) | 234<br>(27.5%) | 308<br>(29.0%) | 325<br>(30.3%) | 475<br>(39.0%) |
| うち自殺<br>（未遂を含む。） | 請求件数 | 148 | 157 | 171 | 202 | 169 |
| | 決定件数 | 161 | 140 | 170 | 176 | 203 |
| | うち支給決定件数<br>（認定率） | 66<br>(41.0%) | 63<br>(45.0%) | 65<br>(38.2%) | 66<br>(37.5%) | 93<br>(45.8%) |

注）1. 本表は、労働基準法施行規則別表第1の2第9号に係る精神障害について集計したものである。
　　2. 決定件数は、当該年度内に業務上又は業務外の決定を行った件数で、当該年度以前に請求があったものを含む。
　　3. 支給決定件数は、決定件数のうち「業務上」と認定した件数である。
　　4. 認定率は、支給決定件数を決定件数で除した数である。
出典）厚生労働省『平成24年度「脳・心臓疾患と精神障害の労災補償状況」まとめ』

認められるためには、①就業に関し、②住居と就業の場所との間を、③合理的な経路及び方法によって移動していなければならない（労災7条2項）。また、労働者が合理的な経路をはずれたり（逸脱）、通勤とは関係のない行為を行った場合（中断）は「通勤」とは認められない（労災7条3項）。ただし、これらの逸脱・中断が、日常生活上必要な行為であり、厚生労働省令で定められている「やむを得ない事由」による最小限度のものである場合、「逸脱・中断の間を除いて」通勤と認められる。

　この通勤途上の災害をめぐって行われた裁判に、国・羽曳野労基署長（通勤災害）事件（大阪高判平成19・4・18労判937-14〔百選59事件〕）がある。高齢化の進展に伴い、介護問題が社会的に認識されるなか、家族の介護を行うための逸脱後の怪我が通勤災害として認められるか否か問われた事例である。

　X（原告）はこの怪我に関して、労災保険法における通勤災害であるとして、羽曳野労働基準監督署長に対し労災保険給付を申請したが認められず、その後の審査請求および再審査請求も却下された。そこで、処分の取消しを求めて提訴した地裁および高裁判決ではXの主張が認められた。

この事件が発生した当初は、厚生労働省令で定められていた「日常生活上必要な行為」は、「日用品の購入その他これに準ずる行為」のほか、職業・教育訓練、選挙権の行使、病院での診察が定められていた。

この事例に関して地裁、高裁判決は、ともに「介護」に関して厚生労働省令では定められていないが、「日用品の購入その他これに準ずる行為」に該当するとして、労災保険給付を認めた。加えて、高裁判決では、前述の省令の行為にあたるか否かは社会常識に照らして判断されるべきであり、時代の変化に応じて変更されるとしている。以上の判断に関しては、社会情勢を反映した妥当なものだと評価する意見がある一方、「介護」は「日常生活上必要な行為」や例示されている行為とは性質の異なるものであり、無理な解釈だとする意見も存在する。

確かに、当時の規定からみれば「介護」による逸脱後への適用は無理な解釈であるという感は否めなかった。だが、平成20（2008）年には家族の介護も「日常生活上必要な行為」として厚生労働省令に追加されるなど、本判決はその後の判断に大きな影響を与えている。

## 2 労働災害に関する主な対策

労災保険の新規受給者数は、昭和45（1970）年をピークに、労働現場の安全衛生管理体制の整備などに伴い減少している。その一方で、精神障害のほか、長時間労働が原因となる「脳・心臓疾患」、「過労死」の受給者が増加している。そのような状況のなか、事前予防や労災保険が適用された後のアフターケアなど、さまざまな労働環境の整備対策が行われている。

### A 労働基準関係法令

これまでみてきた労災保険法は災害が生じてしまった後に対応する法律だが、そもそも災害が起きないようにするため、事前に労働者の労働環境を守る法律も存在する。その代表的な法律が、労働基準法および労働安全衛生法である。

とりわけ、労働基準法は日本国憲法に定められている「賃金、就業時間、休息その他の勤労条件に関する基準は、法律でこれを定める」（憲27条2項）という規定を具体化した勤労条件の基準に関する代表的な法律である。本法は、労働契約や賃金、労働時間、休息、休日や安全衛生に関する基準を定めており、違反した事業所には罰則が適用される。しかし労働基準法の「基準」はあくまでも最低限の基準であり、この基準よりも労働条件を低下させてはならないことはもちろんのこと、事業所はその向上を図るように努める必要がある（労基1条2項）。

また、労働安全衛生法も労働基準法と相まって労働者の安全と健康を確保し、快適な職場環境の形成の促進を目的とする法律である。かつては、労働者の安全と衛生に関する規定は労働基準法に定められていたが、これらの規定を分離して労働安全衛生法が制定された。本法は、安全衛生管理体制、機械や危険物などに関する内容、健康のための措置なども定められている。職場の安全衛生に関する網羅的な法律であるため、内容は多岐にわたり規定も多い。そのため、細かな点については別途「労働安全衛生法施行令」で規定され、実際の使用などは「労働安全衛生規則」で定められている。

労働安全衛生法では、労働者の業務上の負傷などについては、事業者に対して所轄の行政機関である労働基準監督署長への報告を義務付けている（労安衛100条）。しかし近年、事業者が発生した災害に関して故意に報告をしない、または虚偽の報告をする「労災かくし」と呼ばれる問題が発生している。

## B 労働基準監督署

労働者が快適な環境のなかで、いきいきと働くことができるためには、労働基準法をはじめとする労働条件が守られ、その向上が図られていることが必要である。

そのため、これらの法令が守られているかを管理監督し、労働環境の整備を行うための行政機関として、労働基準監督署がある。

労働環境の整備に関わる行政機関には、国レベルには厚生労働省があり、都道府県レベルでは労働局が設置されているが、労働基準監督署は、より

労働者に近い存在の行政機関である。各都道府県に複数箇所設置されており、労働現場の労働条件や環境の確保・改善、働く場でのトラブルに対する相談のほか、労災保険の給付に関する業務も行っている。また、「労災かくし」のような事例を常にチェックすることも、労働基準監督署の役割である。

労働条件や環境の確保・改善を図る具体的な方法として、労働基準監督署には労働基準監督官と呼ばれる専門職員が配置されており、職場への定期的な立ち入り調査や、労働者からの申告に基づいて監督や行政指導を行うなど、具体的な業務を実施している。

## C　メンタルヘルス対策

前述のように、近年、精神疾患を理由とする労災保険給付が増えている。ストレスフルな労働環境とともに、「こころの病」に対する社会的な意識の高まりが背景にあり、精神疾患に対する予防や対策はこれまで以上に求められている。このような現状に対して、職場におけるメンタルヘルス対策が行われている。

その中核を担うものが、「メンタルヘルス対策支援事業」であり、各都道府県には、こころの病で休業した労働者の復職支援などを行う、「メンタルヘルス対策支援センター」が設置されている。労働者や職場から寄せられた相談に対しては、精神科医やカウンセラーなどが解決をサポートする。また、専門家が直接職場を訪問し、職場における関連スタッフへの教育・研修などの実施に関するアドバイスや管理監督者に対するメンタルヘルス教育を実施している。

さらに、労働者に身近な情報サイトとして、「こころの耳」が運営されている。労働者をはじめ、事業者、産業保健スタッフが、メンタルヘルスに関する情報をより手軽に入手できるよう、幅広い情報が提供されている。

## D　アフターケア（社会復帰促進等事業）

労災保険の中心的な役割は保険給付であるが、保険給付を補完し、被災労働者のアフターケアを行うための制度に「社会復帰促進等事業」がある（労災29条）。具体的には、①療養施設やリハビリテーション施設の設置・

運営など被災労働者の円滑な社会復帰を促進するための事業（社会復帰促進事業）、②被災労働者の療養生活や介護の援護、その遺族の就学の援護など被災労働者と遺族を援護するための事業（被災労働者等援護事業）、③労働者の安全衛生や、適切な保険給付の実施や賃金支払の確保を図るための事業（安全衛生確保等事業）が行われている。

## 3 私たちを取り巻く環境と労災保険

### A 社会環境と労災保険

これまでみてきたように、労災保険に関する内容は、私たちを取り巻く労働環境、産業構造の変化や社会的な背景に大きく影響を受けている。今一度、本章で取り上げた社会情勢を振り返ってみよう。

長期的な低経済成長期が続き、労働環境がストレスフルなものになれば、精神疾患を原因とした労災保険給付が増加する。同時に、精神疾患を原因とした労災給付の増加は、「こころの病」に対する社会的な意識の高まりも背景の1つとなっている。このようなメンタルヘルスへの関心は、労働分野以外でも高まりを見せており、精神保健に関する専門機関や、専門職の役割がこれまでに増して重要となっている。

なかでも、日本の長時間労働は国際的にも有名であり、過労死や過労自殺は、日本の労働環境の問題点を顕著に表す事例である。近年、主要6か国の平均年間総労働時間の比較では、総労働時間は減少してきているものの、国際的にみても日本は長時間労働であることが分かる（表6-2）。またこれには、いわゆる「サービス残業」は算出されないため、世界の中における日本の長時間労働は深刻な問題となっている。

このような長時間労働は、過労死や過労自殺の引き金となるだけでなく、労働者が子育てや介護など家庭的な役割に対する関わりが必然的に少なくなるなど、家庭生活にも影響をおよぼす。そのような状況が問題視され、平成19（2007）年には「仕事と生活の調和（ワーク・ライフ・バランス）憲章」、「仕事と生活の調和推進のための行動指針」が制定された。近年では、ワー

表6-2 主要6ヵ国における労働者1人平均年間総労働時間の推移　　(時間)

| 年 | 日本 | アメリカ | イギリス | カナダ | ドイツ | フランス |
|---|---|---|---|---|---|---|
| 2006 | 1811 | 1802 | 1648 | 1734 | 1352 | 1447 |
| 2007 | 1808 | 1799 | 1655 | 1734 | 1354 | 1468 |
| 2008 | 1792 | 1797 | 1634 | 1727 | 1351 | 1475 |
| 2009 | 1733 | 1776 | 1630 | 1699 | 1309 | 1469 |
| 2010 | 1754 | 1786 | 1620 | 1704 | 1340 | 1469 |

資料) OECD Employment Outlook (2011)
注) 1. 調査対象となる労働者にはパートタイム労働者を含み、自営業者は除く。
　　2. 日本は事業所規模5人以上の労働時間。日本以外の国については事業所規模の区別はない。
　　3. フランスの2010年の数値は推計値。
　　4. 各国によって母集団等のデータの取り方に差異があることに留意。
出典) 『平成24年版　厚生労働白書』資料編

ク・ライフ・バランス(仕事と生活の調和)に対するさまざまな対策が実施されている。

## B　ジェンダーと労災保険

　また、「文化的・社会的な性別」を表す概念であるジェンダーの視点からみても、社会のあり方が労災保険や給付の際の判断に大きく影響していることがわかる。実は、これまで述べてきた過労死や過労自殺は、性別にみると圧倒的に男性が多い。

　これは、日本の労働市場がこれまで男性を中心に形成されており、家庭モデルが、主に男性が働き家計を支える「男性稼ぎ手モデル」を基準に、さまざまな社会保障制度や慣習が構築されてきたことと大きく関係している。また、「男は仕事、女は家庭」の性別役割分業意識を背景に、男性は長時間労働となり、子育てや家事など家庭的な役割に関わる時間が必然的に短くなる。このような状況は、男性を過労死などの危険な状況に追い込むのみならず、女性の社会進出を妨げる要因となっている。

　より具体的に指摘すれば、社会保障制度には、男女別に異なる支給基準が設けられている規定がいくつか存在し、労災保険の場合、「遺族(補償)年金」をあげることができる。男性が過労死などによって労災認定された場合、妻に対して遺族(補償)年金は給付されるが、女性が過労死し夫が遺族

となった場合には、①60歳以上であること、もしくは、②一定の障害があることという受給要件が設けられている（労災16条2項）。これも、「男性稼ぎ手モデル」の家庭モデルが念頭に置かれた規定である。

一方、男女別に設けられた規定に関して、近年では同等にしようとする変化もみられる。国・園部労基署長事件（京都地判平成22・5・27労判1010-11）では、業務災害に遭った原告男性が、労働者災害補償保険法施行規則に定められている「外貌に著しい醜状を残す」障害等級に関して、男性が女性よりも低く設定されているのは法の下の平等（憲14条1項）に反する性差別であると訴えたところ、男女別に設けられた支給基準は違憲であると認められた。この判決を受けて、平成23（2011）年に、労働者災害補償保険法施行規則における男女別の障害等級を解消し、平等にする改正が行われている。

給付決定や内容など、労災保険は労働者の就業環境を改善するための変更や法改正が行われてきている。そのきっかけの1つとなっているのが、さまざまな先人たちの裁判による訴えと努力による成果である。現在の私たちの環境は、そのような人々の上に成り立っていることを忘れてはならない。

## 4　労災保険制度に関する提言

これまで見てきたように、労災問題の改善には労働環境の改革が不可欠である。そして、何よりも重要なのは労災が生じてしまう前の予防である。

今後進むべき労働環境の方向性はどのようなものなのか。そのキーワードになるのが、「ディーセント・ワーク」である。ディーセント・ワークという概念は、ILO（国際労働機関）の平成11（1999）年総会における報告書で提唱された。

ディーセント（Decent）は、「きちんとした」、「ふさわしい」、「適正な」という意味をもつ。そして、ディーセント・ワークを日本語で表現するならば、「働きがいのある人間らしい仕事」ということになる。

過度な精神的負担、いじめ、過重・長時間労働、過労死や過労自殺、このような現状がある労働環境は、ディーセント・ワークが実現される社会とは対極にある状況である。働くことは本来、「豊かさ」や「幸福」を得るための活動であり、労働によって障害を負う、死亡するなどということがあってはならない。ディーセント・ワークを実現し、これらの災害が事前に予防されてこそ、人は安心して働き、幸福を得ることができる。

　ILOでディーセント・ワークが提唱されて以降、国内においても、「仕事と生活の調和（ワーク・ライフ・バランス）憲章」内に、ワーク・ライフ・バランスの取組みを通じて、ディーセント・ワークの実現に取り組むことが示された。また、平成22（2010）年に閣議決定された「新成長戦略」においても、「雇用の質の向上が、企業の競争力強化・成長へとつながり、その果実の適正な分配が国内消費の拡大、次の経済成長へとつながる」という認識から、ディーセント・ワークの実現をめざすことが明記されている。人間らしく働くことのできる労働環境の整備に向けて、ディーセント・ワークが認識されていることは好ましい動きである。

　しかし、企業内にはディーセント・ワークのようなあり方が経営を悪化させるという意識も根強く、未だ労災につながるような労働環境が横行しているのも現状である。

　私たちは、「何のために働くのか」、「人間らしい働き方とはどのようなものなのか」を考え、働く人々の立場に立った労働環境への社会保障に関する法制度づくりを求めていかなければならない。

## コラム　労災保険のひとり歩き

　昭和22（1947）年に労働基準法と同時に制定された労災保険法は、当初労働基準法上の労災補償と同一内容・同一水準の給付を行う制度であった。しかし、その後、労災保険法は、遺族補償給付や障害保障給付の年金化、通勤災害の補償の追加や労働者福祉事業の導入など、社会保障としての機能を強化していった。これが、「労災保険のひとり歩き」と呼ばれる現象である。まさに、労災保険法が社会保障制度化している。

　一見すると、労災保険の内容の拡充は労働者にとって好ましいことのよ

うにも思える。しかし、社会保障としての機能が充実することによって、事業主による労働災害補償の責任がないがしろにされるというジレンマが生じており、災害補償責任と社会保障制度の狭間で労災保険をどのように位置づけるのかが、課題となっている。

**もっと知りたい方へ**
- 大内伸哉『歴史からみた労働法』（日本法令、2012）
- 山口浩一郎『労災補償の諸問題』（信山社、2008）

## 知識を確認しよう

**問題**
(1) 業務上の疾病や怪我であると認められ、労災保険法の補償の対象となるための条件を複数挙げ、それぞれについて説明しなさい。
(2) 労働者の労働環境を守るための主要な法律を2つ挙げ、それぞれの法律の目的について説明しなさい。

**解答への手がかり**
(1) 労災保険法で補償の対象となるためには、業務と災害の間に業務遂行性と業務起因性がなくてはならない。両者の内容について考えてみよう。
(2) 労災保険法は主として災害が生じた後に対応する法律だが、事前に労働環境を守るための法律として、労働基準法、労働安全衛生法がある。両者の目的について考えてみよう。

# 第7章 リストラ・失業・DV・災害に対する生活保護制度

## 本章のポイント

1. リストラ・失業・DV・災害などによって生ずる貧困問題は、いまや重大な社会問題である。身近にある生活への不安・貧困の事例を通して、生活保護制度を考える。
2. 生活に行き詰ってしまった人たちに対し、「健康で文化的な最低限度の生活」(憲25条)に基づく「最後のセーフティネット」としての役割と機能を果たすのが生活保護法である。同法に基づく、基本原理、基本原則、それに8種類の扶助の内容などが重要である。
3. 生活保護を含む生活困窮者支援は、現在、大きな転換期にさしかかっている。生活保護受給者の増加により、2013年度より保護基準額の減額改定がなされた。また、2013年12月には、被保護者の自立支援強化、制度運用の適正化強化などを主な内容とする生活保護法改正案が成立すると同時に、新たな「生活困窮者支援法」が制定されている。これらの動向を含め、生活困窮者支援について、今後、国民的な議論が必要である。

# 1 生活保護とは

## A 身近にある貧困

### [1] 生活への不安と貧困の現状

現在の社会では、以下のような事例は身近にたくさんある。「ワーキングプア」や「格差社会」といった言葉は、最近ではあまり耳にしなくなった。だが、事例にみられる内容からは、現在の日本社会から格差や貧困がなくなったわけではないことに気付かされる。

(1) Aさんの事例―DVで母子家庭

28歳のAさんは、夫の暴力に耐えかねて半年ほど前に離婚し、現在は2歳になる息子とアパートで暮らしている。貯金を取り崩して何とか生活しているが、このままでは行き詰まるのが目に見えているので、早く仕事をみつけたい。しかし、小さな子どものいる母子家庭の母親が仕事をみつけるのは難しい。A子さんは、あせりを感じずにはいられない。

(2) Bさんの事例―老後の不安

77歳のBさんは、月数万円の老齢基礎年金で生活している。生活は常にギリギリである。死ぬまでこのような生活が続くのだろうか。残された人生のことを考え、Bさんは不安とやるせなさを抑えきれない。

(3) Cさんの事例―失業への不安

25歳のCさんは、期間従業員として工場で働いている。3ヵ月の有期労働契約の更新を繰り返して1年間働いてきた。しかし、この先いつ契約更新が打ち切られるかわからない。賃金も低く、自分1人が食べていくのが精いっぱいで、貯金することもままならない。結婚して家庭を作るなど、夢のまた夢のことのように思える。

### [2] 生存権の保障

上記の事例のような苦しい生活を強いられている人たちは、幅広い世代で増え続けており、それを裏付けるように、生活保護を利用する人たちが、かつてない勢いで増加している。

重要なのは、このような「貧困」は誰にでも起こりうる身近な問題であ

るという点である（自分は決してAさんたちのようにはならないと、誰が断言できるだろうか）。そして、さらに重要なのは、その貧困が必ずしも個人の問題ではなく、社会的な要因によって引き起こされている面があるということである。

憲法では、「すべて国民は、健康で文化的な最低限度の生活を営む権利を有する」として、基本的人権としての生存権の保障について規定している（25条1項）。

そして、社会の貧困に対する「最後のセーフティネット」として、生存権を具体的に保障する役割と機能を果たしているのが生活保護制度である。

## B 生活保護制度の役割

生活保護制度は、このような誰にでも生じうる貧困・生活困窮に対応し、すべての国民に生活保障をするための制度である。生活保護の役割は、大きく分けて2つある。

### [1] 最後のセーフティネット

第1は、社会保障の体系における「最後のセーフティネット」としての役割である。本書で学ぶ他の社会保障制度だけでは、人生のあらゆる場面において遭遇する可能性のある生活困難や貧困を完全に防ぐことは、残念ながら不可能である。その際に必要とされるのが生活保護である。

### [2] ナショナルミニマム

第2は、生活保護制度において、最低限度の生活水準を定めることによって、国民に保障されたナショナルミニマム（国が社会保障などにより、すべての国民に保障する最低生活水準、つまり国家的最低限）を示す、という役割である。このナショナルミニマムを示す生活保護の基準は、このところ引き下げられており、ナショナルミニマムや生活保護制度は、現在大きな転換期を迎えている。この点については後述する。

以下では、社会保障体系における最後のセーフティネットとして重要な役割と機能を果たし、私たち国民の生活を底支えしている「生活保護法」のしくみについて述べたい。

## 2 生活保護法のしくみ

### A 生活保護の目的

生活保護法1条は、生活保護の目的として、「最低生活保障」と「自立助長」の2つを掲げている。

#### [1] 最低生活保障

憲法25条の保障する生存権の理念を具体化し、国民に健康で文化的な最低限度の生活を保障することが、生活保護の第1の目的である。そのために生活保護法は、保護の基本原理、基本原則、保護の種類・方法などについて具体的に規定している。

#### [2] 自立助長

人間の尊厳、すなわち人たるに値する生活を保つためには、最低限度の生活を保障するだけでは十分とはいえない。そこで生活保護法は、利用者の自立の助長を第2の目的として掲げている。

ところで、ここにいう「自立」とはどのような生活状態を指すのであろうか。従来、一般的に自立とは、保護を受けずに済むようになった状態、すなわち経済的に自立している状態を指すものと考えられてきた。しかし、生活保護受給世帯には、高齢者世帯、障害者世帯、母子世帯などのように、社会的にハンディを負っているものも多く、また、これらの世帯は長期にわたって保護を受け続ける傾向が強い。そのような世帯に、単に経済的な自立だけを求めることが果たして妥当か、という問題がある。

その意味で、生活保護法にいう自立とは、単なる経済的自立だけでなく、利用者が社会的弱者としてではなく、生活保護などを含む社会保障制度を活用しつつ、社会のなかで主体的に生活する「社会的自立」ないし「人格的自立」の観念を含むもの、という理解が一般的となってきている。憲法13条に規定される「個人の尊厳、生命・自由・幸福追求権」の理念もこのことを裏打ちしている。

生活保護を受けること自体が恥である、とのイメージはいまだ根強い。

だが、上記のような自立の理念や、個人の尊厳の理念に照らせば、保護はすべての国民に認められた権利であり、利用者が権利主体として尊重されなければならないことは明らかである。生活保護の現場においても、このような理念の転換と、その具体化に向けた取組みが行われつつある。

## B 基本原理

生活保護法は、保護の基本原理として、以下の4つを規定している。

### [1] 国家責任の原理 (生活保護法1条)

生存権が国民に保障された基本的人権であることから、それを具体化する保護の実施責任も第一義的には国家が負うことになる。そこには、貧困の発生要因が必ずしも個人ではなく、社会にあることが社会的に容認され、その結果、基本的人権として生存権が保障されるに至ったという歴史的背景がある。

### [2] 無差別平等の原理 (2条)

生存権に基づく保護請求権が「すべての国民」に認められた権利である以上、国民は、法に定められた要件を満たす限り、無差別平等に保護を受けることができる。このことから、保護の対象者に年齢や性別などによる制限を設けることはできず、生活困難に陥った要因も問われない。

無差別平等との関係で問題となるのが、日本に在留する外国人に保護が認められるか、という点である。生活保護法1条および2条が、生活保護受給権の対象者を、文言上「すべての国民」と規定しているためである。

この点について、1954(昭和29)年に当時の厚生省通知により、永住者などの定住外国人に対して保護を「準用」するという取扱いが行われた。保護の内容は日本人と同水準である。ただし、あくまでも「準用」であり、その保護は法的な権利に基づくものではないため、不服申立てや訴訟の提起も認められなかった。これに対し、「永住資格を有する外国人は日本人と同様の待遇を受ける地位が法的に認められている」とする高裁判決が2010(平成22)年に出され、注目されている(大分外国人生活保護訴訟・福岡高判平成22・11・15判タ1377-104)。なお、留学生や不法滞在の外国人には保護自

体が認められていない。

### [3] 最低生活保障の原理（3条）

　生活保護法3条は、最低生活について規定している。これは憲法25条の理念を改めて確認したものである。何をもって「健康で文化的な最低限度の生活」というかは難しい問題であるが、制度上では、生活保護法8条に基づいて厚生労働大臣が定める保護基準などによって具体化されている。

　問題は、この保護基準設定にあたり、厚生労働大臣の裁量がどの程度まで認められるのかという点であり、この点について初めて争われたのが有名な「朝日訴訟」である。この訴訟では、後述の生活扶助における入院患者日用品費（訴訟当時の1956〔昭和31〕年度で月額600円）が生存権の理念に照らして低額に過ぎるのではないか、という点が争われた。

　最高裁（最大判昭和42・5・24民集21-5-1043〔百選1事件〕）は、「何が健康で文化的な最低限度の生活であるかの認定判断は、いちおう、厚生大臣の合目的的な裁量に委されており」として、基準の設定について、当時の厚生大臣の広範な裁量権を認めた。

　保護基準、とくに生活扶助基準額は、2013（平成25）年度から3年かけて平均10％程度引き下げられることになり、2013年8月に第1段階の引き下げが行われた。これに対し、厚生労働大臣の基準設定の違法性を問う訴訟を提起する動きが全国に広がっている。このようななかで、保護基準設定のあり方が改めて議論されている。

### [4] 保護の補足性（4条）

#### (1) 保護の補足性の意義

　保護の補足性は、他の社会保障制度にはない生活保護独自の考え方であり、制度の運用上も重要な意味をもつ基本原理である。

　現代社会における私たちの日常生活は、「自己責任」が基本である。私たち個人は、自身の生活のために、あらゆる自助努力を尽くすことが求められる。しかし、それでもなお最低限度の生活を維持することが不可能な場合に、その不足分を補う形で生活保護が機能する。逆にいえば、個人が自身に可能な自助努力を尽くした後でなければ、保護は受けられないという

ことである。このことを示したのが生活保護法 4 条の保護の補足性である。

(2) 保護の要件としての補足性

　生活保護法 4 条は、まず第 1 項で、保護を受けるための「要件」として、「資産、能力、その他あらゆるものの活用」を求めている。これが上記の「自助努力」に相当する。これについて、少し具体的にみてみよう。

- **資産の活用**　まず、「資産を活用する」とは、一定額以上の現金や預貯金、自動車、不動産、貯蓄性の高い保険など、およそ換金が可能なものの一切を処分・換金することをいう。しかし、「活用」のためにすべての資産を処分して、丸裸の状態になってしまったのでは、最低限度の生活すら維持できなくなってしまい、かえって制度の趣旨を損ねることになる。そこで、保護の際には最低限度の生活の維持に必要な一定の資産の保有が認められている。
- **能力の活用**　この場合の「能力」は労働能力、つまり稼働能力のことを指す。健康で労働能力があり、なおかつ適当な働き口がある場合には保護は認められない。しかし、現在のような経済状況下で、思うように就職先がみつからないような場合に、単に労働能力があり、それを活用していないとの理由のみで保護を認めないとする取扱いには慎重な判断が求められる。

　この点が直接争われた事例として、林訴訟（一審：名古屋地判平成 8・10・30 判時 1605-34、二審：名古屋高判平成 9・8・8 判時 1653-71）、新宿七夕訴訟（東京地判平成 23・11・8 賃社 1553=1554-13）などがある。

(3) 保護に「優先」する事項

　また生活保護法 4 条は、その 2 項で「民法上の扶養義務者による扶養」および「他の法律による扶助」が保護より「優先」して行われるべき旨を定めている。あくまでも優先であるため、扶養に関しては、保護開始後に扶養義務者からの仕送りなどの支援があった場合に、それが収入として認定されるという程度に過ぎず、この点、「要件」とは異なる。

　他の法律に基づく扶助については、生活保護が社会保障における「最後のセーフティネット」であるとの位置づけから、他の社会保障制度などによって救済が可能である場合には、そちらの活用が優先される（生活保護における他法優先の原則）。

## C 基本原則

基本原理とならんで、生活保護制度運用上の指針となる基本原則が4つ定められている。

### [1] 申請保護の原則 (7条)

生活保護法は、申請行為は国民の保護請求権の発動であるとの見地から、保護は申請があって初めて開始されるとする「申請保護の原則」を定めている。ただし、要保護者が急迫した状況にあるときは、本人の保護申請がなくとも福祉事務所が必要な保護を行う「職権保護」も認められている。

### [2] 基準及び程度の原則 (8条)

保護の実施は、厚生労働大臣の定める保護基準により要保護者の保護内容を判断し、そのうち、その人の金銭または物品で満たすことのできない不足分を補う程度において行われる。このように、厚生労働大臣の定める保護基準は、最低生活水準（ナショナルミニマム）を示すと同時に、保護の要否や支給額を決定する際の基準となるという2つの役割を有している。

### [3] 必要即応の原則 (9条)

保護は、要保護者の年齢別、性別、健康状態などその個人または世帯の実際の必要に応じて有効かつ適切に行うとする原則である。保護を要保護者の実情に応じて行う「保護の個別性」は社会保障における生活保護制度の特徴を示すものであるといえる。

### [4] 世帯単位の原則 (10条)

保護の要否およびどの程度の保護を行うかの決定を個人ではなく世帯を単位として行うとする原則である。

ただし、世帯を単位として行うことが困難である場合には、個人を単位として保護の要否や程度を定める「世帯分離」の取扱いも認められている。

## D 生活保護の利用

生活に困窮する人が生活保護を利用したいと考えた場合、福祉事務所に

おいて以下のプロセスを経るのが一般的である。

①受付→②相談→③申請→④調査→⑤要否判定→⑥保護開始決定→⑦保護の実施

相談や申請は、居住地を管轄する福祉事務所で行う「居住地保護」が原則である（19条1項1号）。ホームレスなどのように居住地がないか、明らかでない場合は、その人が現に存在する現在地を管轄する福祉事務所が保護を実施する「現在地保護」を行っている（19条1項2号）。

申請が受理されると、その世帯の生活状況や収入などの調査が行われ、その結果をもとに、補足性の原理に基づいて保護の要否判定が行われる。これらの決定は、原則として14日以内（特別の事情がある場合には30日以内）に行われなければならない（24条3項）。

保護開始決定がなされると、保護が実施される。被保護者には、その立場上、保護の不利益変更の禁止、公課禁止、差押禁止などの権利が保障される（56～58条）。同時に、保護受給権の譲渡禁止、生活向上の義務、届出義務、指導指示に従う義務などが課せられる（59～62条）。

## E 保護の種類および内容

### [1] 保護の種類

生活保護には、生活扶助・教育扶助・住宅扶助・医療扶助・介護扶助・出産扶助・生業扶助・葬祭扶助の8種類の扶助が用意されている（図9-1参照）。それぞれに基準が設定されており、被保護世帯のニーズに応じて、これらの扶助を適宜組み合わせて保護を実施することになる。

以下、その主なものについて内容を説明する。

### [2] 各扶助の内容

(1) 生活扶助（12条）

生活扶助は、飲食物費、被服費、光熱費などの生活の需要を満たすもの、および転居費用や保護施設への入所の費用といった「移送」の費用に関するもので、保護の中心かつ基本となるものである。この扶助は、基準額が年齢ごとに設定される第1類費と、世帯の人数ごとに設定される第2類費から構成されており、両方の合計額が当該世帯の生活扶助の給付額となる。

これに、世帯の状況に応じて各種加算がなされ、臨時的な支出については「一時扶助」が給付される。なお、生活扶助基準には、地域における消費物価水準の差を反映させるための「級地制」が採用されている。

ここ数年間、生活扶助基準額は据え置かれていたが、2013年度から3年間をかけて段階的に平均10％程度減額されることとなっており、生活扶助額の算定方法もそれに応じて変更されている。

**(2) 教育扶助**（13条）

教育扶助は、義務教育に伴って必要な学用品や学級費、給食費や入学準備金などを給付する。この扶助は、義務教育期間に限定された給付であるため、高等学校への就学に必要な費用は生業扶助から給付される。

**(3) 住宅扶助**（14条）

住宅扶助は、住居・住宅補修・その他住宅の維持に必要なものに関する給付である。賃貸住宅の場合は、一般基準と特別基準の組み合わせにより、家賃相当額を支給する。なお、世帯人数に応じて上限額を設定している。

**(4) 医療扶助**（15条）

医療扶助は、国民健康保険と同様の医療を被保護者の自己負担なしで保障するための給付である。この扶助を利用する場合、事前に福祉事務所に医療券の発行を申請し、指定医療機関にそれを提出したうえで、現物給付により医療サービスを受けることとなる。ただし、急病の場合は、医療券発行の申請を事後的に行うことが認められている。

**(5) 介護扶助**（15条の2）

介護扶助は、被保護者に介護保険と同様の介護サービスを保障するための給付である。

**(6) 生業扶助**（17条）

生業扶助は、自営業の運転資金などの生業費や、就業に必要な資格を身につけるための技能修得費、就職支度費（衣服などの購入費）などに対する給付である。高校就学の場合は、公立高校の授業料相当額が給付される。

なお、これらの扶助を内容とする保護は、居宅で行われることを原則とする（30条1項）。また、居宅での保護が困難な人を入所させて保護を行うために、救護施設、更生施設、医療保護施設、授産施設、宿所提供施設の5種類の施設が規定され（38条）、全国各地に設置されている。

## 2 生活保護法のしくみ

**最低生活費**

- **生活扶助**
  - 第1類費 …… 個人単位の経費（食費・被服費等）
  - 第2類費 …… 世帯単位の経費
    （光熱費・家具什器等）＋地区別冬季加算（11月～3月）
  - 入院患者日用品費 …… 病院または診療所（介護療養型医療施設を除く）に入院している被保護者の一般生活費
  - 介護施設入所者基本生活費 …… 介護施設に入所している被保護者の一般生活費
  - 入所基準生活費 …… 救護施設、更生施設に入所している被保護者の一般基準
  - **各種加算**
    - 妊産婦加算 …… 妊婦および産後6ヵ月までの産婦に対する栄養補給
    - 母子加算 …… 母子（父子）世帯における児童の養育に対する特別需要に対応
    - 障害者加算 …… 身体障害者手帳1級、2級および3級の身体障害者もしくは国民年金法の1級または2級の障害者に対する特別需要に対応
    - 介護施設入所者加算 …… 介護施設に入所している者に対する特別需要に対応
    - 在宅患者加算 …… 在宅の傷病者で栄養補給を必要とする者
    - 放射線障害者加算 …… 原爆被爆者で重度の障害を有する者に対する特別需要に対応
    - 児童養育加算 …… 中学校修了前の児童を養育する者の特別需要に対応
    - 介護保険料加算 …… 介護保険の第一号被保険者で、普通徴収の方法によって保険料を納付する者
  - 期末一時扶助 …… 年末（12月）における特別需要に対応
  - 一時扶助 …… 保護開始時、出生、入学、入退院時等に際して、必要不可欠の物資を欠いており、かつ、緊急やむを得ない場合に限って支給する

- **住宅扶助**
  - 家賃、間代、地代 …… 借家・借間の場合の家賃、間代等または自己所有の住居に対する土地の地代等
  - 住宅維持費 …… 現に居住する家屋の補修または建具、水道設備等の従属物の修理のための経費

- **教育扶助** ── 基準額＋学校給食費＋通学交通費＋教材代＋学習支援費

- **介護扶助** ── 介護保険の介護の方針および介護の報酬の例による

- **医療扶助** ── 国民健康保険および後期高齢者医療の診療方針・診療報酬の例による

- **出産扶助**
  - 居宅分娩
  - 施設分娩

- **生業扶助**
  - 生業費 …… 生計の維持を目的とする小規模の事業を営むための資金または生業を行うための器具、資料代
  - 技能修得費 …… 生計の維持に役立つ生業につくために必要な技能を修得する経費
    - 高等学校等就学費 …… 高等学校等に就学し卒業することが当該世帯の自立助長に効果的であると認められる場合に認定
  - 就職支度費 …… 就職のため直接必要とする洋服類、履物等の購入費用

- **葬祭扶助**

- **勤労控除**
  - 基礎控除 …… 勤労に伴って必要な経常的需要に対応するとともに勤労意欲の助長を促進
  - 特別控除 …… 勤労に伴い必要な年間の臨時的需要に対応
  - 新規就労控除 …… 新たに継続性のある職業に従事した場合の特別の経費に対応
  - 未成年者控除 …… 未成年者の需要に対応するとともに本人および世帯員の自立助長を図る
  - 実費経費 …… 通勤費、所得税等勤労に伴う必要な実費

出典）社会保障入門編集委員会編『社会保障入門 2012』中央法規出版，2012, p.44 を補筆修正．

**図7-1　生活保護基準などの体系図**

## F 保護の実施体制および財源
### [1] 保護の実施機関
　生活保護の事務は、福祉事務所が行う。福祉事務所は、都道府県および市では必置とされているが、町村については任意設置である。福祉事務所を設置していない町村の生活保護の事務は、当該町村の属する都道府県の福祉事務所が担当することとなっている。

### [2] 生活保護の財源
　生活保護の財源は、すべて租税によって賄われている。費用は、市町村および都道府県が支弁（さしあたり支出すること）する。生活保護費などのうち、国が4分の3、市町村と都道府県が4分の1を負担する。なお、施設整備費については、国と地方自治体が2分の1ずつ負担する。

## G 不服申立てと訴訟
### [1] 争訟権の意義
　保護の開始、却下、変更、停止、廃止などの決定は、いずれも福祉事務所長による行政処分として行われる。保護が憲法上認められた権利であることから、これらの決定や指導に不服がある場合には、不服申立て（審査請求）や行政訴訟を提起することにより争うことができる。

### [2] 生活保護における不服申立てと訴訟（図7-2参照）
#### （1）審査請求
　被保護者は、福祉事務所長の処分などに不服がある場合には、その処分を知った日の翌日から60日以内に、都道府県知事に対して不服申立ての審査請求を行うことができる。知事は、申立てから50日以内にそれに対する判断、すなわち裁決を出さなければならない。生活保護に関する処分の取消しを求める行政訴訟は、この審査請求に対する裁決を経た上でなければ提起することができない（審査請求前置主義、69条）。

#### （2）再審査請求と行政訴訟の提起
　知事の裁決に不服がある人は、(1)裁決を知った日の翌日から30日以内に厚生労働大臣に対して再審査請求をするか、(2)6ヵ月以内に地方裁判所

に対して行政訴訟を提起するか、このいずれかを選択することができる。
　再審査請求に対しては、厚生労働大臣は70日以内に裁決を出さなければならない。再審査請求にも不服がある場合は、裁決を知った日の翌日から起算して6ヵ月以内に地方裁判所に行政訴訟を提起することができる。

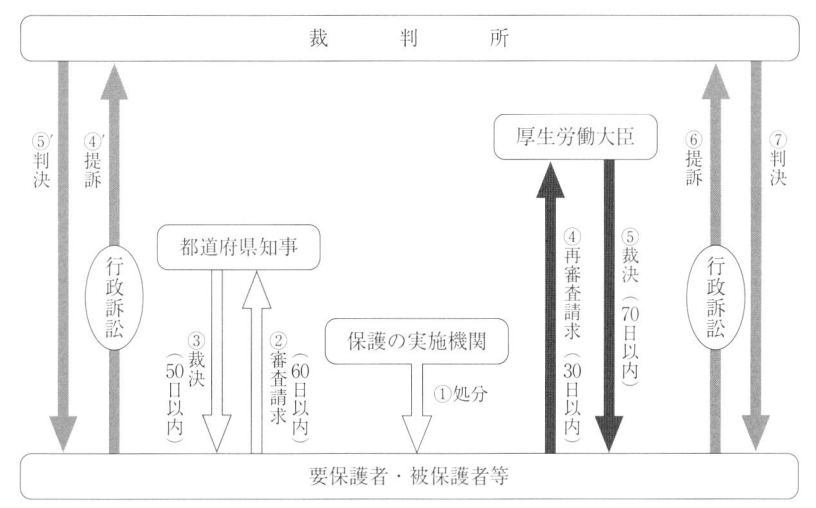

都道府県知事による裁決後は、厚生労働大臣に対する再審査請求（④⑤）と、行政訴訟の提訴（④′⑤′）のいずれかを選択できる。　作図）筆者

**図7-2　不服申立て（審査請求）の手順**

## 3　生活保護の動向――転換期にある生活困窮者への支援策

　保護受給者数が増え続けるなか、政府は2013（平成25）年度に数年ぶりとなる生活扶助基準額の減額改定を行う一方、同年5月に生活保護法改正案および新たな生活困窮者支援法案を国会に提出した。これらの法案は、いわゆる「ねじれ国会」の混乱のなかでいずれも廃案となった。
　しかし、これらの法案は同年11月の国会に再度提出され、可決、成立した。改正生活保護法の柱は、被保護者の自立支援策の強化、および制度運用の適正化の強化の2点である。

このように、現在、生活保護を含む生活困窮者への支援施策そのものが大きな転換期を迎えている。これを契機に、私たちは生活保護や生活困窮者への支援施策のあり方について、自ら将来の人生を想定した議論を重ねていく必要がある。

## 知識を確認しよう

### 問題
(1) 生活困窮者とは、どのような状態をいうのか。それぞれの特徴などを説明しなさい。
(2) 最後のセーフティネットである生活保護法の目的と役割について、説明しなさい。
(3) 実際に生活保護を受ける場合に、どのような問題や課題があるか、説明しなさい。

### 解答への手がかり
(1) リストラ・DV・災害・高齢期など、身近にある生活への不安や貧困問題などから考えてみよう。
(2) 生活保護法の基本原理・基本原則の内容を理解したうえで、それらの目的と役割について考えてみよう。
(3) 生活保護の給付を受ける場合に他の法律が優先されること、給付に関する内容の問題、給付金を含む決定内容への不服申立て、減額改定など、それぞれの状況を理解しながら考えてみよう。

# 第 8 章 医療行為・医療過誤・臓器移植など、医療の諸問題

## 本章のポイント

1. 医療行為は患者の健康の回復もしくは改善のために行われる。そのためには医療従事者と患者との間には信頼関係も必要である。医師の業務など、関連法規から検討する。
2. 産業革命が起こるとともに科学は大きく進歩した。配偶子が細胞であることが発見されたのもこの時代である。それ以後、医学は進歩し「人」が自然の一員であるということを念頭に生命倫理の問題も生じた。現代の医療問題を検討する。
3. 治療行為は、身体に侵襲（手術などで身体を傷つけ、薬剤などで身体に変化をもたらすこと）を加える行為である。侵襲が正しい行為であるとする要件は何か。医療従事者に法的責任があると判断される医療過誤について、刑事法および民事法の両側面から考察する。

# 1 医療従事者と医療行為

## A 医療・医業の定義

医療法1条の2第1項では、「医療は、生命の尊重と個人の尊厳の保持を旨とし、医師、歯科医師、薬剤師、看護師その他の医療の担い手と医療を受ける者との信頼関係に基づき、及び医療を受ける者の心身の状況に応じて行われるとともに、その内容は、単に治療のみならず、疾病の予防のための措置及びリハビリテーションを含む良質かつ適切なものでなければならない」と規定している。

医療は人の生命に関わる業務である。医療に携わる医師は医師法により、歯科医師は歯科医師法により、助産師、保健師、看護師は助産師保健師看護師法により、薬剤師は薬事法により、免許制であることおよびそれらの任務について規定されている。以下、医師を例にあげて解説する。

医師法17条に、「医師でなければ、医業をなしてはならない」との規定がある。医業については、平成17（2005）年7月26日の医政発0726005局長通知「医師法17条、歯科医師法17条及保健師助産師看護師法31条の解釈について」は、医業とは「医行為」を業として行うこと、医行為とは、医師の医学的判断および技術をもってするのでなければ人体に危害を及ぼし、または及ぼす恐れのある行為であると定義している。

## B 医療行為

### [1] 医療行為の適法性要件

1916（大正5）年に、現在の最高裁判所にあたる大審院判決による「医業トハ反覆継続ノ意思ヲ以テ医行為ニ従事スルノ謂」（大判大正5・2・5刑録22-109）との判決がその見解を示している。本書では、医行為については、一般的に用いられている医療行為という言葉を用いることとする。医療行為のなかでも病気の治療を目的として行われるものを治療行為という。医師は、注射をしたり、薬を飲ませたり、手術をしたりする。もしこれらの行為が医療としてではなく行われたら、どうであろうか。刑法上の犯罪の構成要件に該当してしまうものもある。以下、手術を例にとって説明しよう。

医師はメスで身体を切開し、骨を削ったり、内臓の一部を切除したりする。もしこれらが医療行為ではなく行われたら、傷害罪を構成することになる。では、医師はなぜ傷害罪で検察に訴えられたりしないのであろうか。それは治療行為の適法性要件を満たしている場合には、正当業務行為であり、犯罪にはならないからである。

### [2] 治療行為の適法性要件
　治療行為の適法性要件は次の3つであり、これらを満たしていると、医師の正当な業務行為となるのである。
　①治療目的である。
　②現在の医療水準による治療行為である。
　③同意がある。
　①治療目的とは、身体の疾患を治癒する目的であることで、例えば美容整形のように、病気ではないが治療行為と類似の行為を受ける場合とは異なる。医療と類似の行為の場合には国民健康保険の対象とはならない。
　②現在の医療水準による治療行為とは、どのような治療をいうかというと、治験や臨床研究の段階ではなく、治療法として医学雑誌などにも紹介され、一般の医師が知ることができる治療方法である。
　③同意とは、医師は医師自身の推奨する治療方法とそれに代わるいくつかの治療方法を提示し、患者の身体に加わる侵襲とその治療のメリット、デメリットをよく説明し、患者がそれを理解して、自分の治療について意思決定し、その治療方法を承諾することである。患者が未成年者や判断能力に欠ける場合、代諾者が同意することができる。

## 2　現代の医療

### A　医学の進歩がもたらした諸問題
　20世紀後半、医療は大きく進歩した。生殖補助医療は、医療が補助することにより、従来不可能であった出産を可能にした。人工授精、体外受精、

日本では臨床研究でしか認められていないが代理出産など、親決定に関して新たな立法が必要ではないかという見解も議論されている。

代理出産は、日本ではできないため、アメリカ、韓国、インドなど海外で実施する例もある。日本では、生殖補助医療についての立法化がされていないので、現在のところ、産科婦人科学会の会告に従ってそれらの医療が実施されている。しかし、会告の効果は、会員にしか及ばない。学会を脱退した医師には、何らの拘束力も及ばなくなる。技術に対する対応が立法化されていない場合には厚生労働省が指針を公表することがあるが、指針も効力が及ぶところが限られる。

以下では、医学の進歩がもたらした諸問題について検討する。

## B 脳死は人の死

20世紀初頭より医学界での死の判定は呼吸停止、心拍動の停止、瞳孔散大の3つの徴候をもって死としていた。20世紀後半に入ると、生命維持装置の登場に伴って、呼吸が人工的に維持され、心臓も動き続けていながら、脳の機能は不可逆的に（＝元に戻ることなく）停止しているという状態――すなわち脳死――が発生した。脳死になると通常は数日間で心臓も停止する。

植物状態は、大脳が広範囲に障害されているものの、脳幹の機能（植物系機能）が残存しているので自ら呼吸することが可能である。何年も生存できる場合（遷延性植物状態）や、まれに改善する場合もあり、植物状態は、脳死とは全く異なるものである。

日本では、1997（平成9）年の臓器移植法制定の際には、「脳死」は「人の死」という国民のコンセンサスが得られず、臓器提供のために脳死判定を行った場合のみに限られ、脳死状態という言葉が用いられた。それは法的には死とは見なされていないことになる。2000（平成12）年の改正で、脳死は人の死とされ、脳死の提供者からの摘出は「死体からの摘出」と現行臓器移植法6条は規定している。

### コラム　脳死

　脳死が人の死であるというコンセンサスが、医学的にも社会的にも得られていなかったならば、脳死体から臓器を摘出した医師はどうなるであろうか。腎臓は2つあるから1つを摘出しても生命に影響はない。肝臓や肺も部分切除できるので、全摘しなければ生命を保続することはできる。本人の同意があり、現在の医療水準を満たしていて、過失がなければ医師は不法行為を犯したことにはならない。しかし、心臓を移植のために摘出したらどうなるであろうか。ドナー（提供者）は生命を終結してしまい、医師は殺人を犯すことになってしまうのである。

## C　臓器移植について

　臓器移植法は、1997年7月16日に制定され、同年10月16日に施行された。施行後1年半は提供者が現れなかった。その後遅々たる歩みで脳死提供がされるようになった。その数については、(公社)日本臓器移植ネットワーク (http://www.jptnw.or.jp/) に詳しく公開されている。

　同法は、2009（平成21）年に法改正があり、件数は多少増加したが問題点はいくつか残っている。特に、意思表示方法がオプト・イン（コントラクト・インともいわれる）からオプト・アウト（コントラクト・アウト）に移行したことについての問題点は大きい。オプト・インとは、本人が臓器提供の意思を明確に示している場合をいうが、オプト・アウトとは、臓器提供をしないという意思表示をしていない場合でも家族の承諾があれば提供できるというものである。この方式を取り入れる場合には、臓器は提供しないという意思表示をしていないと脳死になった場合に臓器が提供される可能性があることを啓蒙しなければならない。

　小児臓器移植については、2009（平成21）年の改正前は15歳以下の子どもは国内では移植できず、海外とくにアメリカに渡航、実施されていた。アメリカでは、移植技術が進歩していない国の子どものために5%を国外の子どもに割り当てているが、その技術のある日本の子どもがアメリカで受けることに批判の声も上がっていた。

表 8-1　2009（平成 21）年の臓器移植法の改正前後について

|  | 改正前 | 改正後 |
|---|---|---|
| 本人の提供意思 | 必要 | 拒否の意思表示なき時 |
| 家族の同意 | 必要 | 必要 |
| 提供者の優先的意思 | 認めない | 認める |
| 年齢制限 | 15 歳以上 | 生後 2 週以上 |
| 虐待 | 規定なし | 疑われる場合は禁止 |

（改正前、改正後の臓器移植法に従い五十子が作成）

## D　WHO ガイドラインについて

1991（平成 3）年に、WHO は臓器移植について、2 つの原則——公平性と商業主義の禁止——を求めるガイドラインを公表した（WHA44.25）。

2004（平成 16）年には、臓器移植旅行と臓器売買からの弱者の保護を求めて加盟国を招集した。

2008（平成 20）年に、上記に応え、国際移植学会および国際腎臓病学会が国際サミットを開催して、イスタンブール宣言を公表した。

2010（平成 22）年に、WHO はイスタンブール宣言を元に「人の細胞、組織および臓器移植にかかわるガイドラインを公表した（WHA63.22）。

日本は、2009（平成 21）年に、2004（平成 16）年開催の WHO 会議、および 2008（平成 20）年イスタンブール宣言などを踏まえ、臓器移植法を改正した。

## E　2009（平成 21）年の臓器移植法について

臓器移植法の大きな改正点は、①意思表示方法がオプト・アウト方式となったこと、②15 歳以下の子どもからも臓器摘出が可能になったこと、である。改正前、改正後の相違点については、以下のとおりである（表 8-1 参照）。

# 3　ゲノムとゲノム解読

ゲノム（genome）とは、遺伝子（gene）と集合体をあらわす ome の合成語

で、生物の持つ遺伝子（遺伝情報、これは人体の設計図である）の全体を指す言葉である。

遺伝というと、「親の体質が子に伝わること」をいうが、遺伝子は、遺伝を決定する小単位をいい、DNA（デオキシリボン核酸）という物質で、A（アデニン）、T（チミン）、G（グアニン）、C（シトシン）という4種類の塩基がつながった鎖のようなものである。1953年に、英国ケンブリッジ大学の研究グループのワトソンとクリックがX線解析データなどからDNA二重らせん構造を発見し、生命は沢山の分子が組み合わさり、複雑な相互作用によって営まれていることが判明した。

遺伝情報は塩基部分にある。塩基対の数は約31億で、これが23対の染色体（22対の常染色体と1対の性染色体XY）に分けられる。この31億の塩基対の並び方であらわされる情報のことをゲノムという。

人間の身体は、約60兆個の細胞から成り立っており、細胞が分裂する時に合計すると1.8mにもなるDNAを正確にコピーしなければならない。複製スピードは1秒に1000塩基対といわれている。それぞれの体細胞の核の中に23対の染色体が含まれている。人間の身体が約60兆個の細胞から成り立っているということは、授精した一つの細胞が分裂を繰り返し、「これは目の細胞」、「これは胃の細胞」と、個々のパーツを形成しながら、60兆個まで細胞分裂し、人体を形作るのである。

2003年4月、ゲノム解読の完了が米、英、日本などの首脳により宣言された。1990年に着手された国際プロジェクトであるが、1997年にキャピラリー型DNA自動解読装置が発売され、遺伝情報の解読が実現した。

## 4 未来医療への研究

生命科学および医学は日々進歩しているといっても過言ではない。ここでは、その進歩により、作成された医薬品や医療機器、医療技術を現実に利用できるようにするシステムと過程を記すこととする。

## A 臨床研究

医学は、長い歴史のなかで多くの治療が試みられ進歩し、現在の医療水準に到達した。新しい薬や医療技術は安全性が理論、動物実験などで、確認されると医療の現場で実験する。それを臨床研究という。承認前の薬を用いて実験することは臨床試験といわれる。人に対し行われるものであるから、厚生労働省などで出される指針（下記参照）に基づいて実施される。そこで重要なのは説明と同意（インフォームド・コンセント：IC）である。

> 三省指針（文部科学省・厚生労働省・経済産業省）
> 　　ヒトゲノム・遺伝子解析研究に関する倫理指針
> 厚生労働省指針
> 　　疫学研究に関する倫理指針
> 　　遺伝子治療臨床研究に関する指針
> 　　臨床研究に関する倫理指針
> 　　手術等で摘出されたヒト組織を用いた研究開発の在り方
> 　　ヒト幹細胞を用いる臨床研究に関する指針
> 　　ヒト受精胚の作成を行う生殖補助医療研究に関する倫理指針

## B 再生医療

### [1] ES細胞（embryonic stem cell）

ヒトES細胞とは、どんな細胞や組織にも分化する可能性を持つ万能細胞で、受精後5～7日を経た胚（胚盤胞）から取り出した内部細胞塊を培養することにより樹立される。臓器や組織などの修復など、再生医療への応用が期待されている。体外受精の余剰胚から樹立されたES細胞から作られた神経細胞や心筋細胞などを患者に移植すると拒絶反応が起き、患者は一生免疫抑制剤を飲まなくてはならないが、未受精卵の核を取り除き、患者の体細胞の核を移植したクローン胚の使用は、患者の遺伝情報を共有するので、この胚からES細胞を作り、組織や臓器に育てると、移植後も拒絶反応が起きない。未受精卵を使用するので、作成についての倫理的課題は多い。

### [2] 万能人工細胞（iPS細胞　induced pluripotent stem cell）

受精卵が分裂を始め、さまざまな組織や臓器になっていくと元の受精卵のような状態に戻ること（初期化）はないが、この初期化することを成功さ

せた。iPS細胞はさまざまな細胞に分化する能力を持つ万能細胞で、再生医療に応用することができ、自分の体細胞から作ったiPS細胞で臓器や組織を再生すれば、拒絶反応のない臓器移植ができるようになる（表8-2参照）。

作製者の山中伸弥氏は2012年のノーベル生理学・医学賞を受賞した。

## C 臨床試験

予防・診断・治療のための物質や器具、方法の有効性や安全性を調べる目的で、人を対象にして行われる試験をいう。未承認の医療であるので、科学的、倫理的妥当性を具えていなければならない。しかし、第2次世界大戦中に起きた人体実験や、アメリカのタスキギー梅毒研究事件を始め、非倫理的な研究が数多くなされ、臨床試験を規制する倫理規範が策定された。代表的なものが、1964年に世界医師会（WMA）で採択されたヘルシンキ宣言、1974年にアメリカで制定された国家研究規制法（NRA）である。

## D 治験

化学合成や、植物、土壌中の菌、海洋生物などから発見された物質のなかから、試験官のなかでの実験や、動物実験により、病気に対して効果があり人に使用しても安全と予測されるものが「医薬品の候補」として選ばれ、人での効果と安全性を調べることを臨床試験という。その結果を国が

表8-2　初期化研究の歴史

| 1962（昭和37）年 | ガードン氏がオタマジャクシの細胞の核を卵に移植し、クローンカエルを作製 |
|---|---|
| 1996（平成8）年 | 英国のイアン・ウィルムット氏がガードン氏の手法を羊に応用し、クローン羊ドリーを作製 |
| 2006（平成18）年 | 山中伸弥氏がマウスでiPS細胞を作製 |
| 2007（平成19）年 | 山中伸弥氏が人でiPS細胞を作製 |
| 2010（平成22）年 | 慶応大学で、iPS細胞で作った神経でサルの脊椎損傷治療 |
| 2012（平成24）年 | 京都大学で、iPS細胞で作った神経でサルのパーキンソン病治療の研究 |

出典）日本経済新聞、2012（平成24）年10月14日

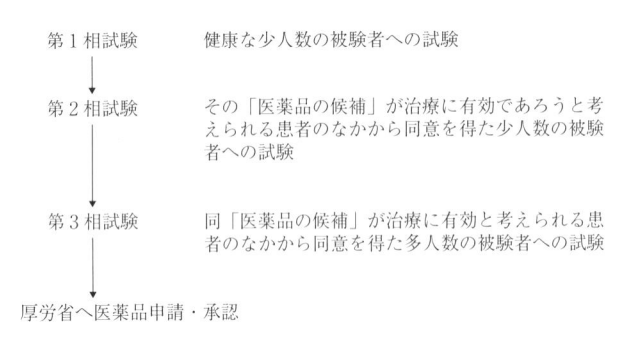

```
第 1 相試験    健康な少人数の被験者への試験
   ↓
第 2 相試験    その「医薬品の候補」が治療に有効であろうと考
              えられる患者のなかから同意を得た少人数の被験
              者への試験
   ↓
第 3 相試験    同「医薬品の候補」が治療に有効と考えられる患
              者のなかから同意を得た多人数の被験者への試験

厚労省へ医薬品申請・承認
```

審査し、病気の治療に必要で、かつ安全に使っていけると承認されたものが医薬品となる（厚労省ホームページ参照）。「医薬品の候補」を用いて国の承認を得るための成績を集める臨床試験は、特に「治験」と呼ばれている。

治験の実施に際しては、医薬品の承認を求める製薬会社、病院、医師は、薬事法と、その法律に基づいて厚労省が定めた医薬品の臨床試験基準(GCP, Good Clinical Practice)「医薬品の臨床試験の実施の基準に関する省令」（平成9年厚生省令第28号）を守らなければならない。GCPは、臨床試験の参加者を保護し、試験が円滑かつ適正に実施されることを目的に、計画、実施、モニタリング、監査、記録、解析、報告などを定め、また倫理審査委員会(IRB)、責任医師、依頼者などの各々の責務や手続を規定している。被験者の安全性と、説明と同意（IC）は特に重要な事項といえる。

「医薬品の候補」は、動物実験の後、原則として次の3相の臨床試験が行われ、厚労省の承認を得て、医薬品となる。

# 5　生命倫理とその課題

## A　バイオエシクス─そのルーツと今後の問題

バイオエシクスのルーツの1つは、第2次世界大戦中のナチスの残虐な人体実験を糾弾した裁判で定められたニュールンベルグ綱領といわれる。綱領では、人を対象とする研究の倫理的基本原則として、同意の4条件（自

発性、適切性、情報の提供、理解）が示された。しかし、侵襲性の高い医学研究に多くの患者が利用され、1972年には、タスキギー梅毒研究事件など、非倫理的な人体実験が平時のアメリカで行われていたことに対する国民の非難と反省が、アメリカにおけるバイオエシクス誕生に結びついた。

20世紀後半は冷戦の時代といわれているが、1989年にはベルリンの壁が崩壊し、翌年10月には東西ドイツが統一された。冷戦時代の体制のハード面を支えたのは物理化学であったが、1992年にビル・クリントンは、大統領に就任後、核兵器研究、宇宙開発に代表される巨大物理化学の予算を縮小し、研究投資の主軸を生命科学へ移行した。一方、アポロ計画に匹敵する生命科学初の巨大プロジェクト「ヒトゲノム解読計画（国際共同研究）」も2003年に解読が終了し、ゲノム異変と疾病との対応関係発見への研究に拍車がかかった。ゲノム情報が医療情報に加わると、従来の説明と同意（IC）で患者および近親者の権利は守られるであろうか。

## B 医療における同意

イギリスでは1767年のスレーター v. ベーカーおよびステープルトンの判決が、治療行為に同意が必要なのは医の慣行であるとの判断を示している。アメリカでは、20世紀初頭より医療における同意が問題となってきた。初期の裁判例として1905年、モーア v. ウィリアムスなどの事例があるが、1957年のサルゴ事件で初めてインフォームド・コンセントという言葉が使われた。医療における同意のあり方を概略的に示す。

そこには以下のことが記され、今日でもなお普遍性を持つものであり、1948年の第2回世界医師会で採択されたジュネーブ宣言に継承されているといわれている。

- 恩師への感謝の気持ちを持つこと。
- 患者の利益のために全力をつくすこと。
- 乞われても致死薬や堕胎の器具を与えないこと。
- 専門性を守ること。
- 患者を性的欲望の対象とはしないこと。
- 守秘義務は順守すること。

表 8-3 医療における患者の同意

| 時代 | 同意のあり方 | 備考 |
|---|---|---|
| 20世紀前半まで | パターナリズム(注1) | ヒポクラテスの誓い(注2) |
| 20世紀後半以後 | 本人の同意 | 日本は浸透がやや遅れる。 |
| 20世紀末 | 代理意思決定 | 要件が整った場合認められる。 |
| 21世紀 | 現在は臨床研究である遺伝子治療が通常の医療になるとICの問題が生じる。臨床研究の場合でも、本人以外の遺伝情報が知られてしまうという問題が生じる。 | |

注1) パターナリズム (paternalism) とは、日本語では父権主義、家父長主義などと訳されている。語源はラテン語の pater（父）。強い立場、知識のある者などが、弱い立場やその問題に関する知識のない者の意思決定や行動に介入すること。

注2) ヒポクラテスの誓いとは、古代ギリシャのヒポクラテスという医師（Hippocrates, B. C. 460?-375?）が作ったと伝えられている医師の倫理規範。

## C 医療事故と法的解決手続

医療に関する法的責任としては、刑事責任、民事責任、行政処分の3種類がある。結果が重大な場合にはこの3種類の責任の全てが課されることもあるが、民事責任が最も多く問題となっている。

### [1] 民事責任

民事責任の根拠については、次の2つの場合が考えられる。1つは債務不履行（民415条）、1つは不法行為責任（民709条）である。

債務不履行は、患者と医療機関（医療法人や開業医）が締結した診療契約（多数説は準委任契約）に基づき善管注意義務を履行しなかったことに対する責任である。不法行為責任は、過失により他人に損害を与えた場合の損害賠償責任である。医師に不適切な医療行為（注意義務違反）があり、それ故に患者に損害が発生している時に患者は損害賠償を請求することができる。

### [2] 刑事責任

刑事責任は民事責任に比較して、結果が重大で、行為の違法性が甚だしい時に課される。犯罪の成立要件である構成要件該当性、違法性、有責性の3要件のすべてに該当すると、犯罪となり、責任が課される。業務上過

失致死傷罪による場合が多い。

### [3] 行政処分

厚生労働大臣は、罰金以上の刑事責任が科せられた者および不正があった者に対して医師免許の取り消し、医業の停止の処分を科すことができる。

## 6 医療保障のゆくえ

　医学は、長い歴史のなかで長い時間をかけて徐々に進歩してきた。産業革命以後、進歩のスピードは速くなり、さらに20世紀後半、特に1960年代以降、生命科学および医学はめざましい進歩の時代を迎えた。

　20世紀後半に東西冷戦の時代の終結を迎えると、「5 生命倫理とその課題」で述べたことであるが、研究投資の主軸が兵器などの開発をになう物理化学研究から生命科学研究へと転換された。ヒトゲノム計画がゲノム解読を2003年に完了し、遺伝にかかわる医療の研究の進歩がめざましい。現在は臨床研究としてなされている遺伝子治療も、近い将来には通常の医療行為に移行しよう。患者の遺伝子の解読は、医療が医師と患者との関係だけでなく、患者に遺伝的繋がりがある者との関係にもなってくるのである。

　一方、現在の日本の国民皆保険制度の開始は、1961（昭和36）年であるが、健康保険制度は、1922（大正11）年制定、1927（昭和2）年施行の健康保険法に始まる。その間に改正を繰り返しながら現在の制度に改変されてきた。このおよそ100年間に、医療は目覚ましく進歩した。およそ100年前には平均寿命は44歳で、現在はその2倍に近い数字である女性86.41歳、男性79.94歳（厚生労働省「平成24年簡易生命表」による）に高齢化した。女性の社会進出も増加し、全雇用者に対して占める女性の割合は厚生労働省の「平成23年版働く女性の実情」によると42.7％に及ぶ。そうした社会の変化により高齢者看護を社会で支えていく必要性も増加した。そのような状況を受け、1997年には介護保険法が制定され、1999年には成年後見制度が改正さ

れた。

　医療制度については、「第Ⅳ編　人生全般を支える社会保障」で論じられるところであるが、2006（平成18）年には、医療費の抑制を目指す医療制度改革関連法も成立した。限られた資源の有効利用を考えると、今後も社会の変化に伴い改革されていくであろう。2013（平成25）年8月6日には、政府の社会保障制度改革国民会議が最終報告書を安倍首相に対して提出した。公平性と国民の福祉を担保した社会保障制度改革を希求している。

## 知識を確認しよう

### 問題

(1) 無脳症や脳死について念頭に置き、「人」の定義について説明しなさい。

(2) 医療行為の適法性要件は満たされていたが、手術3日後に患者が亡くなってしまった。医師には過失はなかった。患者の死に医師は責任を問われるか説明しなさい。

(3) 多くの国では、クローン人間の作成を法律で禁止しているが、クローン人間を作成することの是非について説明しなさい。

### 解答への手がかり

(1) 一般には、自然人と法人を含む法律上の人格者を「人」というが、狭義には、法人に対して自然人を「人」という。英語のpersonは、語源はラテン語personaで、「（訴訟当事者としての）人」を意味した。コラムを参照して考えてみよう

(2) 1のBの[2] 医療行為の適法性要件と5のC 医療事故と法的解決手続を参照し、考えてみよう。

(3) 子どもは両親の遺伝情報の組み合わせをもって生まれてくる。しかし、クローン人間は片方の親の遺伝情報をもって誕生する。それは片方の親の親、つまり祖父母の遺伝情報をもっていることになる。これらのことを参考に考えてみよう。

## 第Ⅲ編

# 人生後期の"生活保障"

第9章　高齢期の雇用保障・医療保障と生きがい対策

第10章　介護・虐待・孤立死に関する問題

第11章　晩年における資産・清算などの問題

第12章　死期・お墓に関する法制度

# 第9章 高齢期の雇用保障・医療保障と生きがい対策

## 本章のポイント

1. わが国の高齢化率の伸長は著しく、高齢社会に適応した社会保障制度への改変が進められている。その一環で平成24（2012）年に高年齢者雇用安定法が改正され、希望者は、65歳までの就労保障が義務化された。
2. 高齢期の医療を支える医療保険制度が平成20（2008）年に変革された。それまでの老人保健制度に代わって、65～74歳の前期高齢者を対象にした前期高齢者財政調整制度と75歳以上の高齢者を対象にした後期高齢者医療制度が創設された。
3. 高齢期の生きがい対策は、社会参加というかたちで、高齢者対策の1つとして進められてきた。近年では、学習など受身的社会参加のほかに、ボランティア活動参加など積極的社会参加が重要視されている。

## 1　高齢期の雇用保障と事例

### A　高齢期の雇用問題

　私たちの多くは、労働の対価として得た賃金や収入で生活を送っている。高齢期は労働から引退する時期であるが、その時期は、多くの企業で採用されている定年制により定年年齢として設定されている。

　退職後の所得保障として老齢（退職）年金があるが、平成13（2001）年から支給開始年齢の段階的引き上げが行われている。最終的には65歳にならないと満額受給ができなくなる。そのため、60歳で定年を迎える多くの高齢者は、生活を支えるために定年後も65歳までの就労を望んでいる。

### B　定年後の再雇用に関する裁判事例

　老齢（退職）年金の支給開始年齢と定年年齢の不連続性を解消するために、「高年齢者等の雇用の安定等に関する法律」（以下「高年齢者雇用安定法」という）の改正が重ねられてきた。本法は高年齢者の雇用就業対策に関する総合的な法律で、平成16（2004）年改正で、高年齢者雇用確保措置が義務化された。65歳未満の定年を定めている企業は、①65歳までの定年の引き上げ、②定年後65歳までの継続雇用制度の導入、③定年の廃止、のいずれかの措置を取らなければならなくなった。ただし、継続雇用制度では継続雇用の基準を労使間の協定で決めることができるとされているため、企業は基準に満たない場合は継続雇用しなくてもよいとされていた。

　この継続雇用制度の基準適否について争われたのが、津田電気計器事件（最判平成24・11・29労判1064-13）である。この事件では、男性X（原告）が電子機器製造会社Y（被告）に対して、社員の地位確認などを求めて争われた。

　Yは継続雇用制度による再雇用を実施している会社で、労使間の協定により再雇用に際しての基準を設けていた。Xは継続雇用を希望していたところ、Yは、Xが基準を満たしていないとして継続雇用を拒否した。これに対してXが再雇用などを求めて提訴し、一、二審判決ではXの請求が認められた。Yはこれを不服として上告したが、最高裁第一小法廷は「男性は基準を満たしている」としてYの主張を退け、二審の判決が確定

した。

厚生労働省「平成24(2012)年『高年齢者の雇用状況』集計結果」によると、平成24(2012)年6月1日現在で高年齢者雇用確保措置を実施している企業は97.3%に達している。そのうちの82.5%の企業が継続雇用制度を導入している。この導入企業のうち基準を設定している企業において、希望しても就労できない退職者は2.3%存在している（基準非該当退職者）。

このような問題の解決を目的の1つとして、高年齢者雇用安定法が平成24(2012)年に改正された。

## C 高年齢者雇用安定法の概要
### [1] 本法の沿革

本法は、昭和46(1971)年に「中高年者等の雇用促進に関する特別措置法」として制定された。昭和61(1986)年に改正、高年齢者雇用安定法と改称され、高年齢者の雇用就業対策に関する総合的な法律となった。

その後の平成2(1990)年改正では定年後65歳までの再雇用が推進され、平成6(1994)年改正では60歳定年の義務化が規定された。平成12(2000)年改正では、高年齢者雇用確保措置の努力義務化が規定され、平成16(2004)年改正では高年齢者雇用確保措置が法的義務化された。平成24(2012)年改正では継続雇用制度における労使協定による基準設置が廃止され、平成25(2013)年4月から希望者全員の継続雇用が義務づけられた。

### [2] 本法の目的

本法の目的は、同法第1条に「定年の引上げ、継続雇用制度の導入等による高年齢者の安定した雇用の確保の促進、高年齢者等の再就職の促進、定年退職者その他の高年齢退職者に対する就業の機会の確保等の措置を総合的に講じ、もって高年齢者等の職業の安定その他福祉の増進を図るとともに、経済及び社会の発展に寄与すること」と明記されている。すなわち、①高年齢者などの雇用就業の確保措置を総合的に講じること、②それによって高年齢者などの職業安定および福祉の増進を図ること、③経済および社会の発展に寄与することなどを目的としている。

### [3] 60歳未満の定年の禁止と高年齢者雇用確保措置の義務化

事業主が定年を定める場合には、60歳を下回ることはできない（8条）。また、65歳未満の定年を定めている事業主に対して、①定年の引き上げ、②希望者全員の継続雇用制度の導入、③定年の廃止の措置などが義務づけられている（9条1項）。ただし、「高年齢者雇用確保措置の実施および運用に関する指針」により「心身の故障のため業務の遂行に堪えない者等」については、事業主は継続雇用しないことができる。また同指針により、平成37（2025）年3月31日までを経過措置期間として、事業主は継続雇用制度に労使協定による基準を設けることができる。

### [4] 高年齢者を雇用する企業の範囲と義務違反企業の公表

継続雇用制度の対象となる高年齢者の雇用には、子会社や関連会社などのグループ企業を含むことができる（9条2項）。高年齢者雇用確保措置義務に違反した企業に対し、厚生労働大臣は勧告することができ、また勧告に従わない企業を公表することができる（10条）。

### [5] シルバー人材センターなどの指定

シルバー人材センターおよびシルバー人材センター連合は都道府県知事によって指定される（41条、44条）。全国シルバー人材センター事業協会は厚生労働大臣によって指定される（46条）。こうした指定制度によって、多様な就業ニーズに対応するための環境整備が図られている。

## D　雇用保障と老齢（退職）年金

平成25（2013）年4月より老齢（退職）年金の支給開始年齢は、段階的引き上げが本格化した。それに対応して、継続雇用制度の労使協定による基準廃止年齢の順次引き上げも始まった。したがって、定年等退職と老齢（退職）年金の受給は一応の連続性は保たれていることになる（図9-1）。

しかし老齢（退職）年金の満額支給開始年齢は65歳である。定年等退職と老齢（退職）年金支給が完全に連続するには、継続雇用制度の経過措置期間の終了まで待たなければならない。

なお、年金保険制度については、**第14章**を参照されたい。

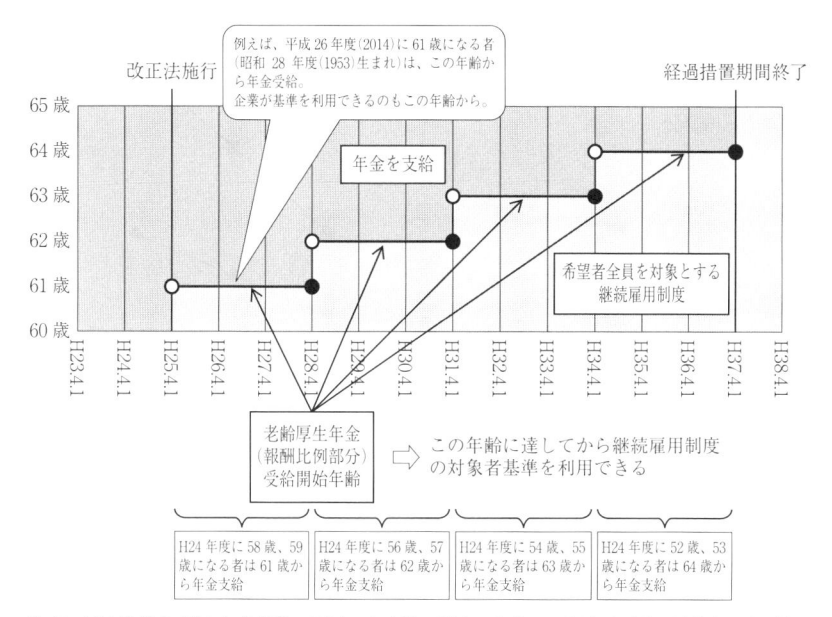

図9-1　継続雇用制度と老齢厚生年金

出典）厚生労働省「『高年齢者等の雇用の安定等に関する法律の一部を改正する法律』の概要」（http://www.mhlw.go.jp/seisakunitsuite/bunya/koyou_roudou/koyou/koureisha/topics/dl/tp0903-gaiyou.pdf　平成25（2013）年7月6日閲覧）

## 2　高齢期の医療保障

### A　高齢期の受療率と医療保険制度の課題

　高齢期の生活問題は雇用に関する問題に留まらない。高齢期は、身体・精神的衰えにより病気や怪我を発症しやすい時期でもある。また、疾病が慢性化しやすいという特徴がある。高齢期と他の年齢階層の受療率を比較すると、高齢期は他の年齢階層に比べ受療率が高いことがわかる（図9-2）。
　ところで、わが国は国民皆保険制度をとっており、国民全体の医療保障は社会保険方式で行われている。高齢者の受診率が高いことから、保険加入者に高齢者が多く存在する保険者は、重い医療費負担を強いられることになる。そのため、企業退職者が加入する国民健康保険では財政が圧迫さ

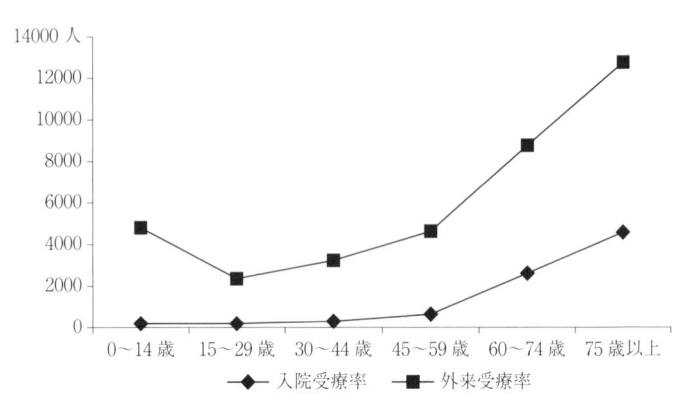

注）宮城県の石巻医療圏、気仙沼医療圏および福島県を除いた数値である。
出典）厚生労働省「平成23（2011）年患者調査」を参考に筆者作成。
http://www.mhlw.go.jp/toukei/saikin/hw/kanja/11/index.html
平成25（2013）年7月6日閲覧。

図9-2　平成23年・年齢階層別受療率（人口10万対）

れるという問題が生じていた。高齢者の医療費負担の不均衡を是正し保険者全体で高齢者の医療を支えるべく、現在は退職者医療制度、前期高齢者財政調整制度および後期高齢者医療制度が実施されている。

## B　医療保険の種類

わが国の医療保障を支えている医療保険の種類などを示したのが表9-1である。高齢期に加入する医療保険は年齢などによって異なる。75歳以上の後期高齢者は、職業にかかわりなく後期高齢者医療制度に加入するが、74歳以下の者は職業によって異なる保険に加入することになる。

被用者とその扶養家族が加入する医療保険は被用者保険（職域保険）と呼ばれている。これには、民間企業会社員が加入する健康保険、日雇労働者などが加入する日雇労働者健康保険、船員が加入する船員保険および国家公務員・地方公務員や私立学校教職員が加入する共済組合がある。

被用者以外の者が加入する医療保険には市町村が保険者となる国民健康保険と国民健康保険組合が保険者となる国民健康保険があり、地域保険と呼ばれている。国民健康保険組合は同種同業の自営業者によって組織され

表9-1 医療保険の種類

| | | 0～64歳 | 65～74歳 | 後期高齢者医療制度 |
|---|---|---|---|---|
| | 保険者 | 医療保険の種類 | 前期高齢者財政調整制度 | |
| 地域保険 | 市町村 | 国民健康保険（市町村） | 国民健康保険（市町村） | 被保険者：おおむね75歳以上の者 |
| | | （退職者医療制度） | | |
| | 国民健康保険組合 | 国民健康保険（組合） | 国民健康保険（組合） | |
| 被用者保険 | 健康保険組合 | 健康保険（組合管掌） | 健康保険（組合管掌） | 保険者：後期高齢者医療広域連合 |
| | 全国健康保険協会 | 健康保険（全国健康保険協会管掌） | 健康保険（全国健康保険協会管掌） | |
| | 国 | 日雇労働者健康保険 | 日雇労働者健康保険 | |
| | 全国健康保険協会 | 船員保険 | 船員保険 | |
| | 各種共済組合 | 共済組合 | 共済組合 | |

出典）菊地敏夫監修・及川忠『図解入門ビジネス　最新　医療費の基本と仕組みがよ～くわかる本〔第3版〕』および厚生労働省「我が国の医療保険について」を参考に筆者作成。
http://www.mhlw.go.jp/seisakunitsuite/bunya/kenkou_iryou/iryouhoken/iryouhoken01/index.html　平成25（2013）年7月6日閲覧。

ており、業種ごとの組合がある。市町村が保険者となる国民健康保険は市町村が事業運営しており、被用者保険および国民健康保険組合の被保険者以外の者が加入している。

## C　退職者医療制度

　退職者医療制度は昭和59（1984）年に創設された制度で、企業の退職者などを被保険者とする医療保険制度である。国民健康保険の1つで、市町村が保険者となる。被保険者は65歳未満の国民健康保険加入者で被用者年金の加入期間が20年以上の者など（退職被保険者）と65歳未満のその家族である。給付内容は国民健康保険と同じであるが、財源が国民健康保険と異なる。被保険者の保険料と健康保険など被用者保険の保険者がその財政力に応じて拠出している。

　この制度は、平成20（2008）年に新たな高齢者の医療制度が創設されたことを受けて、今後廃止される予定である。現在は経過措置期間中で、平成26（2014）年度までの加入者が65歳になるまでの間は存続され、被保険者がいなくなることをもって廃止される。

## D　前期高齢者財政調整制度

　前期高齢者財政調整制度とは、「高齢者の医療の確保に関する法律」（以下「高齢者医療確保法」という）に規定されている制度で、65〜74歳の高齢者の医療費について、保険者間で財政調整を行うしくみのことをいう。

　本法は「国民の高齢期における適切な医療の確保を図るため、医療費の適正化を推進するための計画の作成及び保険者による健康診査等の実施に関する措置を講ずるとともに、高齢者の医療について、国民の共同連帯の理念等に基づき、前期高齢者に係る保険者間の費用負担の調整、後期高齢者に対する適切な医療の給付等を行うために必要な制度を設け、もつて国民保健の向上及び高齢者の福祉の増進を図ること」を目的としている（同法1条）。企業を退職した高齢者が新たに加入することになる市町村国民健康保険の財政負担を他の被用者保険の保険者も負担することによって、保険者間に生じる負担の不均衡の調整を図るのである。

　この制度は給付費の財源調整を行うものであって、前期高齢者が加入する保険が独立して存在するというものではない。したがって、加入中の医療保険に75歳に達するまで加入するので、給付内容はそれぞれの保険の給付内容と同じである。

## E　後期高齢者医療制度

　後期高齢者医療制度は、平成20（2008）年に高齢者医療確保法が改正された際、老人保健制度に代わって新たに創設された制度である。高齢化率の伸長に伴って増大する医療費を、後期高齢者の保険料および各保険者で支える医療保険である。本制度は他の医療保険から独立しており、個人単位で加入する。他の医療保険の扶養家族が75歳になった場合には、被扶養者は扶養者の加入保険を脱退し本制度に加入しなければならない。そのため、それまで保険料負担がなかった74歳以下の被扶養者は、75歳になると本制度に加入し保険料を負担しなければならなくなる。

　表9-2は、後期高齢者医療制度の概要を示したものである。

表 9-2　後期高齢者医療制度の概要

| | 内　容 |
|---|---|
| 財源 | 公費（5割）、各保険者からの後期高齢者支援費（4割）<br>被保険者負担（1割） |
| 保険者 | 都道府県単位の市町村で組織される後期高齢者医療広域連合 |
| 被保険者 | 75歳以上の者または65～74歳で一定の障害を有する者、個人単位で加入 |
| 保険料徴収方法 | 特別徴収：年金からの天引き<br>普通徴収：口座振替または納付書等による |
| 給付 | 療養の給付、入院時食事療養費、入院生活療養費、保険外併用療養費、療養費、訪問看護療養費、特別療養費、移送費、高額療養費、高額介護合算療養費、その他の給付として葬祭費 |
| 本人負担 | 医療費の1割または3割。 |
| 保健事業 | 健康診査（生活習慣病の早期発見を目的） |

出典）大阪府後期高齢者医療広域連合『後期高齢者医療制度』を参考に筆者作成。(http://www.koukirengo-osaka.jp/longlife/supply.html　平成 25（2013）年7月27日閲覧）

# 3　高齢期の生きがい対策

## A　高齢者対策のなかの生きがい対策
### [1] 生きがい対策の沿革

　高齢期は仕事から引退する時期である。生活時間の多くを占める仕事からの引退は多くの余暇時間を生む。また、仕事をとおして社会とつながっている人は多く、仕事からの引退は社会とのつながりを希薄にすることもある。そのため、高齢期をどのように過ごすか、また社会とのどのようにつながるかは、高齢期の大きな課題の1つである。

　わが国の高齢期の生きがい対策は、第2次世界大戦後から本格化し、社会参加というかたちで高齢者対策の1つに位置づけられた。そこでの生きがい対策は余生的な受身の社会参加という側面が強く、受身的な活動の場の整備が進められた。

　昭和38年（1963）年に制定された老人福祉法では、基本理念として高齢者自身の社会的活動への参加努力と国および地方公共団体による社会参加

などの機会提供を掲げている（同法3条）。理念を実現するための具体的な高齢者福祉増進事業では、地方公共団体に一般教養やレクリエーションの実施への努力義務を課している（13条）。また、健康づくりや趣味・レクリエーションなどの活動をしている老人クラブへの助成を規定している（13条2項）。さらに昭和40（1965）年には、文部省（現在の文部科学省）からの委嘱事業として、生涯教育などを実施する「高齢者学級」が開始された。

他方、わが国の社会情勢をみると、高齢化が急速に進んでいる。平成6（1994）年には高齢社会へと突入し、平成24（2012）年の高齢化率は24%を超えた。高齢化率が上昇するにつれて高齢者の活力が注目されるようになり、高齢期の生きがい対策についてもその内容が変化してきた。平成6（1994）年に策定された「高齢者保健福祉推進十か年戦略の見直し（新ゴールドプラン）」の施策目標では、他の目標とともに高齢者によるボランティア活動が掲げられた。高齢者の生きがい対策として、ボランティア活動などの社会貢献活動が重要視されるようになってきたのである。

### [2] 高齢社会対策基本法と高齢社会対策大綱

現在のわが国の高齢者対策は、平成7（1995）年に成立した高齢社会対策基本法に基づいて行われている。本法によって、高齢社会対策大綱の策定が義務付けられており（同法6条）、平成24（2012）年に新たな高齢社会対策大綱が閣議決定された。

高齢社会対策大綱では、高齢社会対策基本法の基本理念に基づいて、6分野の基本施策の指針を定めている。そのうちの1つが「社会参加・学習等分野」である。この分野の基本的施策として、①多様な学習機会の提供とその成果の適切な評価の促進、②社会参加活動の促進などによる生きがいづくりや余暇時間充実のための条件整備、③市民やNPOなどによって公的サービスが提供される「新しい公共」の推進が掲げられている。

## B 社会参加活動の促進施策

高齢者が他の世代とともに社会を担う一員として活躍することは、高齢者自身の生きがいになり、また地域社会の活性化につながるものである。しかし、「ボランティア活動をしたいけれど、どのようにしたらよいか分か

らない」、「自分の能力を活かせるボランティア活動が見つからない」などと感じている高齢者は少なくない。そのため、高齢者が積極的に社会参加活動を行えるように条件整備を行う必要がある。

　高齢社会対策大綱における高齢者の社会参加活動対策として、1つ目に「高齢者の社会参加活動の促進」がある。ここでは、高齢者の情報取得の支援やボランティア活動を始めとする自主的な社会参加活動への支援などが掲げられている。また、高齢者の能力を活用すべく海外技術協力等の事業推進などが掲げられている。

　2つ目に「『新しい公共』の担い手の活動環境の整備」がある。ここでは、高齢者を含む国民が「公」へ参画できる社会の実現を目的に、ボランティア団体や自治会などの地域に根付く組織で活躍できるよう、活動環境の整備促進などが掲げられている。

## C　学習活動の促進施策

　高齢社会対策大綱の基本的な考えは、国民が生涯にわたって社会参加活動できる機会が確保される社会や、社会の一員として尊重される社会などを構築することである。学習活動の促進施策についても、この基本的考えに即して、生涯にわたって国民が体系的に学習できるよう、体制整備の推進が目指されている。

　これらのうち、高齢者に関わる学習活動促進対策として、「学校における多様な学習機会の提供」がある。ここでは、大学などの高等教育機関での多様な学び直しの機会の提供の促進が掲げられている。

　そのほか、「社会における多様な学習機会の提供」がある。ここでは、社会教育の充実、文化活動の推進およびスポーツの振興など、生涯にわたる多様な学習機会の提供への取組が掲げられている。

## D　高齢者のボランティア活動の参加状況

　高齢者は他の世代に比べ、ボランティア活動への参加率が高い。総務省「社会生活基本調査」によると、平成23（2011）年の高齢者（65歳以上）のボランティア活動参加率は23.5％であった。しかし、5年前の平成18（2006）年の参加率は25.7％であり、2.2ポイント下がっている。高齢者のボラン

ティア活動参加率は他の世代に比べ高いものの、時系列でみると減少傾向にある。

一方、ボランティア活動への参加に積極的な意向を持っている人をみると、15歳以上80歳未満の人で5割を超えている（内閣府「平成23年度 国民生活選好度調査」）。高齢者を含む多くの人は、ボランティア活動参加の意向はあるが、実際の参加には、何らかの障壁があると推察される。

ボランティア活動の経験者は高齢期においてもボランティア活動に参加している、という研究がある。高齢社会対策大綱の基本的な考えなどで示されているように、社会参加活動促進への対策は高齢者だけでなく、国民の生涯全般を対象にして、地域の活性化につながるよう、また参加しやすいように対策を講じることが必要であろう。

## 4　高齢期の雇用保障制度への提言

団塊世代が65歳を迎え、団塊世代の仕事引退が本格化してきた現在、高齢者の活力活用への期待はますます高まっている。その1つが高齢者の就労であり、高年齢者雇用安定法はそれを支えるものである。

元気な高齢者が年齢にかかわりなく働くことは高齢者の生きがいにもなり、高齢者自身の健康や精神面でも望ましい影響がある。また、高齢社会化の伸長が著しい現在、社会からの要請でもある。

しかし、雇用政策は社会の情勢と切り離して考えることはできない。経済の低迷が続いている状況下では、高齢者の雇用促進政策が若年者の就業の機会を奪っているのではないかとの懸念も生じている。そのため、単に高齢者の雇用を促進するのではなく、雇用を生み出す政策が必要である。

社会保障制度は、一面で雇用を生み出す機能を持っている。たとえば、共働き家族のための保育所の設置や高齢者のための介護施設の設置は、①設置に伴い保育士や介護士などの老若男女を対象とした雇用が増え、②働く人が増えることで税金・社会保険料を払う人も増えることにつながる。ちなみに、保育所設置への投資は、3倍になって返ってくるという試算も

ある（福田志津枝・古橋エツ子編『私たちの生活と福祉〔第4版〕』209-211頁〔ミネルヴァ書房、2010〕参照）。

社会保障政策それぞれを独立的に制度化するのではなく、社会政策全体を視野に入れた社会制度の仕組みを再構築していく必要があろう。

### コラム　高齢者の年齢は何歳から？

　一般に高齢者の呼称は年齢で区分して用いられている。しかし、その年齢区分は厳格に決められているわけではない。多くの場合、高齢者とは60歳以上の者あるいは65歳以上の者を指すが、だからと言って、身体的・社会的老化が65歳前後から起こるというわけではない。

　では、この60歳以上あるいは65歳以上という年齢枠はどのように導かれたのであろうか。

　それは、人口学における老年人口区分を踏襲したものである。

　私たちの社会は、生産年齢人口（おおむね15〜64歳）が年少人口（おおむね15歳未満）と老年人口（おおむね65歳以上）を支える仕組みになっている。したがって、社会の態様により、生産年齢人口の年齢枠が決められることになる。生産年齢人口より低い年齢人口が年少人口であり、高い年齢人口が老年人口である。人口区分における年齢枠は、時代により、また地域により変化するのである。

　わが国ではおおむね65歳以上を老年人口としている。そのため、現在の年齢区分での高齢社会化が進むと、生産年齢人口が老年人口を支え切れないという事態が生じる。それを解決すべく、高年齢者雇用の促進や老齢（退職）年金の支給開始年齢の引き上げが行われている。しかし、高齢社会化のスピードは著しく、社会保障費の伸びも著しい。超高齢社会に対応した社会制度の再構築が進展している現在、老年人口の年齢区分の見直しにより高齢者の年齢はさらに引き上げられるかもしれない。

---

**もっと知りたい方へ**
- 直井道子・中野いく子・和気純子編『高齢者福祉の世界』有斐閣アルマ（有斐閣、2008）
- 加藤栄一編『年金と経済　31(1)』（公益財団法人年金シニアプラン総合研究機構、2012）

## 知識を確認しよう

### 問題
(1) 高齢期の退職の形態について、定年退職と継続雇用制度における退職の違いを説明しなさい。
(2) 医療保険制度の加入の仕方において、後期高齢者医療制度と他の医療保険と大きく異なる点とそれに伴う課題を説明しなさい。
(3) 高齢者の生きがい対策について説明しなさい。

### 解答への手がかり
(1) 定年退職と継続雇用制度における退職それぞれは、どのような退職なのかを確認し、両者の関係を考えてみよう。
(2) 後期高齢者医療制度と他の医療保険の加入の仕方を比べて、両者の違いとその影響を考えてみよう。
(3) 国・地方公共団体が策定している生きがい対策には、ボランティア活動などがある。自分自身に引き付けて各種の活動を考えてみよう。

# 第10章 介護・虐待・孤立死に関する問題

## 本章のポイント

1. 介護保険制度は、介護の社会化を実現できるだろうか。医療制度・介護保険制度改革によって介護者の経済的負担と同時に介護負担も増加した。介護負担による事件を検討するなかで課題を明らかにする。
2. 虐待防止関連の法律は3つある。児童虐待、DV、高齢者虐待に関する法律である。高齢者虐待の要因には、子ども・夫婦間の虐待・暴力と連鎖しており、1つとして同様のケースは存在しないほど複雑な背景を持っている。高齢者虐待事例から考察する。
3. 孤立死の定義は、明確ではない。孤立死が高齢者の独り暮らしに多いという先入観があり、支援体制を高齢者の「独り暮らし世帯」に視点を置く傾向にある。しかし、男性の働き盛り年齢に孤立死が多くいたため、孤立死の対策を提言する。

# 1 家族介護の事例からみる課題

## A 逆・老老介護の事例
### [1] 事実の概要
　2011年7月、伊丹市の住宅の居間で91歳の母親と71歳の長女の2人が倒れている、と近くに住む親族から119番通報があった。救急隊員が駆け付けたところ、2人とも死亡が確認された。この日の午前中に、母親から次女に「長いこと世話になりました。もう迷惑はかけません」と電話がかかってきた。親族は、「長女には認知症などがあり、母親が世話をしていた」と話している。居間からは、殺虫剤と除草剤が見つかっており、居間の隣室の和室にある仏壇に、母親が書いたとみられる遺書があったため、心中の可能性があると調べている（朝日新聞2011〔平成23〕年7月23日）。

### [2] 事件後の対応
　老老介護は、高齢者の子どもが超高齢者の親を介護しているというイメージがある。しかし、この事例のように71歳の認知症の娘を91歳の超高齢の母親が介護していたという現実もある。
　この事件後、伊丹市の社会福祉協議会（以下、社協という）は、「たった一言でも、SOSを発信してもらえれば」と嘆いている。それは可能だったのだろうか。同市内17校区には、合計258名の民生・児童委員がいて、毎年6月に高齢者宅を訪問して生活の様子を聞き取っている。しかし、その対象は「独り暮らし世帯」に限定されていたため、老老介護の世帯は対象外であった。同市の社協は、独自に市内8校区の公民館などに設置する「助け合いセンター」の474人のボランティアの協力を得て、「声なき声」を探る努力を続けていた。だが、無理心中を図った母親の校区には、助け合いセンターはなかった。そのため、社協は、未設置の9校区に助け合いセンターの開設を急いでいる。

> **コラム** 社会福祉協議会：社協

社会福祉協議会は、地域福祉を推進する第一線機関である。全国の都道府県、市町村に設置される社会福祉法に基づく社会福祉法人である。社協は、知的障害者、精神障害者、認知症高齢者などに対し、福祉サービスの利用援助などを行う地域福祉権利擁護事業を中心に担う。

## B 家族介護と自己決定の課題
### [1] 家族介護への期待

家族介護は、高齢者や家族介護者にとって、自分の生き方に合わせて自由に選択できる介護福祉サービス制度が整っていることが前提である。その上で、それぞれが自己決定をすることになる。残念ながら、人口高齢化のスピードが先進国のなかで一番早く、三世代同居率も高く、「親の老後は子どもが面倒をみるのは当然」、「嫁が夫の両親を介護するべき」との意識も影響しており、高齢者の社会的入院と高齢者医療費増が問題となっていた。とくに、1973（昭和48）年に福祉元年と名付けられたが、その年の秋に第1次オイルショックにより、一転して福祉の見直しがされることとなった。そのため、中曽根内閣による日本型福祉社会が提唱された。日本型福祉社会は、介護の担い手を家族に期待するものであった。

> **コラム** 社会的入院

病状が安定し、入院治療の必要がないにもかかわらず、「退院が困難」なため長期間入院している状態をいう。その多くは、高齢者や精神障害者である。自宅に戻っても世話・介護・在宅療養などが必要な場合は、それを担う人・介護者の確保や住宅・生活環境の整備など、自宅での生活を可能にする支援体制が不十分なため長期間の入院を余儀なくされている。

### [2] 家族介護と自己決定―介護殺人事件をとおして

ところで、高齢者と家族介護者の望む介護の選択肢と自己決定について

は多くの課題があり、それが介護殺人事件への要因となった事例がある。
### (1) 周囲が介護に介入できなかった事例
　半身麻痺の妻が認知症も進行したため、夫は「会社を辞めるべきではない」という医師の忠告を受けながら早期退職して介護をしていた。妻は、要介護4に認定され、週数回のデイサービス、週1回の通所リハビリ、1回のショートステイを利用していた。しかし、夫は24時間介護の疲れでうつ状態となり、この時期に数回心中未遂をおこしている。家族は親の心中未遂を心配していたが、刺激を恐れて沈黙を守っていた。理学療法士は、介護支援専門員（ケアマネジャー）に「夫が愚痴をこぼしている」と伝え、看護師が夫に連日の付添いを止めるよう忠告していたが、夫は介護サービスに対する誤解があって受け入れなかった。その後、施設に妻が入所すれば狂い死にするだろうと思い込んでいたため、妻を刺殺し、睡眠薬を飲んだが未遂におわった（名古屋地判平成13・2・23判例集未登載、筆者自身の傍聴に基づく）。

### (2) 要介護者が施設入所を拒否した事例
　寝たきり状態の夫を介護していた妻が、手術をすることになった。その間、夫に老人介護施設への入所を勧めたが、「いや」と拒絶された。先回にも妻のがん切除術のために子どもたちに迷惑をかけた。今回ふたたび娘たちに依頼することも気が引けたため、前途を悲観して夫を殺害し、呆然としていたところを発見された（大津地判平成14・1・29裁判所ウェブサイト、筆者自身の傍聴に基づく）。

### (3) 医療制度と介護保険制度が不十分な連携問題の事例
　特別養護老人ホームに入所していた認知症の夫が病院へ入院した。妻自身も要介護認定を受けている状態であった。しかし、夫が入院中の病院から「転院勧告」を受けた。介護保険法の施行後は、介護施設が「措置から契約へ」となったため、いったん退所した介護施設には空きがなければ戻ることができず、夫が病院をたらい回しにされると悩み、絶望感から夫を刺殺した（仙台高判平成14・5・3裁判所ウェブサイト）。

## 2 介護の社会化と介護保険制度

### A 介護保険法の施行

　介護が必要になった高齢者を社会全体で支えようとする介護保険制度は、2000年4月1日の介護保険法の施行によってスタートした。この制度は、介護が必要な高齢者が自立した日常生活を営めるよう支援することを目的としており、高齢者の能力や状態に合わせて自宅や施設で介護サービスを利用することができる（図10-1参照）。

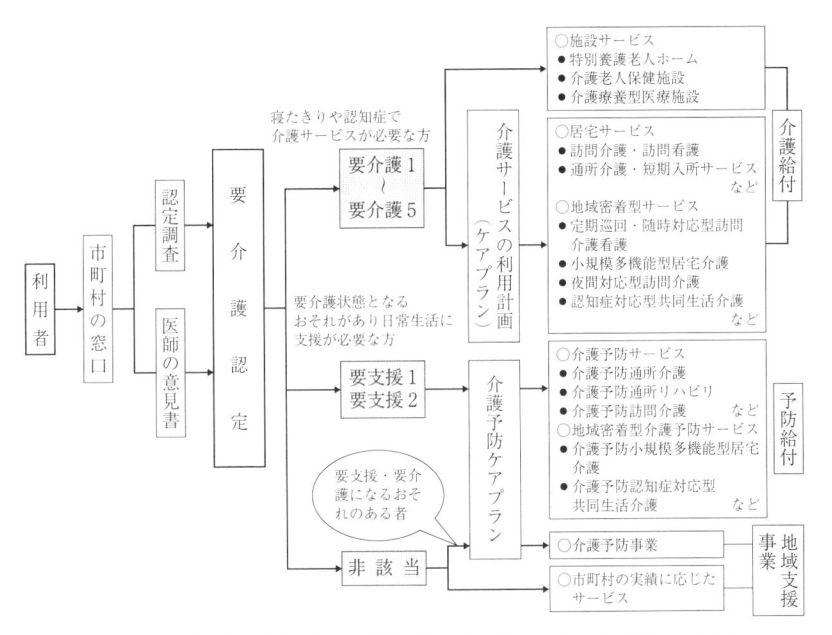

出典）厚生労働省「公的介護保険制度の現状と今後の役割」2013（平成25）年

**図10-1　介護サービス利用の手続き**

　しかし、介護を必要とする「要介護高齢者」の急増と介護給付費の増大が問題となっている。加えて、今後は認知症や独り暮らしの高齢者の増加が予測されている。そのため、財源の確保とともに、要介護状態にならないための介護予防を重視した支援の充実や、高齢者や家族の相談に総合的

に対応する地域包括支援センター、夜間対応型サービス、グループホームなど、地域に密着したサービスの充実や整備が課題となっている。

### [1] 地域包括支援センター

地域包括支援センターは、地域住民の保健・福祉・医療の向上、福祉の増進を包括的に支援することを目的とする。具体的には、①虐待防止や早期発見などの権利擁護事業、②総合的な相談・支援、③介護予防事業のマネジメント、④ケアマネジャーへの支援などを実施する機関である。

### [2] 夜間対応型サービス

夜間対応型サービスは、訪問介護員などが夜間に居宅を訪問しておむつ交換や体位の変換など、必要な介護を行うサービスである。

### [3] グループホーム

グループホームは、少人数の家庭的な雰囲気のなかで共同生活をおくり、認知症の進行を緩和するようケアや援助を受けながら生活する場である。

## B 家族介護者への現金給付論争

日本の介護保険法の制定に際して、ドイツの公的介護保険法に規定していた「家族介護者への現金給付」を導入するか否かが議論となった。現金給付の反対派は「嫁・女性を介護に縛りつける」と批判し、推進派は「孝行嫁に報いてなにが悪い」と主張した。

その結果、家族介護者への現金給付は介護保険法には規定されなかった。主たる理由の1つが「現金給付は不正請求の温床になる」であった。介護保険法施行の翌2001（平成13）年度に「家族介護慰労金事業」が実施されたが、その内容は、家族介護への年額10万円の金品の支給であった。

## C 介護のための早期退職──本人と社会の損失

介護のために退職しないで、仕事を続けていたら得られたはずの収入、つまり「機会費用」は、いくらになるだろうか。例えば、フルタイムで働いていた女性が介護のために10年早く退職した場合は約6300万円となる。

男性の場合は、男女の賃金格差から機会費用は約1億円となる。退職して在宅介護をすれば、介護保険によるサービスなどへの財源はおさえられるとの主張もある。しかし、退職者も社会も損失問題につながっている。

「退職者にとっての損失」は、退職金や生涯賃金が減少するため年金も減額となり老後の生活水準が低下し、生活費や介護費用の他に、自分自身の健康保険・年金保険などの社会保険料を負担など、経済的な損失は大きい。「社会にとっての損失」は、所得税など税金や社会保険料の減収、それにより介護サービス・医療・年金の財源減少、早期退職者の老後の経済的な不足は現役世代が負担するなど、社会的な財源損失につながる。仕事を続けながら家族介護も可能にする各種制度間の連携と見直しが重要となる。

## D　介護保険制度に関する課題

介護保険給付をめぐる問題は多い。前述の介護殺人事件のように、医療と介護に関する問題は、独り暮らしの高齢者に顕著に表れている。例えば、要介護認定を受けて在宅サービスを利用していた高齢者が入院した場合、独り暮らしであっても入院中に必要となる買物・洗濯などの身の回りの援助が、介護保険制度による在宅サービスでカバーできないことや、高齢者の長期医療と介護の境界を明確にすることが困難なことなどである。

また、介護保険制度の導入前に市町村で実施していた介護サービスのなかには、介護保険の法定給付に含まれていないものもある。さらに、介護の市場化との関連で、介護サービス事業所の撤退により、市町村が公的な介護サービスを提供しなければならない例もでている。

## E　介護保険制度「改正」の課題
### [1] 地域包括ケアシステムのねらい

2011（平成23）年6月、「介護サービスの基盤強化のための介護保険法等の一部を改正する法律」が成立し、翌年の4月より施行された。改正法の特徴は、1947（昭和22）年〜1949（昭和24）年生まれの団塊の世代が、2025（平成37）年に向けて75歳以上の後期高齢者となり、65歳以上の高齢者人口が頂点となることを念頭に、「地域包括ケアシステム」の実現を全面に打ち出したことである。地域包括ケアシステムは、「ニーズに応じた住宅が提

供されることを基本とした上で、生活上の安全・安心・健康を確保するために、医療や介護、予防のみならず、福祉サービスを含めたさまざまな生活支援サービスが日常生活で適切に提供できるような地域での体制」と定義している。つまり、介護・医療の新たな「公費抑制・効率化システム」として地域での体制づくりを機能させるという課題を含んでいる。

### [2] 介護保険報酬の改定

2012（平成24）年1月25日に、2012年度の介護保険報酬を1.2%に引き上げることを決定した。しかし、介護労働者の賃金引き上げ分を介護報酬に組み込んだため、実質的にはマイナス改定となった。これは「団塊の世代」が後期高齢者になる時期に合わせて、医療・介護の大幅抑制をねらって報酬改定をしたといえる。介護報酬の内容には、「24時間地域巡回型サービス」を包括的、かつ継続的に提供する定期巡回・随時対応サービスの基本設計を示している。それにもかかわらず、地域包括ケアシステムを進める新サービスが低調な原因は、市区町村と事業者の理解、ケアマネジャーの認識が浅いとの指摘がある。

### コラム　後期高齢者と高齢化率

75歳以上の高齢者を後期高齢者という。総人口に占める65歳以上の人口の割合を高齢化率という。高齢化率が7%以上14%未満の社会を「高齢化社会」、14%以上21%未満の社会を「高齢社会」、21%を超えた社会を「超高齢社会」という。日本の2012（平成24）年の高齢化率は、24.1%である。

### [3] 社会保障制度改革と介護保険の課題

社会保障制度に関する改革のなかで、政府の社会保障国民会議がまとめている報告書は、介護保険制度に関して、①介護を必要とする度合いが低い人向けのサービスを介護保険から市町村事業に移すこと（要支援の除外）、②医療・介護の自己負担を引きあげること、③介護保険を利用する高所得者の負担割合を現在の1割から引き上げることなどが盛り込まれている。

約140万人の要支援サービスは市町村の独自事業となるが、「市町村側の受け皿が整わない地域では介護サービスが低下する」との懸念が指摘されている（朝日新聞2013〔平成25〕年7月26日）。

## 3 高齢者虐待の発生要因と事例

### A 3つの虐待・暴力防止法と世代間連鎖
#### [1] 虐待・暴力防止法の施行

1996（平成8）年に出版された『凍りついた瞳』が注目を浴びた。この漫画文庫本が、しつけと暴力の違いを親と子どもに対して考えるきっかけをつくったといえる。その4年後の2000（平成12）年11月20日に「児童虐待の防止等に関する法律」（以下、児童虐待防止法という）が施行された。

2001（平成13）年10月13日には、「配偶者からの暴力の防止及び被害者の保護に関する法律」（以下、DV法という）が施行された。被害者は、配偶者から暴力を受けた者をいい、婚姻届を出していないが事実上婚姻関係と同様の事情にある者も対象としている。

2006（平成18）年4月1日に、「高齢者虐待の防止、高齢者の養護者に対する支援等に関する法律」（以下、高齢者虐待防止法という）が施行された。虐待者の第1位は、息子の40.7%である（表10-1 参照）。

表10-1　虐待者の被虐待高齢者との続柄

| | 夫 | 妻 | 息子 | 娘 | 息子の配偶者（嫁） | 娘の配偶者（婿） | 兄弟姉妹 | 孫 | その他 | 不明 | 合計 |
|---|---|---|---|---|---|---|---|---|---|---|---|
| 人　数 | 3,173 | 951 | 7,383 | 2,991 | 1,206 | 375 | 364 | 814 | 850 | 19 | 18,126人 |
| 構成割合（%） | 17.5 | 5.2 | 40.7 | 16.5 | 6.7 | 2.1 | 2.0 | 4.5 | 4.7 | 0.1 | 100.0% |

出典）厚生労働省『平成23年度　高齢者虐待の防止、高齢者の養護者に対する支援等に関する法律に基づく対応状況等に関する調査結果』（2012年12月21日）

### [2] 虐待・暴力の発生要因と世代間連鎖

　虐待の発生要因としては、自ら幼少時代に虐待を受けた人は、わが子を虐待する確率が高いといわれている。カウフマンとジーグラーは、被虐待児であった親がわが子に虐待する確率を30％としている。また、全国児童相談所長会の調査では、約23％と報告されている。虐待を経験した子どもに見られやすい対人関係に、「虐待的人間関係の再現傾向」がある。親から虐待を受けた子どもには、自分にとって養育者的な立場にある人に対して挑発的な言動を示す傾向がある。両親間の暴力、DVに接している子どもは心理的虐待を受けてしまう。それが成長後に、同じような暴力・虐待をしてしまうことにつながる。

　このような世代間連鎖の発生要因は、高齢者虐待にもみられる。暴力や虐待をした親に対して、子どもが成長後に高齢の親に対して暴力や虐待をする可能性が高いからである。また、虐待者自身の問題だけでなく、夫婦関係や親子関係に問題がある場合にも、高齢期での虐待問題が生じやすい。

## B　高齢者虐待の事例

### [1] 立入調査拒否事件

#### (1) 事件の概要

　2008（平成20）年1月、東京都西東京市で85歳の父親と2人暮らしの43歳の娘が、立入調査を拒否したため高齢者虐待防止法違反により、全国で初めて逮捕された。息子は3年前から家を訪問したり、電話をしたりしたが、娘は家にも入れず、電話も取り次ぎをしなかった。そのため、息子は2005（平成17）年2月に市に虐待の相談をしていた。この家は、「ゴミ屋敷」状態で、近所からは「悪臭がひどい」などの苦情があり、市職員が定期的に訪問していた。当初は、父親は窓越しに「大丈夫」と答えていた。しかし、市職員が2008（平成20）年1月4日に訪問したとき姿が確認できなかったため、18日に介護放棄の疑いがあるとして「立入調査」に踏み切った。保護された父親は、衰弱していたものの命に別状はなかった。

#### (2) 立入調査の結果

　逮捕された容疑者の娘は、1月29日付で起訴猶予処分となっている。不起訴処分とした理由は明らかにされていない（読売新聞2008〔平成20〕年2月

7日)。しかし、介護福祉情報の記事には容疑者が精神疾患を抱えていたとの記述があることから、容疑者の疾患が理由の1つである可能性は高い。

## [2] ネグレクトによる遺棄致死事件
### (1) 事例の概要

家族は、60歳の夫、63歳の妻、36歳の長男、31歳の次男の4人暮らしであった。夫は、2004（平成16）年3月に脳出血で倒れ、翌年の2月に退院して在宅介護が開始された。夫は右半身麻痺および言語障害、自力摂取困難、単独歩行困難の状態で要介護度3の認定がされていた。夫が倒れた際、生活しやすいように自宅を改造した。長男は父親のために介護タクシーを始めたが、利用客が少なく廃業し、その後は職業を転々とした。長男のローンは妻が支払っていた。妻と次男は、夫との人間関係はよくなかった。妻は夫が行くデイサービスの準備も見送りにも家から出てくることはなく、薬も持参させず、最終的にはデイサービスに通わせなくなった。

介護支援専門員（ケアマネジャー）が心配して再三訪問したが、居留守を使ったり、電話にもでなかったり、不在で誰にも会うことができず、夫の様子を知ることが困難になっていった。訪問時、鍵がかかっていなかった窓を開けて夫の変わり果てた姿を発見し、警察に連絡をした。発見当時、夫は一部白骨化しており周囲には無数のウジやハエなどの死骸が夫の部屋にあった。死後2ヵ月程度経過していた。

### (2) 裁判の結果

裁判長は、「リハビリを頑張っていた夫に対して、デイケアに通うことを阻止された上、最も安心して生活できるはずの自宅で家族から見放され、長期間飢えに苦しんで体重がわずか数ヵ月で3分の2以下になるほど痩せ細った挙げ句、その尊い命を落とすに至り、その後も、家族に顧みられることもなく放置され、頭部や顔面の軟部組織がほとんど失われて生前の姿の見る影もない状態となり、まさにその苦しみを全身で示すような体勢でミイラ化するに至っているのであって、その無念の情は察するに余りあり、本件の結果も極めて重大である」と判決理由を述べている。

妻は懲役6年、長男は懲役5年であったが、一度も父親の部屋を覗いたことはなく、父親の介護に全くかかわらなかった次男は起訴猶予になった。

## 4 高齢者の孤立死の現状と対策

### A 孤立死の現状
#### [1] 孤立死の定義
　わが国で孤立死が話題となり社会問題となったきっかけは、阪神・淡路大震災後の仮設住宅で、孤立状態で亡くなり、数日または何ヵ月も経過して発見され、マスコミが「孤独死」と報道して以来である。『平成22年版高齢社会白書』では、「誰にも看取られることなく息を引き取り、その後、相当期間放置されるような「孤立死（孤独死）」と記述している。
　筆者は、多くの「孤立死事件」の調査結果から、「高齢者の孤立死とは、独り暮らしの高齢者が、経済的な困窮、慢性疾患などに罹患、または引きこもり（Self Neglect）などの状態で社会的にも地域からも孤立した状態で死亡した場合、また劣悪な環境で死亡した場合、あるいは家族と同居しているが看取られずに死亡後発見された場合などをいう」と定義している。

#### [2] 孤立死への思い込み
　孤立死は、独り暮らしの高齢者に多いという思い込みがある。しかし、男性の場合は45～49歳で100人を超え、60～64歳では404人でピークを示している。これらのことから男性の場合、働き盛りから定年を迎える年齢層に孤立死が多いことが明らかになった。一方、女性は45歳から徐々に増加し70歳以上で100人を超えた。女性の場合、男性と異なって80歳を過ぎて最大値の201人となっている（『東京監察医務院　平成22年東京23区における孤独死の実態』2012（平成24）年を参照）。

#### [3] 孤立死の問題
　孤立死が、なぜ問題なのかといえば、誰にも看取られることなく死後経過して発見されるという点である。亡くなった人の「人間としての尊厳」の問題だけでなく、社会経費の増加にも関連している。つまり、孤立死は持病を要因とすることが多く、市町村が住民の健康管理を徹底させることで孤立死を予防し、同時に医療費の軽減にもつながるからである。また、

孤立死の場合、遺品処理などの費用問題も大きい。

### コラム　遺品処理等に要する費用の例

　民間企業による遺品処理事業での「孤立死」の場合、遺品の分別梱包、搬出、清掃、各種手続き代行、形見分けの配送、家電リサイクル、遺品の保管、一般廃棄運搬業者の手配など、2DKの部屋でおおむね「16万円以上の料金体系」が設定されている。また、特殊清掃として、消毒、消臭、害虫駆除、クロスの張り替え、畳の新調などが、特別料金で行われる場合が多い。部屋の消毒などを含めると80万円ほどかかった事例もある。

## B　孤立死への対策

　孤立死への対策として、以下をあげることができる。

### [1] 早期発見の対策

　各市町村で実施している「孤立死対策」では、近隣住民による見守りや、電気・ガスなどの検針、新聞・牛乳配達、宅配業者などの多職種との連携も早期発見につながる。東京都新宿区では、ゴミ収集は高齢者の玄関先まで行って収集しており、それが安否確認となっている。

### [2] 定期健康診断

　筆者が実施した和歌山県孤立死調査で明らかになったのは、持病を含め、脳血管疾患、心疾患、糖尿病、がんなどの予防対策をすることで、孤立死の予防や医療費の削減にもなるということである。また、定期健康診断を受けて持病の管理をすることによって、健康寿命の延長や、介護の世話になる期間の短縮につながる。そして孤立死の可能性も低下する。

## 5 生活者としての「命」を守るための提言

　わが国の後期高齢者の割合は、2025（平成37）年には18.2%となり、2055（平成42）年には26.5%と見込まれている。それは同時に、認知症高齢者の増加を意味している。すでに日本は超高齢社会になっているが、高齢者が4人に1人強となれば、さらに介護虐待・孤立死の問題がクローズアップされる。介護保険制度が介護予防を推進しているように、元気で生活できることで、「生活満足度」と「精神的満足度」を得ることができる。それはとりもなおさず高齢者虐待や孤立死となる要因の減少につながる。

　男性介護者の多くは退職して家族の介護をしている。また、孤立死する男性は、働き盛りの年代からピークとなる。さらに、高齢者虐待も、孤立死も、貧困と関係している。社会的な援助・支援を拒否することが、介護殺人事件や孤立死の可能性を高めてしまう。地域包括支援センターの支援体制など、つねに社会との関係を持ち続ける努力が必要となる。

### 知識を確認しよう

**問題**
(1) 在宅介護を支援するためには、どのような介護支援サービスがあるのか説明しなさい。
(2) あなたにとっての「孤立死」の定義を説明しなさい。

**解答への手がかり**
(1) 家族介護や高齢者虐待に関する事例を参考に、介護保険制度に関する介護サービスを考えてみよう。
(2) さまざまな理由によって、突然誰にも看取られることなく死亡する現象について、地域社会のサポート体制を意識して、自分自身の死生観を踏まえて考えてみよう。

# 第11章 晩年における資産・清算などの問題

## 本章のポイント

1. 仕事を辞めてから後の晩年を支える資金は、一般的に、年金と貯蓄が中心である。自宅用の住居や生命保険は、財務上、資産に算入される。しかし実際には、それを取り崩して生活費などに使用することは困難である。

2. 人生の晩年は、資金不足となることがあるにもかかわらず、予期せぬ出費を強いられることがある。また、高齢者が労働の対価を得たり、ローンを組んで借入れをしたりすることも難しい。

3. リバースモーゲージとリビングニーズ特約は、このような場合に晩年の自己の財務上の資産を有効活用する制度として存在する。前者は、自宅を担保として現金を得る制度であり、後者は一定の条件によって、死亡保険金を生前に受け取る制度である。

## 1 資産と老後資金

### A 老後の資金計画
#### [1]「老後」の期間
　現在、日本人の平均寿命は、男性 79.94 歳、女性 86.41 歳（厚生労働省平成 24 年簡易生命表）である。「老後」の定義は確定していないが、給与所得を得ていた人が定年退職をした後、または、自営業などを行っていた人が仕事を辞めた後、死亡するまでの期間を「老後」とすると、男性は約 20 年、女性は約 25 年の「老後期間」がある。公的年金の支給開始年齢は、現在 60 歳からであるが、漸次引き上げられ 65 歳からとなっている。

　したがって、定年後、年金支給開始までの空白期間が生じる可能性がある。そのため、高年齢者が意欲と能力に応じて働き続けられる環境の整備を目的として、「高年齢者等の雇用の安定等に関する法律」（高年齢者雇用安定法）の一部が改正され、平成 25（2013）年 4 月 1 日に施行された。同法については、第 9 章の高齢期の雇用保障を参照されたい。

#### [2]「老後」を過ごすために必要な額
　平成 22（2010）年に、公益財団法人生命保険文化センターが行った意識調査によると、夫婦 2 人で老後生活を送る上で必要と考える最低日常生活費は月額平均 22.3 万円となっている。また、旅行、レジャーや趣味などを楽しむゆとりのある老後生活を送るためには月額平均 36.6 万円が必要とされている。単身者の場合には、それぞれの 7 割程度が必要とされる。

　老後の生活費は、自己資金および年金などから賄わなければならない。高齢無職世帯の収入の 84％ は、社会保障給付によるものであり、不足分は貯蓄の取り崩しなどで賄っているという現実がある（総務省統計局「高齢者世帯の消費と貯蓄」http://www.stat.go.jp/data/topics/158-4.htm 参照）。

　この日常生活費には、多額の出費は予定されていない。たとえば、長期療養・介護施設への入居などの出費、また、身体の不自由などに伴う自宅住居のリフォーム、住替えの費用などである。これらの費用は、多くの場合、自己資金を用意した上で対応する必要がある。

## B 自己の「資金」

### [1] 資産の内訳

　老後の生活資金に使うことができるのは、現金・株式などである。不動産や生命保険金は、自分の財産であっても、すぐに現金化することができないため、老後の生活資金に使用することは難しい。

　現在、一般世帯に比べて、高齢者のいる世帯の持ち家率は、高い割合となっている（図11-1 参照）。

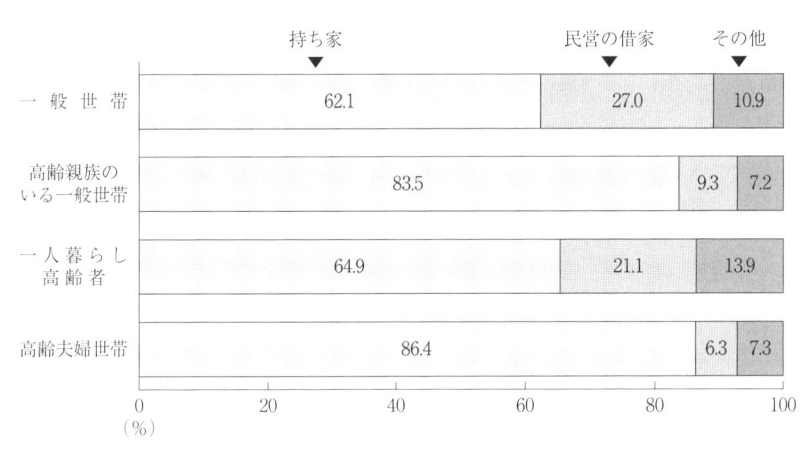

|  | 持ち家 | 民営の借家 | その他 |
|---|---|---|---|
| 一般世帯 | 62.1 | 27.0 | 10.9 |
| 高齢親族のいる一般世帯 | 83.5 | 9.3 | 7.2 |
| 一人暮らし高齢者 | 64.9 | 21.1 | 13.9 |
| 高齢夫婦世帯 | 86.4 | 6.3 | 7.3 |

出典）総務省統計局「統計データ国勢調査　5 住居の状況」平成 17（2005）年

**図 11-1　住宅の所有の関係別割合―全国（平成 17 年）**

　通常、不動産を資金として利用するためには、売却することが必要である。しかしながら、不動産の売却は簡単ではなく、とりわけ自宅の売却は住み慣れた住居を失うことになるため、資金として利用することは難しい。

　また、生命保険文化センターの「生活保障に関する調査」によると、30歳代以降の生命保険の加入率は 8 割である（図 11-2 参照）。だが、生命保険契約は、本人の死亡を保険事故として保険金を支払う契約であり、本人の死後に支払われるので生存中に生命保険金を利用することはできない。

　そのため、老後に利用できる資金は、現金や現金化が容易な株式などに限られてしまうのが現状である。

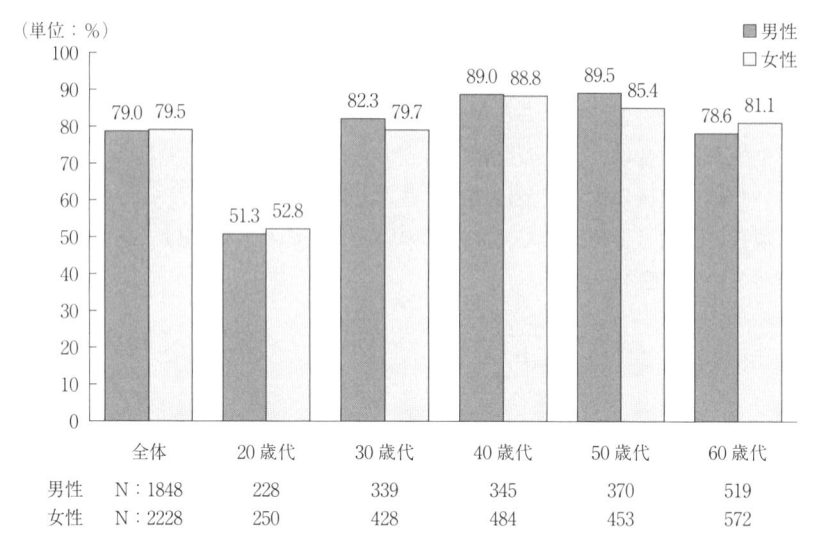

| | 全体 | 20歳代 | 30歳代 | 40歳代 | 50歳代 | 60歳代 |
|---|---|---|---|---|---|---|
| 男性 (%) | 79.0 | 51.3 | 82.3 | 89.0 | 89.5 | 78.6 |
| 女性 (%) | 79.5 | 52.8 | 79.7 | 88.8 | 85.4 | 81.1 |
| 男性 N | 1848 | 228 | 339 | 345 | 370 | 519 |
| 女性 N | 2228 | 250 | 428 | 484 | 453 | 572 |

注）民間の生命保険会社や郵便局、JA（農協）、生協・全労済で取り扱っている生命保険や生命共済（個人年金やグループ保険、財形は除く）の加入率を示す。

出典）生命保険文化センター「生活保障に関する調査」平成22（2010）年度

図11-2　生命保険加入率（性別・年齢別）

### [2] 老後資金の選択肢の拡大

　老後の資金として、自分の財産である不動産や生命保険を利用できれば、予期せぬ多額の出費に対応することができ、また、より豊かな日常生活を送ることができる。

　これらを利用する手段として、国・地方公共団体・金融機関などによるリバースモーゲージおよび生命保険会社などによるリビングニーズ特約が存在する。以下、リバースモーゲージおよびリビングニーズ特約の現状と問題、課題について述べたい。

## 2 リバースモーゲージ

### A 「リバースモーゲージ（Reverse Mortgage）」とは

　自宅として家屋を購入する場合、購入時点でその費用の全額を用意することが難しい場合、通常、銀行などから購入資金を借入し、毎月、ローンの返済を行う。自宅を購入した所有者本人に住宅ローンを貸し付けた銀行などは、債権者として当該家屋に抵当権を設定する。毎月のローンの支払いによって借入額は減少し、最終的に借入額が0となった時点で抵当権が外れることになる。ただし、支払いができない場合には、抵当権に基づき自宅は差し押さえられ競売にかけられる。

　このように、住宅ローンは購入当初の債務が最大であり、返済が進むにつれ債務が減少していくので、住宅ローンは、フォワードモーゲージ (forward mortgage) と言われている。

　リバースモーゲージは、住宅ローンとは逆（リバース）に進行する住宅を担保とするローンの一種である。所有権を有する自宅に根抵当を設定し、国・地方公共団体・金融機関などから借入れをする制度である。これは、抵当権が設定された当初の段階では、借入額は0であるが、借入金が根抵当の極度額に達するまで、または、本人が死亡するまで増加していく制度である。自宅の所有者は、契約期間中は、借入金に対する返済は行わず、契約終了時に元利を一括して返済する。このように、契約期間中の支払いが通常のローンとは逆に進行するため、リバースモーゲージ（reverse mortgage) と呼ばれる。

### [1] リバースモーゲージ創設の経緯

　日本におけるリバースモーゲージは、昭和56 (1981) 年、東京武蔵野市の「福祉資金貸付事業（リバースモーゲージ）」が最初である。武蔵野市民が、武蔵野市の財団法人である武蔵野市福祉公社の住宅サービスの利用料金を支払うために、自宅・不動産に武蔵野市が根抵当権を設定することによって融資を受ける。これは、福祉公社とサービス契約を締結した高齢者が、市と金銭消費貸借契約を締結することにより融資を受けるが、その契約者は、

有償サービス利用料の他に、一定の条件の下で、生活費・医療費・住宅改良費などを目的に融資を受けることができる。

その後、他の地方公共団体や信託銀行などの金融機関が相次ぎリバースモーゲージを商品として販売を始めたが、制度が一般に周知されず、利用は低調であった。

平成17（2005）年9月、東京都のT銀行がリバースモーゲージの販売を開始した。テレビなどで大きく宣伝を始めたことから、一般に知られるようになった。また、マンションなどにも対象を拡大したことから、取扱件数が増加した。

平成25（2013）年7月29日、メガバンクのM銀行が東京都内の富裕層を対象に販売を開始して対象を順次拡大している。政府も、少子高齢化の進展に対応し、高齢者ニーズに応える金融商品・サービスの1つとして、リバースモーゲージの重要性について言及している。さらに、少子高齢化や核家族化に伴う家族観の意識変化により、「美田は子孫に残さず」として子どもに資産を残すよりは自分たちのために使ってしまいたいと考える高齢者も増加している（日本経済新聞、平成25年7月29日）。

これらの状況から、今後、リバースモーゲージの利用が増加する可能性があると言えよう。

## [2] リバースモーゲージの種類

リバースモーゲージは、取扱い機関によって、いくつかの種類に分けることができる。

### (1) 国による制度

平成24（2012）年5月28日、金融審議会「我が国金融業の中長期的な在り方に関するワーキンググループ」において、報告書「我が国金融業の中長期的な在り方について（現状と展望）」が公表された。そのなかで、「現在の高齢者の平均的な財務状況をみると、預貯金、年金受給権や不動産などの資産を相応に保有しているものの、流動性資金には乏しいという傾向がある。これを踏まえると、資金の拡充や整理に関する資産運用や信託・相続関連サービスに加えて、リバースモーゲージのように保有資産を裏付けに流動性を獲得できる金融手段にもニーズがあろう」として、リバースモ

ーゲージの有用性について述べている。

この報告書を踏まえ、わが国の金融業の向上・活性化に向けて、官民が持続的な対話を行う場として「官民ラウンドテーブル」が平成24（2012）年9月に設置された。平成25（2013）年6月5日の第2回会合での「高齢化社会と金融サービス」作業部会報告では、持ち家の資金化支援としてのリバースモーゲージと住みかえ支援の重要性についてふれている。

現在、住宅金融支援機構は、住宅融資保険「特定個人保険」高齢者一括返済改良等融資型として、満60歳以上の高齢者が居住する住宅のリフォーム資金または介護施設などへの入居一時金を対象としたリバースモーゲージである「高齢者向け返済特例制度」を設けている。これは、契約者の死亡時に元金などを、不動産の売却などにより一括で返済するローン契約で、金融機関を通じて行う制度である。

### (2) 地方公共団体による制度

厚生労働省は、平成14（2002）年12月、各都道府県の社会福祉協議会を実施主体とした「不動産担保型生活資金」の貸付制度を実施している。これは、低所得の高齢者世帯で、住居用不動産を所有する者が対象である。借受人の死亡時または貸付元利金が貸付限度額に達するまでの期間、借受人と各自治体福祉協議会が貸付契約を締結し、貸付期間終了時に貸付金などを一括で償還するものである。この制度の目的は、低所得の高齢者世帯が自宅住居用の不動産を所有する場合に、当該不動産を担保として生活資金の貸し付けを行うことによって、その世帯の自立を支援することである。

ところで、災害地の復興資金として実施された制度が2例ある。1つは、平成9（1997）年の阪神・淡路大震災で被災した高齢者に対し、財団法人こうべ市民福祉振興協会が行った「神戸市被害高齢者向け終身生活貸付」である。もう1つは、平成18（2006）年の新潟県中越大震災で被災した高齢者に対し、財団法人新潟県中越大震災復興基金が行った「緊急不動産活用型住宅再建資金」である。通常の金融機関で借り入れができない高齢の被災者に対する救済としてリバースモーゲージが利用された例である。

### (3) 金融機関による制度

金融機関によるリバースモーゲージ制度は、昭和59（1984）年に信託銀行の参入により始まった。これは、資金の使途が自由（事業性資金は不可）であ

ったため利用の自由度は高まったが、対象者が都心に1億円以上の戸建て不動産資産を所有し、その他に金融資産を十分に所有する者に限定されていたため、ほとんど普及しなかった。

　前述した東京のT銀行が平成17（2005）年9月に開始したリバースモーゲージは、自己名義の住居を担保にするものであり、マンションなども対象としていた。また、資金使途が公的なリバースモーゲージよりも拡大し、リフォームの費用以外に旅行など、ゆとりある生活のためにも使用を可能としている。さらに、テレビなどで大々的な広告をおこなったため、よりリバースモーゲージが認知されるようになった。メガバンクのM銀行も、平成25（2013）年5月20日にリバースモーゲージの取扱いを発表し、7月からその取扱いを開始している。さらに、M銀行は、老人ホーム運営最大手のBと提携することを発表した（日本経済新聞、平成25年9月18日）。この提携によって、Bの運営する老人ホームの入所希望者は、M銀行のリバースモーゲージを紹介され、M銀行とリバースモーゲージの契約をする場合には一般よりも優遇された金利で利用することができる。老人ホームによっては、入居時に数百万円から数千万円の現金が必要な場合があり、また、老人ホームに入所した後も、定期的に自宅に帰宅することを望む高齢者が多いことから、利用が見込まれる。

　このように、大規模な広告によりリバースモーゲージが広く認知され、銀行が高額の資金を必要とする業種と提携することにより、銀行によるリバースモーゲージは、今後利用が広がると予測される。しかしながら、銀行によるリバースモーゲージは、都市部に自宅住居としての不動産を所有し、かつ、その他の金融資産を有する人々を主な対象とするため、一般に利用することは難しいのが現状である。

**(4) その他の組織による制度**

　NPOが主体となって、高齢者向けにリバースモーゲージの制度について研究・調査し、既存の制度の利用を促進する事例もある。

　また、ハウスメーカーのなかには、自社の建築した住宅に対して、金融機関と提携することによって、その住宅のリフォーム資金としてリバースモーゲージを導入する例もある。銀行側だけでなく、高額な商品を取り扱う業種の企業側からも、リバースモーゲージを提案することによって、資

金面の問題を積極的に解決し、新たな顧客を開拓したり、既存の顧客に対する新たな商品販売につなげたりする動きがある。

### ▌コラム▌ マイホーム借上げ制度

「マイホーム借上げ制度」は、一般社団法人「移住・住みかえ支援機構」（略称、JTI）が、50歳以上の高齢者を対象に、自宅住居を賃貸住宅として転貸し、資金を提供する制度である。

具体的には、高齢となり、家族数の減少により、①家が広すぎる、②居住地が郊外であるなどの理由で自宅住居をJTIが借上げ、高齢者は、その資金によって他所に住み替える制度である。すなわち、高齢者とJTIとの間で終身の借家契約を締結し、JTIが第三者に転貸するが、空き家状態のときも賃料補償がされるため、高齢者は、生涯、安定した一定収入を得ることができる。リバースモーゲージと異なり、自宅に住み続けることはできないが、新たに、現状のニーズに即した住居に移り住むことができる。

また、この住居を賃借する人は、3年の定期借家契約を締結する。敷金・礼金がないため、自己資金の乏しい若者が、低予算で、広い家に住むことができるというメリットがある。

JTIは、地方公共団体などと連携し、地方の空き家対策の一環として、この「マイホーム借上げ制度」を位置づけている。

## B リバースモーゲージの問題点と課題

リバースモーゲージは、高齢社会において、重要な役割を果たすことが期待されているが、その性質上、問題点も多い。

まず、第1点は、契約者が高齢者であるということである。リバースモーゲージは、高齢者が現に居住する住居を対象とした根抵当権を設定する担保契約である。したがって、①高度な内容の契約を高齢者が締結すること、②契約期間中に契約者の行為能力・意思能力が減衰した場合の契約関係を継続することなど、十分な保護が必要となる点である。

第2点は、契約が契約者の死亡時に終了し、一括して借入金を返済する

ということである。この場合、一般に、担保物権である不動産の売却益または相続財産から返済するということになるが、返済が相続人によってなされるため、速やかに実行できないなどのトラブルになる可能性がある。この点を厚生労働省は、「契約時に推定相続人による同意を得るように努力する」ように求め、推定相続人の中から連帯保証人を選出させている。

　第3点は、担保価値の算定の難しさである。リバースモーゲージは、終身契約を基本としているため、通常の不動産が現在の不動産価値に基づいて算定されるのと異なり、将来の不確定の時点での不動産価値に基づいてなされる。リバースモーゲージは、基本的に、契約者の死亡によって契約が終了するため、契約期間の算定が難しい。契約時に平均余命によって利用者の死亡時期を予測した上で融資額などを算定するが、その期間以上に契約者が生存した場合、担保割れをする危険性がある。実務上、担保割れをした段階で契約が終了するので、契約者がかなりの高齢になってから、借入金の一括返済などの不測の事態に陥る危険がある。また、日本では、中古住宅市場が未発達であり、将来における中古住宅の価値や算定の基準がない。さらに、住居用建物の耐用年数が30年とされており、リバースモーゲージでは、土地のみに担保価値があるとされているため、担保物権の評価額が不当に低く算定されるリスクがある。加えて、長期に亘る契約のため、想定外の不動産価格の下落による担保割れや急激な金利変動のリスクも存在する。

　このような問題点があるため、金融機関によるリバースモーゲージは、都市部の優良な不動産を持つ人々を対象に行われている。これに対して、公的なリバースモーゲージは、低所得者に対する生活自立支援を目的にしているため、債権が回収不能となることも多く、条件の厳格化がなされている。しかも、地方の衰退による地価の下落などによる担保割れが多く、制度の見直しが大きな課題となっている。

## 3 リビングニーズ特約

### A 「リビングニーズ特約」とは

　生命保険契約は、被保険者の死亡を保険事故とする保険契約である。すなわち、被保険契約者が死亡したことにより保険金が支払われる。生前に自分の生命保険契約から資金を得るためには、①保険契約者貸付制度を利用する方法と、②保険契約を解約し解約返戻金を受け取る方法とがある。解約返戻金は、支払い済み保険料から経費などを引いた額であり、保険契約者貸付は、解約返戻金の範囲内の額であるため、死亡後に受け取る予定の保険金額よりもはるかに少ない額となる。

　しかしながら、終末期医療に多額の医療費などが必要となった場合や、死期が迫って思い残すことのないように旅行などをしたい場合に、保険金が生前に必要となることがある。このような生前給付金が利用できる制度が、生命保険の主契約に付帯するリビングニーズ特約である。

　リビングニーズ特約では、医師により被保険者が余命6ヵ月以内と診断された場合に、死亡保険金の全部または一部が生前に「生前給付金」として支払われる。支払方法に関する特約のため、特約保険料はかからない。

　平成4（1992）年、外資系生命保険会社がリビングニーズ特約の取扱いを開始した。その後、他の保険会社でも、リビングニーズ特約を規定するようになり、現在では、ほとんどの保険会社で生命保険契約にリビングニーズ特約を定めている。

　リビングニーズ特約の上限は3000万円で、保険金が3000万円を超える場合には、保険金の一部が支払われ、差額（保険金額−3000万円）が被保険者の死亡時に支払われる。リビングニーズ特約に基づき保険金が被保険者の死亡前に生前給付金として支払われた場合は、保険金の一部が減額、または保険金の支払いが完了したこととなる。死亡保険金の全部を生前給付金として支払った場合には、主契約は消滅する。支払われる額の上限は、保険金から6ヵ月分の保険料と利息を差し引いた額である。生前給付金の受取人は被保険者であり、配偶者などが指定代理請求をすることができる。

　生前給付金の申請は、本人または指定代理請求人が、余命6ヵ月以内で

あるという医師の診断書を提出して保険金を請求する。指定代理請求人は、被保険者と同居または生計を一緒にしている被保険者の戸籍上の「配偶者」または「三親等内の親族」であり、事前に指定する。

一般に、生命保険金は課税対象となる。生命保険金は、被保険者が保険料を負担していた場合には相続税の課税対象となり、保険金受取人が保険料を負担していた場合には所得税の課税対象となる。

リビングニーズ特約による生前給付金は、生命保険金と同一視されるが、被保険者の余命が6ヵ月以内と診断されたことを支払事由とし、死亡を支払事由とするものではない点で生命保険金とは異なる。この特約は、疾病により重度障害の状態になったことなどを原因として支払われる保険金であり、所得税法施行令30条1号に掲げる「身体の傷害に基因し」て支払われる保険金に該当するものとして取り扱っており（所得税基本通達9-21）、その保険金は非課税となる。

生前給付金の支払いを受けた後、その受取人である被保険者が死亡し、かつ、その受けた給付金に未使用の部分があるときには、その未使用部分については、本来の相続財産として相続税の課税対象となる。この場合、相続税法第12条第1項第5号「相続税の非課税財産」の規定は適用されない。

## B その他の生前給付型保険とこれからの課題
### [1] 生前給付型保険

生前給付型保険としては、リビングニーズ特約以外に、癌・脳卒中・急性心筋梗塞の「三大疾病保障保険」が、平成4（1992）年に発売された。三大疾病に罹患した場合に治療費を支払うことを目的とする保険である。この三大疾病保障保険やリビングニーズ特約は、いわゆる「生きるための保険」として販売されている。三大疾病保障保険は、発症を支払事由とするものであるが、リビングニーズ特約は余命6ヵ月以内という医師の診断を支払事由とする。

### [2] 生前給付型保険の課題

日本では、癌などの病名を本人に告知することが一般的になってきてい

る。ただし余命告知については、告知制度が未発達であり、主治医による余命告知の存在を本人が知らないまま、家族のみが本人の余命が短いことを認識しているという場合がある。リビングニーズ特約では、指定代理請求人制度によって、本人に余命告知の存在を知られることなく保険金請求をすることが可能である。

しかしながら、保険金の支払いにより、保険料が減額となったり保険料の支払いが不要となったりすることにより、間接的に、本人が余命告知の存在を知ることがある。このような場合、カウンセリングなどの余命告知に対する本人への支援態勢のないままに、本人が唐突に余命告知の存在を知る可能性があるため、配慮が必要である。

指定代理請求人は、被保険者の同意を得て、保険契約者が指定する旨が規定されており、通常、保険契約締結時に指定される。指定代理請求人は、被保険者と同居または生計を一緒にしている被保険者の戸籍上の「配偶者」または「三親等内の親族」であれば、指定することができる。だが、この指定代理請求人は、保険金受取人と同一とは限らない。そのため、被保険者・保険金受取人の両者が知らない間に保険金が、生前給付金として請求され、使用される可能性がある。このことは、被保険者の死後にトラブルとなる可能性を含んでいることから課題となっている。

## コラム　生命保険契約の買取契約とモラル・ハザードの問題

保険契約者は、被保険者の同意および保険会社の承諾を得て保険契約上の一切の権利義務を他人に承継させることができる。この制度を利用して、生命保険の買取契約が可能である（東京高判平成18・3・22判時1928-133、判タ1218-298）。現行法上、保険契約の承継が認められている以上、保険契約の買取契約は可能となる。

しかしながら、信義則違反、危険招致など問題点を多く含んでおり、法整備が必要となる。

保険制度には、加入者のモラル・ハザードの問題が不可避的に存在する。モラル・ハザードには2つの類型がある。まず第1は、保険加入者が保険に加入することにより、事故が発生してもそれによる損失を保険金で回収

できるため、事故の予防のための注意力が減退する傾向があるということである。第2は、保険加入者が保険加入していることを利用して、積極的に不当な利益を得ようとする危険である。たとえば、生命保険契約において、保険金目的に被保険者を殺害したり被保険者自身が自殺をしたりすることである。

　保険者（保険会社）は、原則として、被保険者の死亡原因を問わずに保険金を支払う。しかし、保険法上、また保険契約の約款上、免責事由が定められており、上記のような問題が生じた場合には、信義則に反する行為として、保険会社は保険金の支払いを免責される。

## 知識を確認しよう

### 問題
(1) 老後の資金計画について、どのような方法があるか説明しなさい。
(2) 生命保険に関する種類をあげて、その内容について説明しなさい。

### 解答への手がかり
(1) 老後は、無収入となる期間がある。身体が不自由になったり、病気になったりして、予期せぬ出費が必要となることがある。資産のなかには、自由に利用できるものと、実際には利用できないものとがある。どのような資産が利用しやすいか考えてみよう。
(2) 生命保険には、その内容によって、死後に保険金を受取る場合と生前給付金として受取る場合とがある。自分自身の晩年をイメージしながら、それぞれの特徴と問題点を考えてみよう。

# 第12章 死期・お墓に関する法制度

## 本章のポイント

1. 日本では死期の社会保障にジェンダー（社会的性差）やイエ観念をかいま見ることができる。
2. 遺族補償年金の受給資格には男女差がある。
3. 弔慰金・見舞金・生活再建支援金には、世帯主かどうかで金額が異なる。また、受け取りは原則、世帯主が一括して家族分を受け取る。
4. 上記に関わる法律改正・運用変革の必要性が公に指摘されている。
5. お墓の継承は、イエ制度の名残で長男に期待されることが多いが少子化・核家族化（小家族化）で難しい。新しい動きがさまざまに出てきている。

# 1 死期に関する社会保障の事例

震災などでクローズアップされることが多いが、日本では死期の社会保障にジェンダー（社会的性差）やイエ観念・世帯単位で対応することの問題を見ることができる。人が亡くなったときや災害にあったときに法律に基づき支払われる金額に差があることを知っている人はどれほどいるだろうか。当事者になり、初めて知り、法のしくみの不備に気づく人も多い。

## A 家族が亡くなった時──遺族補償年金の事例

「遺族年金資格、男女違憲」と提訴した事例を紹介しよう（日本経済新聞電子版2011年6月30日付け）。「遺族補償年金の受給資格に男女で違いを設けた法律の規定は、法の下の平等を定めた憲法に違反する」として、公立中学校の教諭だった妻を亡くした大阪府堺市の男性が、平成23（2011）年6月19日に地方公務員災害補償基金に不支給処分の取り消しなどを求める訴えを大阪地方裁判所に起こした。妻の死亡は、平成22（2010）年に「公務災害」と認定されている。

災害補償制度は、私企業の労働者については労働者災害補償保険法（以下、労災保険）にもとづいて、そして公務員については国家（地方）公務員災害補償法（以下、公務員労災）に基づいて実地されている（週刊社会保障編集部編『平成25年版　社会保障便利事典』法研、2013年）。

遺族（補償）年金は、業務上（通勤途上）のけがや病気がもとで死亡した場合に、一定の範囲内の遺族に遺族（補償）給付が行われるというものである。また、遺族の条件によって、給付は年金か一時金かに分かれる。

労災保険・公務員労災と同法施行規則は、夫（男性）の死亡が公務災害と認められた場合は、その妻の年齢に関係なく夫の生前の平均給与額153～245日分の遺族補償年金と特別給付金を毎年支給すると規定している。しかし、妻（女性）の場合は、遺族補償年金は原則60歳以上の夫に支給、妻の死亡時に55～59歳の夫は60歳以降に支給、死亡時に55歳未満の夫は一時金（平均給与額の1000日分）と特別給付金の支給対象となる。

上記の地方公務員であった女性教諭は死亡時、夫の年齢は51歳だった

ため、年金の支給申請を退けられていた。つまり、一家の家計は夫（男性）が担っているので、夫を亡くした妻は生活に支障をきたすであろうということから、妻が何歳でも支給されるというジェンダー意識が法の中に見え隠れする。一方、妻（女性）は"一家の大黒柱"ではないというジェンダー意識から、夫が労働できる年齢時に妻が死亡した場合には支払われないということになっている。地方裁判所は、遺族年金の男女差は時代に合わなくなり憲法違反であるという判決を出したが、同年12月に地方公務員災害補償基金は大阪高等裁判所に控訴している。

平成4（1992）年にはすでに共働き世帯が専業主婦世帯を超え、近年では、妻と夫が同等に生活を支えている場合も一般的になってきた。夫が専業主夫というスタイルもある。労災保険・公務員労災は多様な生き方に応じていない。

## B 家族が亡くなった時の弔慰金・見舞金・生活再建支援金の事例
### [1] 東日本大震災での出来事〈離婚踏み切れず〉

(河北新報電子版 2011年11月5日付け)

「家を津波で失い、別居していた夫と一緒に暮らさざるを得なくなった。暴力を振るわれ、つらい」

石巻市の女性が震災後、仙台市内の警察署の相談窓口を訪れて打ち明けた。震災前に別居した原因も夫の暴力だった。

DVからの緊急避難的な別居だけではなく、離婚を考えていた女性が、震災によって踏み切れない状況に追い込まれた事例も少なくない。仙台弁護士会が平成23（2011）年5～7月に実施した相談会では、複数の女性が「職場が被災して収入がなくなり離婚できなくなった。以前と同様暴力を受けている」、「実家も被災し、暴力を振るう夫を頼るしかなくなった」などと訴えた。

宮城県警によると、2011年1月から9月までのDV被害相談は1048件で、前年同期より50件増えた。「震災で職を失った夫が暴力を振るうようになった」と、震災が契機となったケースもあった。相談者の大半が女性で、沿岸部の被災者が多く、福島県からの避難者もいた。

しかも、被災者生活再建支援金や各自治体の義援金は世帯主に渡されて

いる。ほとんど夫（男性）が世帯主になっていることから、DVがあっても生活のために同居せざるを得ない妻（女性）が上記のように存在する。DVで別居している女性には支給されない場合が多いからである。

## [2] 日本弁護士連合会の動き

　ここで、日本弁護士連合会から平成23年（2011）7月21日付けで内閣府特命担当大臣（男女共同参画）、厚生労働大臣、経済産業大臣、東京電力株式会社、各政党、各県宛てに提出された災害弔慰金などの支給に関する意見書を紹介したい。

● 「災害弔慰金などの支給に関する意見書」要旨
(www.nichibenren.or.jp/library/ja/opinion/report/data/110715_2.pdf)
①災害弔慰金の額について、支給額の差を撤廃するよう「死亡者のその世帯における生計維持の状況等を勘案して」を削除し、支給額を一律にすべきである。その際、一家族あたりの現行の支給額を下回らないよう配慮すべきである。
②災害障害見舞金の額についても支給額の差を撤廃するよう「死亡者のその世帯における生計維持の状況等を勘案して」を削除すべきである。
③被災者生活再建支援金の支給要件から「世帯主要件」を削除し、個人単位の制度に改正すべきである。
④各自治体から配分される義援金の支給要件から「世帯主要件」を削除し、個人単位の制度とすべきである。
⑤東京電力株式会社より支払われる仮払補償金は、世帯主又は世帯の代表者が一括して請求・受領する形ではなく、個人が確実に受け取れるような運用にすべきである。
⑥個人単位の制度に改正される前の運用にあたって、仮払補償金がやむを得ず世帯ごとに一括して支払う運用がなされる場合においても、ドメスティック・バイオレンス事件被害者等、本来支援金・義援金及び仮払補償金を受け取るべき者が受け取ることができるようにするため、柔軟な運用を図るなど配慮を行うとともに、運用について周知徹底を図るべきである。

この意見書が出された理由を簡単に要約し、補足（北明美「『弔慰金・見舞金』や『生活再建支援金』等のジェンダーバイアス」世界女性会議ロビイングネットワーク『マンスリー北京 JAC』168 号、2012 年）する。

　①の災害弔慰金については、災害弔慰金の支給等に関する法律が、死亡者の遺族に対し、死亡者が主に生計を維持していた場合は 500 万円、その他の場合は 250 万円の災害弔慰金を支給すると規定している。この場合、遺された妻が死亡した夫に生計を維持されていたとみなされる基準は所得税の配偶者控除の場合と同様に、その妻自身の年間総所得が 38 万円（給与収入の場合は年収約 103 万円未満）となっている。年収が少しでも上回ったり、同じ遺族でありながら共働き主婦には半額の支給になる。また、別の視点からみれば、専業主婦の夫は妻が死亡したときに 250 万円しか受け取れないのである。

　②の災害障害見舞金について、上記の法は、生計維持者が重度の障害を受けた場合には 250 万円、その他の者が重度の障害を受けた場合には 125 万円の災害障害見舞金を支給するとしている。実質的に生計維持者の多くは男性なので、女性障害者への見舞金は半額でよいという解釈が成り立つ。

　③の被災者生活再建支援金については、被災者生活再建支援法により、住宅が全壊するなどの被害を受けた世帯（被災世帯）の「世帯主」に対し、支援金を支給すると規定している。構成員が複数いる世帯には全壊について 100 万円、大規模半壊には 50 万円の基礎支援金が「世帯主」に支払われる。住宅の建設・購入には 200 万円、賃借の場合は 50 万円の加算支援金が「世帯主に」支払われる。ちなみに「単身世帯」にはそれぞれ 4 分の 3 ずつ支払われる。

　④の義援金については、全国から寄せられたものであるが、被災都道県の配分委員会が地域の実情に合わせて配分の対象や配分額を決定している。その支給要件として世帯主要件が課される場合が多い。

　⑤の仮払補償金について、東京電力株式会社は、避難・屋内退避が指示された地域などに居住する者に対し、原子力損害の賠償に関する法律に基づく損害賠償額の仮払いとして 1 世帯当たり 100 万円、単身世帯の場合には 75 万円の「仮払補償金」の支払いを決定・実施しているが、原則として住民票に記載された世帯主にしか認められていない。また、同社は、個人

を対象に 10〜30 万円の「追加仮払補償金」を支払うとし、その請求書類は「世帯主又は世帯の代表者」へ郵送することとされている。これらは、個人が確実に受け取れるようにすべきである。そして、同法に基づき、損害賠償金が支払われる場合においても、個人単位で行うべきである。

⑥の制度または運用改定までの間に留意されるべき事柄について、「世帯主」の要件は形式的に解釈すべきではない。

①〜⑥の問題の根底にあるものは世帯単位という日本社会独特の考えだ。しかし、個人単位で考えるべきであり、結果として男女に差や不利益が生じてはならない。

### [3] 世帯単位から個人単位へ

社会保障法における「世帯単位から個人単位へ」の流れは、平成 7（1995）年の社会保障制度審議会の勧告で鮮明になり、年金改革の議論もなされてきた。現代社会では、個人の生き方の自由・男女平等や家族の多様化が当然であるにもかかわらず、伝統的な家族を念頭にした法では、中立ではない。世帯主でなければ、特定の生き方をしなければ、きちんとした保障を受けられない、損をするということでは、時代に立ち後れている。

平成 25（2013）年の衆議院予算委員会でも「女性・男女共同参画の視点を入れた取り組み」を求める意見として上記のことは議論されている。弔慰金や義援金の個人への支払いの実現には、自治体の作業が繁雑になることや災害時の混乱した状況での個人の特定などが懸念されているが、時間を要することや慎重になることを厭い、個々人の損益につながっているようでは本末転倒だ。

ちなみに、平成 24（2012）年 8 月に成立した「社会保障と税の一体改革関連法」によって、国民年金から支払われる遺族基礎年金については変更されることとなった。母子家庭に限定されていたが、平成 26（2014）年 4 月より遺族基礎年金の支給対象外だった「父子」も支給対象になることが決定され、ようやく社会保障における男女平等の第一歩となる。

## 2 お墓に関する法的問題

　日本の墓の主なスタイルは家（イエ）墓で継承していくことが現在でも多数派である。これには、明治以来のイエ意識が根底にある。しかし、少子化・超高齢社会の到来により、お墓の問題がクローズアップされている。さらに、図12-1が示すように家族メンバーの数が減り、核家族化（小家族化）していく中で誰も継承する者がいないという事態に至り、共同墓や散骨などの自然葬などがブームとなってきた。

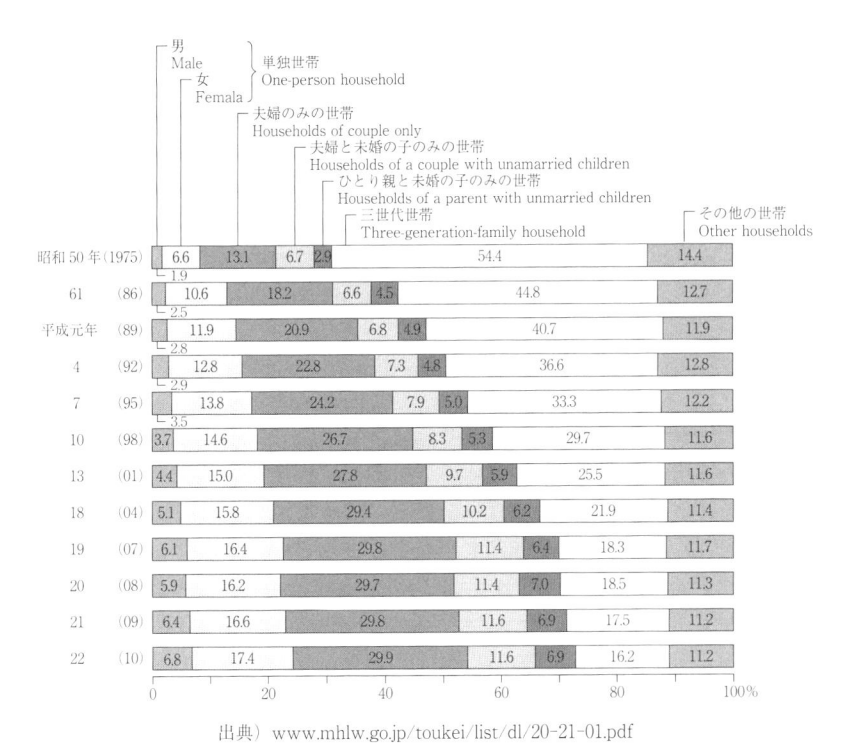

| 年 | 単独世帯 男 | 単独世帯 女 | 夫婦のみの世帯 | 夫婦と未婚の子のみの世帯 | ひとり親と未婚の子のみの世帯 | 三世代世帯 | その他の世帯 |
|---|---|---|---|---|---|---|---|
| 昭和50年(1975) | 6.6 | 1.9 | 13.1 | 6.7 | 2.9 | 54.4 | 14.4 |
| 61 (86) | 10.6 | 2.5 | 18.2 | 6.6 | 4.5 | 44.8 | 12.7 |
| 平成元年(89) | 11.9 | 2.8 | 20.9 | 6.8 | 4.9 | 40.7 | 11.9 |
| 4 (92) | 12.8 | 2.9 | 22.8 | 7.3 | 4.8 | 36.6 | 12.8 |
| 7 (95) | 13.8 | 3.5 | 24.2 | 7.9 | 5.0 | 33.3 | 12.2 |
| 10 (98) | 14.6 | 3.7 | 26.7 | 8.3 | 5.3 | 29.7 | 11.6 |
| 13 (01) | 15.0 | 4.4 | 27.8 | 9.7 | 5.9 | 25.5 | 11.6 |
| 18 (04) | 15.8 | 5.1 | 29.4 | 10.2 | 6.2 | 21.9 | 11.4 |
| 19 (07) | 16.4 | 6.1 | 29.8 | 11.4 | 6.4 | 18.3 | 11.7 |
| 20 (08) | 16.2 | 5.9 | 29.7 | 11.4 | 7.0 | 18.5 | 11.3 |
| 21 (09) | 16.6 | 6.4 | 29.8 | 11.6 | 6.9 | 17.5 | 11.2 |
| 22 (10) | 17.4 | 6.8 | 29.9 | 11.6 | 6.9 | 16.2 | 11.2 |

出典）www.mhlw.go.jp/toukei/list/dl/20-21-01.pdf

**図 12-1　世帯構造別にみた 65 歳以上の者のいる世帯数の構成割合の年次推移**

　読売新聞によれば、京都の山あいに「墓石の墓場」がある。昭和 30（1955）年代に核家族の増加で新しい墓が増えたが、それらが立て替えの時期を迎

えたことと、都市部の墓地不足で無縁墓の整理が進んだことから、不要になった古墓石の一部が山中に集められている。ある石材業者が「そのまま捨てるのは気が引ける」と安置し、定期的に関係者を招いて供養も行う (www.yomiuri.co.jp/zoomup/zo_06051701.htm)。

## A　イエ意識とお墓にまつわる法律との関係
### [1] イエとお墓の関係
　明治から続いた墓継承のスタイルとは、父系の墓の存続であり、長男による単独相続である。1898年に明治民法が施行されたが、そこにはイエ制度が基本にあり、イエ制度とは父系の存続のために作られた制度である。その特徴として、①絶対的な父親の権力・権威、②父と息子というタテ関係の重視、③イエの財産・商売などの長男による単独相続、④父系の祖先祭祀の重視、⑤父系の親と同居する直系家族、⑥良妻賢母の思想などが挙げられる。③のイエの財産は、「遺産相続」と共に家長である戸主の地位とそれに伴う義務や権利を相続する「家督相続」があった。明治民法987条に定められている家督相続は、系譜、祭具および墳墓を継ぐことになっていた。こうして法律に規定された長男相続（明治民法970条）が慣行となっていく。

### [2] お墓と法的関係
　第2次世界大戦後に成立した民法897条（祭祀に関する権利承継）は、1項：系譜、祭具および墳墓の所有権は、慣習に従って祖先の祭祀を主宰すべき者が承継する。ただし、被相続人の指定に従って祖先の祭祀を主宰すべき者があるときは、その者が承継する。2項：慣習が明らかでないときは、家庭裁判所が定める、とある。この「慣習」をめぐって混乱が生じている。民法897条でいう慣習が長男単独相続制度を前提としたものではなく、新たに育成された慣習を指すが、裁判で慣習の存在が認定される例は少ない。裁判に現れない現実の慣習では、とくに地方においては、長男が喪主や祭祀承継者になる割合が多い。
　承継者の指定の基準は、被相続人との親族的身分関係・共同生活関係・感情関係・指定されるべき者の祭祀を主宰する意思・能力、利害関係人の

意見などを総合的に判断して決定するべきであるという立場が通説である。
　以下、具体的な裁判例から指定の基準を概括して4つに分類[1]して挙げる。

**(1) 家業を継いだこと**
　被相続人と先妻との間の長男と後妻との間の長女が祭祀財産の承継を争って、長女が祭祀承継者として認められた祭祀承継者確認請求控訴事件（名古屋高判昭和59・4・19判タ531-163）。
　被相続人（亡くなった父親）が長女に対して初心を変えさせてまで理容業を継がせ、長女が営んできたという生活環境がある。一方、長男は他県に移り被相続人とは10年以上音信が途絶えていたという地域的、情緒的などもろもろの事情を考慮した。そして、唯一の土地建物を長女に生前贈与したことを重視し、長女を祭祀主宰者にする被相続人の意向だとした。

**(2) すでにその者が祭祀を執り行っていること**
　被相続人名義の市営墓地使用権について、市により相続人の1人（長男）に名義書換えが行われた場合でも、裁判所により、異なる相続人（三男）が祭祀財産承継者と定められたときは、その者が墓地使用権の承継者として改めて名義の書き換えを受けるとした祭祀財産承継者指定に対する即時抗告事件（大阪高決昭和59・10・15判タ541-235）。
　被相続人夫婦と長らく同居してこれを扶け、嘱望された家業も継ぎ、被相続人の葬儀およびその後の法事も事実上主宰してきた他、相手方（長男）を除く兄弟姉妹からも望まれている三男が祭祀財産の権利を承継すると定めるのが相当であるとされた。

**(3) 被相続人の意思の推認**
　被相続人と氏を異にする長男と次女（末子）がそれぞれ被相続人の祭祀の承継者になることを希望している祭祀承継者指定申立事件（長崎家審昭和62・8・31家月40-5-161）。
　被相続人は遺言など明確な形で祭祀承継者を指定してはいないが、その所有している墓碑に建立者として次女の氏名を刻印させ、生活関係のもっとも密接であった同女に承継させる意思を明らかにしていたものと認められ、他の相続人も生前は肯認していたとして、次女が被相続人の祭祀承継者に指定された。

### (4) 共同生活者であったこと

被相続人の長男が、自己を祭祀財産承継者に指定することを申し立てた祭祀財産承継者の指定申し立て事件（奈良家審平成 13・6・14 家月 53-12-82）。

新たな紛争を避けることを考慮して、墳墓を被相続人と 30 年以上同居し、扶養してきた三男に、仏壇・位牌を長男に指定した。

このように、判例では長男とその他の相続人が争う事案が多い。しかし、被相続人との親族的身分関係・共同生活関係・感情関係・指定されるべき者の祭祀を主宰する意思・能力、利害関係人の意見などを総合的に判断されて決定されることになっている。民法の示す「慣習」のみによって承継者が指定された判例も見あたらない。

### [3] お墓と条例

公営霊園でも長男の継承を前提とした規約が目立っており、長年にわたって長男が優先的に継承できる規約や考えが特定の墓地や霊園にあり、混乱の要因の一つであった。

しかし、最近では改正する動きが目立つ。たとえば東京都[2]は平成 11（1999）年 12 月に公営霊園の継承についてあきらかに長男優遇という条例を改訂し、平成 12（2000）年 4 月より施行している。その内容は、墓の名義人の死去に伴い指定がない場合は、第 1 に葬式の喪主が継承する。第 2 には 2 通りあり、(A) 亡くなった人の配偶者と子どもという「継承第 1 順位者」の親族間協議で決定する。(B) 喪主からの推薦を受けた者がなる。

以上のことに関して、子どもが喪主をする場合、長男が圧倒的に多いことを考えれば、結果として同じことだと解釈できるが、それでも一見して「長男は特別」と解釈される規約は解消された。

他にもたとえば、大阪市の霊園継承に長男を優遇する文言はないが、届け出の例示はあくまでも長男を意識した記述となっている。

父系のイエを存続させていくという明確な法律や条例もなくなってきたが、日本社会にすむ人々の心の片隅にまだイエ意識が残っているといえよう。

## B　日本の動向と海外のお墓事情
### [1]　与論島などの洗骨

　日本では、明治時代からのイエ意識が残り、とくに地方に行けば行くほど強固に長男がイエ・墓を継ぐものだという意識が強い。筆者が調査したときには、長男が継ぐことが法律で規定されていると思っている人が少なからずいた。上記の通りに主流はイエ墓であるが、南の方の島に行くとイエ意識が強固となりそれも多様に顕れる。

　たとえば、与論島では、もちろんイエ墓が主流であり、「洗骨」も行われる。これは、人が亡くなった後に数年間、土葬しその後に掘りおこし、家族で骨から肉を落としていき、骨をあらためて埋葬する作業である。土葬・洗骨がセットとなり、家族の果たす役割である。掘り起こしから洗骨までは明け方から行う。筆者が調査したときには、娘が実父の洗骨を通して「あらためて家族だなと思った」という声も聞いた。しかし、与論に限らず、「洗骨」がある島出身の長男と結婚した他の地域出身の"嫁"は、「やらないといけないんですかね？」と不安や疑問を抱いていることも少なくない。平成15 (2003) 年に火葬場も出来、洗骨しない条件も整えられている。

### [2]　カナダやオーストラリアの現状

　筆者は、日本社会が継承に関して問題を抱えるなか、解決策を探るために他国を調査している。

　カナダ全般についていえば、宗教や民族によって、墓地のなかでエリアが決められていることが一般的である。宗教や民族によっては、それぞれ特徴があるのだが、一般的な形は、夫婦墓・個人墓である。夫婦墓といっても、一緒に入るパターンもあれば、隣に墓を建てるパターンもある。幼くして亡くなった子どもや胎児は、特別に夫婦の墓の近くに墓が作られる事もあるが、子どもや胎児はチャイルド (child) のエリアに集められている場合も珍しくない。つまり、あくまでも個人か夫婦単位なのである。子どもとの関わりで言えば、子どもが墓参りなどを期待されていることぐらいである。また、例外的に墓の継承の問題が発生したときも子どもの中で「長男」が特別ではなく、せいぜい「長子」が相続順位第1位とされる扱いである。

なお、筆者は、オーストラリア（ブリスベン）でも墓地の調査を試みた。やはり、継承の概念はなく、個人墓か夫婦墓が主流であった。埋め込み式なので、カナダ同様、墓自体がコンパクトで個人単位・夫婦単位を表している。

### [3] 日本のこれからと法律

　長男が墓を継承していくことが法的にも規定されておらず、公営霊園の規則でもなくなっていく動きが見られる。しかし判例で挙げたように、実際には長男か否かで家族内トラブルの要因にもなってきた。混乱を回避するためにも、民法897条（祭祀に関する権利の承継）の1項：系譜、祭具および墳墓の所有権は、慣習に従って祖先の祭祀を主宰すべき者が承継する、という表現を見直すことも必要ではないかと提言したい。「慣習」というあいまいな表現が見直されることによって、とくに長男を優遇するという公営霊園の規約も届けの例示も完全に解消し、人々の意識も自ずと変わっていくことが推察される。なお、お墓をめぐる継承のトラブルは、実は、家のその他の遺産継承にも関わっている。お墓の裁判を調べていくと、並行して家の土地や建物・預金などの遺産分配についても裁判を起こしていることが珍しくない。明治民法には、長男がイエの土地・建物・商売などの財産を継承するとともに先祖の墓を守り、祭祀を行っていくことが明記されていた。現行の法律では「個人の平等」をめざし、遺産相続は婚子均等分配となったが、墓や仏具は分けることができないため別の規定となった。筆者が日本で調査した範囲では、法律が変わってもなお、イエ意識が残り、家の財産は土地・建物からお墓に至るまで長男に相続されるという慣習がとくに南の地方で強い。お墓を継承することが前提となり、その他の財産が継承者に全部、あるいはほとんど相続されてきたということもあり、家族内のトラブルの要因[3]ともなっている。お墓だけの問題ではなく、ここには家族内の不平等が潜んでいることも指摘しておきたい。

### [4] 個人墓・夫婦墓・共同墓・散骨など新しい動き

　興味深いJGSS（jgss.daishodai.ac.jp）が行った調査を紹介したい。「自分の墓」についての希望は、男性は第1位が「私の家（実家）の墓」、第2位が

「私と配偶者の代から始まる墓」、第3位が「海や山への散骨」、女性は第1位が「配偶者の家の墓」、第2位が「私と配偶者の代から始まる墓」、第3位が「私の家（実家）の墓」である。また、男性では第4位、女性では第5位に「私と配偶者だけの墓」という回答であり、日本社会にも欧米の形式・夫婦単位の墓が浸透し始めている。

　家族の存在意義というものを考えても、父系の家を長男が存続させていくことが第一義ではないと言えるだろう。現代家族の特徴は、父系のイエの継承よりも夫婦の情緒的なつながり、個人の生き方を尊重するということにある。このことからも、墓のあり方としては、父系の墓を代々長男が継承していくという前提ではなく、生きていた証として墓が存在し、祭祀は近年故人となった家族・親族・友人に対して愛情を表現するというメモリアリズムとしての意味がますます強くなっていくと予測している。

　ちなみに、東京では都営の合葬式墓地が人気で、倍率は6倍に達した。骨壺で埋葬する部分と合祀用の部分があり、20年間骨壺で保管した後に合祀するか、最初から合祀するかを選択できる。合葬式墓地などの集合墓地への応募は都立霊園の応募全体の4割を超える。平成20（2008）年の東京都公園審議会は、集合墓地の供給中心の施策展開が有効と提言した。

　散骨や共同墓以外にも遺骨をダイヤモンド加工して身につけたり、ミニ骨壺に入れて身近に置いたり、インターネットで供養したりなど現代日本人は自分と関わった死者への供養に非常に"熱心"であることが再確認できる。日本社会の墓の法的継承がイエ意識を引きずっている間に、現代に生きる人々は多様な価値観を持ち、新しい形を模索している。

### コラム　死後の男女差解消

　日本では、男女を区別して扱うことが多い。宗教界でも例外ではなく、むしろ教義・戒律・儀式・役割でも男女の差を設けていることがあからさまにある。たとえば、日本社会の葬儀は仏教で行うことが多く、亡くなった後に性差のある戒名や法名をつけることも珍しくない。浄土真宗では女性につける法名に「尼」という一文字を入れてきたが、本願寺派では近年はつけない。亡くなってまで女性であることを証とする意味はないのだろう。

注）
1) 辻朗「祭祀財産の承継者」『判例タイムズ』598、143-146頁（判例タイムズ社、1986年）、高橋朋子「平成12年度主要民事判例解説」『判例タイムズ』1065、172-173頁（判例タイムズ社、2001年）、星野智子「墓の継承における法的課題」『法政論叢』第43巻第1号（日本法政学会、2006年）
2) 東京都霊園条例、東京都霊園条例施行規則、平成5（1993）7月9日5建公霊第76号公園緑地部長決定「埋蔵施設等の使用者の地位の継承について」、平成11（1999）年12月6日11建公霊第262号「埋蔵施設等の使用者の地位の承継に関わる取り扱い要綱」
3) 古橋エツ子「家族の変容と祭祀に関する課題」竹貫元勝博士還暦記念論文集『禅とその周辺学の研究』（永田文昌堂、2005年）

## 知識を確認しよう

### 問題
(1) 遺族補償年金の受給資格を説明しなさい。
(2) 弔慰金・見舞金・生活再建支援金の受け取りや金額について問題になっていることは何か説明しなさい。
(3) 日本のお墓の継承について法律を説明しなさい。

### 解答への手がかり
(1) 女性と男性とでは、受給資格が異なる。男性には年齢制限があるのはなぜか考えてみよう。
(2) 世帯主をキーワードに考えてみよう。
(3) 墓の継承をめぐる裁判の判例をよく読んで考えてみよう。

# 第Ⅳ編

# 人生全般を支える社会保障

第 13 章　医療保険

第 14 章　年金保険

第 15 章　障害者福祉

# 第13章 医療保険

## 本章のポイント

1. 日本は国民皆保険である。日本の医療保険は職域保険と地域保険に分かれ、サラリーマンと自営業者では保険者が異なる。
2. サラリーマンが加入する健康保険と自営業者が加入する国民健康保険は、保険者は異なるものの、医療給付に違いはない。そのため、①療養の給付、②高額療養費などは、同じ給付がなされる。しかし、現金給付である傷病手当金や出産手当金は、国民健康保険では任意給付であり、実施している市町村は現在ない。また、国民健康保険には被扶養者という概念は存在しない。
3. 日本と諸外国の医療保障制度の類型として、①公的医療保険制度、②国民健康保険サービス、③民間保険主導がある。①はドイツ、②はイギリス、③はアメリカが、主な国としてあげられる。なお、日本は①に属する。

## 1 職域保険と地域保険

　医療保険制度とは、社会連帯・相互扶助・生存権の考えのもと、被保険者が保険料を拠出し、保険事故が生じた際に、保険者による保険給付がなされる制度である。日本では、国民健康保険が最後にどこにも入らない・入れない人を引き受けるので国民皆保険が成立しているが、諸外国では必ずしもそうではない。例えば、アメリカでは、民間の医療保険が中心であり、国民皆保険にはなっておらず、国民の16.3％が未加入である（2010年）。また、ドイツでは一定以上の年収のある被用者や自営業者などは公的医療保険の加入義務が免除されている。

表13-1　医療保険制度の体系

| 制度名 | | | 保険者 | 対象者 |
|---|---|---|---|---|
| 医療保険 | 健康保険 | 全国健康保険協会管掌 | 全国健康保険協会 | 健康保険組合に加入している組合員以外の適用事業所の被用者 |
| | | 組合管掌 | 健康保険組合 | 健康保険組合が設立された適用事業所の被用者 |
| | 船員保険 | | 全国健康保険協会 | 船員として船舶所有者に使用される者 |
| | 共済 | 国家公務員 | 共済組合 | 国家公務員 |
| | | 地方公務員等 | 共済組合 | 地方公務員など |
| | | 私立学校教職員 | 日本私立学校振興・共済事業団 | 私立学校の教職員 |
| | 国民健康保険 | | 国民健康保険組合 | 同国組合の設立されている同種の事業または業務に従事する者 |
| | | | 市町村 | 被用者保険の加入者以外の者（農業従事者、自営業者、小規模個人事業所の被用者、無職者など） |
| 退職者医療 | | | 国民健康保険 | 被用者年金に一定期間加入し、老齢年金給付を受けている65歳未満などの者 |
| 後期高齢者医療制度 | | | 後期高齢者医療広域連合 | 75歳以上の者、65歳以上で寝たきりなどの状態にある者 |

※職域保険と地域保険の区分：健康保険・船員保険・共済は職域保険、国民健康保険（市町村）は地域保険。

出典）本沢巳代子ほか『トピック社会保障法〔第6版〕』（信山社、2012）11頁

　日本の医療保険は、大きく分けて職域保険と地域保険に分かれる（表13-1参照）。職域保険とは、同じ職業集団で形成するもので、例えば、サラリーマンや公務員などが加入している。一方、地域保険とは、職域保険に属さない同じ地域集団で形成するもので、例えば、自営業者や無職の者などが加入している。

職域保険は、①協会管掌健康保険（中小企業の被用者）、②組合管掌健康保険（大企業の被用者）、③船員保険（船舶業の従事者）、④国家公務員共済組合（国家公務員）、⑤地方公務員等共済組合（地方公務員）、⑥日本私立学校振興・共済事業団（私立学校の教職員）、⑦国民健康保険組合（特定の自営業者）がある。①〜⑥までを被用者保険といい、⑦を自営業者保険という。⑦には、自営である医師、弁護士、理容師、美容師などといった特定の職種別に国民健康保険組合がある。それらに属さない者が、地域保険に属する。

## 2　保険者と被保険者・被扶養者

### A　健康保険

　医療保険の保険者とは、保険料を徴収し、保険事故が生じた場合に、保険給付をなすものをいう。健康保険の保険者には、主に中小企業の被用者を中心とした全国健康保険協会と、主に大企業の被用者を中心とした健康保険組合とがある。

　一方、被保険者とは、保険給付を受ける権利を有する者である。健康保険の被保険者は、適用事業所に使用される者（常時5人以上従業員を使用する事業所または法人事業所）および任意継続被保険者をいう（健保3条）。前者を任意継続被保険者と区別するために強制被保険者と呼ぶこともある。

　会社を退職したまたは解雇されたなど、適用事業所に使用されなくなった場合、健康保険法上の被保険者資格を喪失し、国民健康保険法上の被保険者資格を取得することになるのが原則であるが、任意継続被保険者という制度によって、例外的に被保険者の意思に基づき被保険者資格を継続することができる。任意継続被保険者は、資格喪失の日まで継続して2か月以上、被保険者であれば、その者が強制被保険者の地位を喪失してから20日以内に申請することで、任意に被保険者資格を継続させることができる（健保3条4項・37条1項）。ただし、その地位の存続期間には2年間である（健保38条1号）。また、その保険料負担は、事業所に勤務していた時は、被保険者と事業主で折半であったが、任意継続被保険者の保険料負担は、全額

自己負担となる。

　被扶養者とは、被保険者に扶養されている家族である（健保3条7項）。具体的には、被保険者の直系尊属、配偶者（届出をしていないが、事実上婚姻関係と同様の事情にある者を含む）、子、孫および弟妹（以上は同居の有無を問わない〔現在は兄や姉は同居を必要とするが、平成28（2016）年10月1日からは同居要件が廃止される〕）などであって、主としてその被保険者により生計を維持するものなどである。①認定対象者が被保険者と同一世帯に属している場合、認定対象者の年間収入が130万円未満（認定対象者が60歳以上またはおおむね障害厚生年金を受けられる程度の障害者の場合は180万円未満）であって、かつ、被保険者の年間収入の2分の1未満である場合は被扶養者となる。一方、②認定対象者が被保険者と同一世帯に属していない場合、認定対象者の年間収入が130万円未満（認定対象者が60歳以上またはおおむね障害厚生年金を受けられる程度の障害者の場合は180万円未満）であって、かつ、被保険者からの援助による収入額より少ない場合には、被扶養者となる。例えば、大学生で、年収130万円以上アルバイトなどで稼ぐと、被扶養者から外れることがあり、その場合は、自分で国民健康保険の保険料を支払わなければならなくなる。

## B　国民健康保険

　国民健康保険の保険者は、国民健康保険組合と市町村（特別区を含む）である（国健保3条）。市町村国民健康保険の被保険者は、「市町村又は特別区の区域内」に「住所」を有する者である（国健保5条）。ただし、健康保険や後期高齢者医療制度等の他の医療保険制度の被保険者および被扶養者は、各医療保険制度に加入しているため、国民健康保険の適用除外となる（国健保6条）。そのため、一般に国民健康保険の被保険者は、自営業者や無職などである。なお、生活保護法による保護を受けている世帯に属する者も適用除外とされている。

　健康保険とは異なり、国民健康保険には被扶養者という概念はない。例えば、親が国民健康保険の被保険者である場合、その子が大学生で、国民健康保険に加入している場合、その子も国民健康保険の被保険者であり、その保険料は世帯主である親にその子の分まで請求されているのである。したがって、健康保険から国民健康保険に切り替えた場合、保険料の額が

2倍近く値上がったということも起こり得る。

## 3 保険給付

### A 療養の給付

　被保険者が業務外の事由により疾病、負傷をした場合、健康保険または国民健康保険により保険医療機関で必要な医療を受けたりすることができる。このことを療養の給付という（表13-2参照）。療養の給付は、現物給付が原則であり、国健保36条1項および健保63条1項で、①診察、②薬剤または治療材料の支給、③処置・手術そのほかの治療、④居宅における療養上の管理およびその療養に伴う世話その他の看護、⑤病院・診療所への入院およびその療養に伴う世話その他の看護がある。

### B 高額療養費

　患者の一部負担金は、応益負担が原則のため、患者の受けた医療サービスが多ければ多いほど、一部負担金の額も多くなる。そこで、高額療養費とは、保険診療による自己負担金額が一定期間に一定額を超えた場合、その超えた分を保険給付として被保険者に支給するものである。

### C 療養費

　療養費とは、保険医療機関で受療できなかった場合、保険者が合理的であると判断した際に、医療費の7割が償還されるものである。例えば、海外旅行中に滞在先で診療を受けた場合、一旦は被保険者が自費で診療費を負担するが、所定の手続きによって滞在先で支払った医療費の一部が、あとで保険者から保険給付の範囲内で費用の支払いを受けることができる給付である（健保87条）。

### D 保険外併用療養費

　保険外併用療養費とは、被保険者が①厚生労働大臣が定める高度の医療

表13-2　国保と健保の給付内容（平成24年4月現在）

| 給付 | | 国民健康保険（市町村） | | 健康保険 |
|---|---|---|---|---|
| 医療給付 | 療養の給付 訪問看護療養費 | 義務教育就学前：8割、義務教育就学後から70歳未満：7割、70歳以上75歳未満：8割（※）〔現役並み所得者〔現役世代の平均的な課税所得（年145万円）以上の課税所得を有する者〕：7割） | | |
| | 入院時食事療養費 | 食事療養標準負担額：一食につき260円 低所得者で90日を超える入院：一食につき160円 | | 低所得者：一食につき210円 特に所得の低い低所得者（70歳以上）：一食につき100円 |
| | 入院時生活療養費（65歳～） | 生活療養標準負担額：一食につき460円（※）+320円（居住費） 特に所得の低い低所得者：一食につき130円（食費）+320円（居住費） （※）入院時生活療養（Ⅱ）を算定する保険医療機関では420円 | | 低所得者：一食につき210円（食費）+320円（居住費） 老齢福祉年金受給者：一食につき100円（食費）+0円（居住費） 注：難病等の患者の負担は食事療養標準負担額と同額 |
| | 高額療養費（自己負担限度額） | 70歳未満の者 　（上位所得者） 　　150,000円+（医療費−500,000）×1% 　　　　　　　　　　　　　　　（83,400円） 　（一般） 　　80,100円+（医療費−267,000）×1% 　　　　　　　　　　　　　　　（44,400円） 　（低所得者） 　　35,400円　　　　　（24,600円） （括弧内の額は、4か月目以降の多数該当） | | 70歳以上75歳未満の者 　　　　　　入院　外来（個人ごと） （現役並み所得者） 　80,100円+（医療費−267,000）×1% 　　　　　　　　　　　　　44,400円 　　　　　　　　　（44,400円） （一般（※））44,400円　　12,000円 （低所得者）　24,600円　　 8,000円 （低所得者のうち特に所得の低い者） 　　　　　　15,000円　　 8,000円 |
| 現金給付 | 出産育児一時金 | 給付内容は条例で定めるところによる。（ほとんどの保険者が原則42万円〔産科医療補償制度の加算対象出産ではない場合は、39万円。〕） | 出産育児一時金 | 被保険者またはその被扶養者が出産した場合、原則42万円を支給。（産科医療補償制度の加算対象出産ではない場合は、39万円。） |
| | | | 家族出産育児一時金 | |
| | 葬祭費 埋葬料 | 給付内容は条例で定めるところによる。（1〜5万円程度としている市町村が多い。）ほとんどの市町村が実施 | 埋葬料 | 被保険者が死亡した場合、遺族等に対し、定額5万円を支給 |
| | | | 家族埋葬料 | 被扶養者が死亡した場合、被保険者に対し、定額5万円を支給 |
| | 傷病手当金 | 任意給付 （実施している市町村はない。） | | 被保険者が業務外の事由による療養のため労務不能となった場合、その期間中、最長で1年6か月、1日に付き標準報酬日額の3分の2相当額を支給 |
| | 出産手当金 | | | 被保険者本人の産休中（出産日以前42日から出産日後56日まで）の間、1日に付き標準報酬日額の3分の2相当額を支給 |

※平成20年4月から窓口負担は1割に据え置かれ、高額療養費の自己負担限度額についても本表の額のまま据え置かれる。

出典）厚生労働省HP（2013年12月取得）http://www.mhlw.go.jp/seisakunitsuite/bunya/kenkou_iryou/iryouhoken/iryouhoken01/index.html

表13-3 評価療養と選定療養の種類

| 評価療養 | 選定療養 |
|---|---|
| ○先進医療<br>○医薬品の治験にかかる診療<br>○医療機器の治験にかかる診療<br>○薬事基準収載前の承認医薬品の投与<br>○保険適用前の承認医療機器の使用<br>○承認基準に収載されている医薬品の適応外使用<br>○保険適用されている医療機器の適応外使用 | ○特別の療養環境の提供<br>　（差額ベッドへの入院）<br>○予約診療<br>○時間外の診療<br>○前歯部の材料差額<br>○金属床総義歯<br>○200床以上の病院の未紹介患者の初診<br>○200床以上の病院の再診<br>○制限回数を超える医療行為<br>○180日を超える入院<br>○小児う蝕の治療終了後の継続管理 |

筆者作成

技術を用いた療養など「評価療養」、②被保険者の選定にかかる特別の病室の提供などの療養「選定療養」を受けた場合に支給されるものである（健保86条、国健保53条）（表13-3参照）。

## E　その他の給付

　正常妊娠や正常分娩は療養の給付の対象とはならないが、被保険者が出産した場合、分娩費用の一部にあてるための金銭給付として、出産育児一時金が支給される（健保101条）。また、被扶養者が分娩した場合は、家族出産育児一時金として被保険者に支給される（健保114条）。その額は1児につき42万円（産科医療補償制度に加入している医療機関等で分娩した場合に限る。それ以外の場合は39万円）。

　出産手当金は、被保険者本人の産休中の間（出産日以前42日から出産日後56日まで）、その期間報酬を受けなかった場合、1日につき標準報酬日額の3分の2相当額が支給される（健保102条）。なお、標準報酬とは、保険料や給付額の算定を簡易なものにするため、被保険者が受けるさまざまな報酬の月額（賃金、給料、俸給、手当、賞与など名称を問わず）を1級58,000円から47級1,210,000円のいずれかにランク付けしたものである。

　傷病手当金は、被保険者が疾病または負傷のため、就労不能となり報酬を得られない場合、その療養期間中の所得の保障を行う金銭給付である。就労不能が始まった日の4日目から支給され、その額は標準報酬日額の3分の2相当額が支給される（健保99条）。なお、支給期間は1年6か月であ

り、それ以上の就労不能が続く場合、各種の障害年金に移行する（国年30条、厚年47条）。

## 4 保険診療の仕組み

### A 診療報酬

病院に行って、会計をすませたら、初診料○○点と書かれた紙をもらったことはないだろうか。それが診療報酬明細書（レセプト）である。レセプトには、患者氏名、性別、生年月日といった個人情報、患者の健康保険加

表13-4 医科診療報酬点数表例（基本診療料）

| | | |
|---|---|---|
| | 基本診療料は、初診若しくは再診の際および入院の際に行われる基本的な診療行為の費用を一括して評価するもの。 | |
| 初・再診料 | 初診料（1回につき）<br>　外来での初回の診療時に算定する点数。基本的な診療行為を含む一連の費用を評価したもの。簡単な検査、処置等の費用が含まれている。 | 270点 |
| | 再診料（1回につき）<br>　外来での二回目以降の診療時に一回毎に算定する点数。基本的な診療行為を含む一連の費用を評価したもの。簡単な検査、処置等の費用が含まれている。 | 69点 |
| 入院基本料 | 入院の際に行われる基本的な医学管理、看護、療養環境の提供を含む一連の費用を評価したもの。簡単な検査、処置等の費用を含み、病棟の種別、看護配置、平均在院日数等により区分されている。<br>　例）一般病棟入院基本料（1日につき）　7対1入院基本料<br>　　　　　　　　　　　　　　　　　　10対1入院基本料<br>　　　　　　　　　　　　　　　　　　13対1入院基本料<br>　　　　　　　　　　　　　　　　　　15対1入院基本料<br>なお、療養病棟入院基本料については、その他の入院基本料の範囲に加え、検査、投薬、注射および簡単な処置等の費用が含まれている。 | <br><br>1,566点<br>1,311点<br>1,103点<br>945点 |
| 入院基本料等加算 | 人員の配置、特殊な診療の体制等、医療機関の機能等に応じて一日毎または一入院毎に算定する点数。<br>　例）総合入院体制加算（1日につき）<br>　　　（急性期医療を提供する体制および勤務医の負担軽減および処置の改善に対する体制を評価）<br>　　　診療録管理体制加算（1入院につき）<br>　　　（診療記録管理者の配置その他の診療録管理体制を評価） | <br>120点<br><br>30点 |
| 特定入院料 | 集中治療、回復期リハビリテーション、亜急性期入院医療等の特定の機能を有する病棟または病床に入院した場合に算定する点数。入院基本料の範囲に加え、検査、投薬、注射、処置等の費用が含まれている。<br>　例）救命救急入院料2（1日につき）（3日以内の場合）<br>　　　（救命救急センターでの重篤な救急患者に対する診療を評価） | <br><br>11,211点 |

出典）厚生労働省HP（2013年12月取得）http://www.mhlw.go.jp/seisakunitsuite/bunya/kenkou_iryou/iryouhoken/iryouhoken01/index.html

入情報、請求元の医療機関名、診療科、病名、診療月に行った薬、注射、処置、手術、検査、画像診断、リハビリなどの点数が記載されており、被保険者毎に医療機関が月単位で作成する（**表13-4参照**）。

　診療行為ごとに診療報酬点数が決められており、医療機関はこの点数を合算して、保険者に医療費を請求する。この診療報酬点数は、健保76条2項に基づき厚生労働大臣により告示され、日本全国どこでも1点あたり10円の単価で計算がされる。診療報酬点数表があることによって、①保険診療における治療行為の価格表としての役割を果たす、②診療報酬点数表に記載されていない治療行為は保険診療と認められないため、保険診療の給付内容とその範囲を決定する役割を果たす、③保険医療機関の治療方法を定める役割を果たす。

## B　減点査定

　保険者は保険医療機関の請求した通りに診療報酬を必ず支払わなければならないというわけではない。レセプトに記載された治療行為が適切でない場合、その請求の全部または一部について支払いを拒否することができる（健保76条4項、国健保45条4項）。これを減点査定という。

　レセプトに基づき支払いを行うのは、保険者が行うべき業務であるが、医療機関にとっては、保険者ごとに診療報酬を請求する事務的負担および保険者にとってはレセプトの審査とその支払いに対する事務的負担は大きい。そこで、社会保険診療報酬支払基金または国民健康保険団体連合会に、レセプトの審査および支払いに関する事務を委託することができる（健保76条5項、国健保45条5項）。実務上、保険者は委託をしているのが実態である。

　診療報酬請求権の発生時期に関して、2つの考え方がある。審査支払機関による審査結果の通知行為を行政処分と解し、審査支払機関の審査を終了した時点で診療報酬請求権が発生するとする考え方と、保険医療機関が保険者との委託契約上の債務を履行したことによって当然に発生するため、診療行為が行われるたびに診療報酬請求権が発生するとする考え方である。裁判例は、後者の立場をとる（最判昭和53・4・4判時887-58）。

　保険医療機関が患者に一部負担金を請求している段階では、診療報酬請

求が正しいことを前提としている。しかし、減点査定が行われると、患者は減点された分だけ一部負担金を余分に支払ったことになる。このような場合、保険者からは一部負担金の返還を求めることはできず、あくまでも患者が保険医療機関に対して返還を求めるべきものであると考えられている（最判昭和 61・10・17 判時 1219-58〔百選 17 事件〕）。

## 5 最新動向

### A 日本の医療改革の動向

　政府は、平成 25（2013）年 8 月の社会保障制度改革国民会議報告書の中で、市町村が運営する国民健康保険について、都道府県に移管する方向で取りまとめた。また、同報告書において、現在、紹介状のない患者の大病院における初再診療が選定療養費の対象となっているが、それに加えて一定額の自己負担を求める仕組みの必要性を挙げている。なぜなら、わが国では患者が自由に医療機関を選択することができるため、大学病院への患者の集中を招き、3 時間待って 3 分診療の原因になっているからである。

　今後、さらに高齢化が進む中で、高齢者にも相応の負担を求めることはやむを得ず、特に高額所得者には自己負担 3 割を求めるのは持続的な医療保険制度を実施するためにも必要不可欠なことであろう。

　今後の医療費の増大を考えると、より一層、ジェネリック医薬品の活用が求められる。ジェネリック医薬品とは、後発医薬品ともいい、先発医薬品と治療学的に同等であるものとして製造販売が承認され、一般的に、開発費用が安く抑えられることから、先発医薬品に比べて薬価が安くなっている。ジェネリック医薬品の活用は数量シェア 22.8%（平成 23 年）である。欧米諸国では、数量シェアが 50% 程度を占めるのに比べても日本での普及が進んでいないことがよくわかる。その理由の 1 つに後発医薬品の品質や情報提供、安定供給に対する不安が払拭されていないということが挙げられている。

## B 諸外国の医療改革の動向

各国の医療保険体制は大きく分けて3つに分類することができる（表13-5参照）。まず、①公的医療保険で、日本の医療保険制度がこれに該当し、その他にもドイツ、フランスなどが該当する。これは、法律であらかじめ定められた範囲で保険集団を形成し、被保険者や事業主が負担する保険料を主な財源とし、医療給付を行う類型である。次に、②国民保健サービスで、イギリス、スウェーデンの医療保険制度がこれに該当する。これは、すべての国民の医療をほぼ無料にし、その財源は税金で医療給付を行う類型である。最後に、③民間保険主導型で、アメリカの医療保険制度がこれに該当する。これは、高齢者や障害者、貧困者や救急患者のみが、公的支援による医療を受けることができ、それ以外の者は、民間の医療保険制度を利用しなければならない。そのため、多くの場合、事業主が医療保険の保険料を負担するのが大半であるが、なかには無保険状態の者も存在する。

ここでは、①公的医療保険制度を実施しているドイツ、②国民健康保険サービスを実施しているイギリス、③民間保険主導であるアメリカの医療改革の動向について見てみよう。

ドイツは、医療費抑制のための改革を実施している。表13-5を見てもわかるように、保険財政に占める保険料割合が高いために、医療費の伸びが保険料率の引き上げにつながる。2010年公的医療保険財政法で、保険料率の引き上げと追加保険料の定額化が実施された。

イギリスはGP（General Practitioner）と呼ばれる一般医への登録が必要で、登録したGPで医療サービスを受け、専門医療が必要な場合、紹介状を発行し、初めて総合病院や大学病院などで医療が受けられる。最近、患者の選択や利便性の向上を重視した取り組みがなされており、例えば、今までは居住地でGPが決められていたが、地域内で選択することができるようになった。また、紹介状は複数の病院の中から患者が選択できるようになった。

アメリカは、自由診療が基本であり、高額な医療費に備えて、各自が民間の保険会社と契約を結ぶ。すると、無保険の者や不十分な保険に苦しむ者がでてきて、この問題解決に向けて、2010年オバマ政権による医療保障改革（通称オバマケア）が進められている。この改革は、従来、既往症などに

## 表 13-5 主要国の医療保険制度概要

| | | 日本 (2012) | ドイツ (2011) | フランス (2011) | スウェーデン (2010) | イギリス (2011) | アメリカ (2011) |
|---|---|---|---|---|---|---|---|
| 制度の類型 | | 社会保険方式<br>※国民健康保険<br>※職域保険おび地域保険 | 社会保険方式<br>※国民の約85％が加入<br>※被用者は医療保険に加入、一定所得以上の被用者、自営業者、公務員等は強制適用ではない。<br>※強制適用の対象でない者の民間医療保険への加入が法務付けられており(一般国民健康保険)、事実上の国民健康保険。 | 社会保険方式(国民の99％が加入)<br>※職域ごとに被用者保険の制度(自営業、第1次加入)強制適用の対象とならない者、自営業等は普遍制度の医療給付制度の対象となる。 | 税方式による公的な保険・医療サービス<br>※全居住者を対象<br>※ランスティング(県)が提供主体として実施。(現金給付は国の事業として) | 税方式による国営の国民保健サービス(NHS)<br>※全居住者を対象 | 社会保険方式<br>(メディケア、メディケイド)<br>※65歳以上の高齢者おけび障害者等を対象とする医療保険(メディケア)、一定の条件を満たす低所得者を対象とするメディケイド。<br>※公的医療保険の適用を受けない国民は民間医療保険に加入(2010年、人口の16.3％が無保険者)民間部門の果たす役割が大きい。 |
| 自己負担 | | 3割<br>[義務教育就学前2割<br>70歳～74歳<br>1割(現役並み所得者は3割)]<br>75歳以上 1割<br>(現役並み所得者は3割) | ・外来：同一疾病につき四半期ごとに10ユーロの診察料(初診料無料)参照なし<br>・入院：1日につき10ユーロ(年28日上限)<br>・薬剤：10％定率負担(負担上限10ユーロ、下限5ユーロ) | ・外来：30％<br>・薬剤：35％<br>(有効性の低い薬剤は65％、代替薬のない高額薬剤、妊産婦等は0％)<br>・入院：20％<br>(ただし30日目以降負担ゼロ)<br>・その他一日当たり定額負担(1日18ユーロ、精神科は13.50ユーロ)<br>※上記の定率負担のほか、外来診察につき1ユーロ、薬剤は0.50ユーロ、入院については補足医療保険による補填が禁止されている。 | ・外来：自己負担上限80クローナの範囲内でランスティングが独自に設定<br>プライマリケアの場合は1回100～200クローナ(法律上の自己負担額の上限は患者1人年間900クローナより低い)・18～20歳までは無料<br>※全国一律の自己負担上限20歳(多くのランスティングでは負担)<br>・薬剤：全国一律の自己負担額(年間1800クローナ上限) | 原則自己負担なし<br>※外来処方薬については1処方当たりの定額負担、歯科治療については3種類の定額負担あり<br>※なお、高齢者、低所得者、妊産婦、子ども等については免除がある。 | 入院 (パート A)<br>入院当初60日 $0<br>61日～90日 $289<br>91日～150日 $578<br>151日～ 全額自己負担<br>外来 (パート B) (任意加入)<br>年間$155+医療費の20％<br>薬剤 (パート D) (任意加入)<br>$310まで 全額自己負担<br>$310～$2830 25％負担<br>$2830～$4550 全額自己負担<br>$4550～ 5％負担 |
| 保険料 | | 報酬の10.00％<br>(労使折半)<br>※協会けんぽの場合 | 報酬の15.5％<br>[本人：8.2％]<br>[事業主：7.3％]<br>※全国保険共通<br>※自営業者：全額本人負担 | 賃金総額の13.85％<br>[本人：0.75％]<br>[事業主：13.1％]<br>※民間商工業者が加入する一般制度の場合 | なし | なし<br>※NHS費用の2割強が退職年金等の現金給付にかかる国民健康保険料から充当されている。 | 入院 (パート A) 労使折半<br>給与の2.9％<br>自営業者：本人全額負担<br>外来 (パート B) (全額本人負担)<br>約115ドル<br>薬剤 (パート D) (全額本人負担)<br>月額40.72ドル |
| 制度の類型 国庫負担 | | 給付費などの16.4％<br>※協会けんぽの場合 | 出産費、国庫負担については2009年までは40億ユーロとし、その後も毎年15億ユーロずつを増額し2017年には140億ユーロとすることとされていたが、2009年1月に決定された経済・金融支援に伴う第2次補正予算で2009年7月1日以降の保険料率を0.6％減額すること、税金により32億ユーロが補填された。2011年以降に引き上げることに決定されたが、2012年に撤廃する見込み。 | 租税：国庫負担は赤字補填に限定されている。1991年から国庫負担が増大。医療・年金等の財源の充当として社会保障目的税(目的所得税等、社会保障一般拠出金：CSG等)税収計の約29％、保険料の約37％<br>うち医療保険分は2008年 約37％<br>・保険料63％<br>・社会保障目的税等（タバコ、酒等）の約7.5％ | 原則なし<br>※税方式であるが、患者の自己負担分に一部、国からの一般交付、補助金等あり。 | 租税を財源としている。 | 社会保険税も財源<br>入院 (パート A) 費用の約75％<br>外来 (パート B) 費用の約75％<br>薬剤 (パート D) 費用の約75％ |

出典：厚生労働省 HP (2013年12月取得) http://www.mhlw.go.jp/stf/seisakunitsuite/bunya/kenkou_iryou/iryouhoken/iryouhoken11/index.html

より保険加入が拒否されていた者でも、拒否されないような仕組みを作り、民間保険の購入を義務付ける形で無保険者数を減らそうとするものである。この民間への医療保険への加入強制の合憲性について争われていたが、2012年6月28日最高裁判決で、合憲であるとした。この裁判は、医療保障改革の行方とオバマの再選にも影響を与えるものとして大いに注目されていた。

## コラム　混合診療

　保険診療とは、病院などに行った際、被保険者証を窓口で提示し、診療を受けるものをいうが、自由診療とは、医療保険に基づかない診療のことをいう。したがって、自由診療とは、保険未適用あるいは適用除外の医療で、美容医療、正常妊娠、正常分娩、健康診断、インフルエンザなどの予防接種、経済的事情による人工中絶などがこれにあたる。自由診療の場合、医療機関側の医療を提供する役務提供債務と患者の医療費支払債務により構成される私的契約であり、医療費の単価は保険診療のような公定価格ではなく、当事者間の取り決めによることになる。

　では、保険がきく診療ときかない診療をあわせて受けたような場合（混合診療）は、どのように取り扱われるのだろうか。この点につき、「混合診療禁止の原則」がある。これは、混合診療を行う場合、保険診療の費用と同時に保険外診療の費用を患者から徴収することを禁止するということである。そのため、混合診療を行った場合、保険がきく部分と保険がきかない部分を含めて全てが、原則として、自由診療となってしまうのである。なお、この例外として、評価療養と選定療養の場合、その部分については保険をきかすことができる。

　判例では、インターフェロン療法に加えて、自由診療である活性化自己リンパ球移入療法を併用する混合診療を受けた原告が、本来なら保険のきくインターフェロン療法の部分までも全額自己負担にされたことを不服とし、その部分について保険適用を受ける権利を有することの確認を求めた訴訟を起こし、インターフェロン療法について評価療養に該当するとした判決が出た（東京地判平成19・11・7判時1996-3〔百選31事件〕）が、その後の控

訴審（東京高判平成 21・9・29 判タ 1310-66）で原判決が取り消され、最高裁（最判平成 23・10・25 民集 65-7-2923）も「先進医療に係る混合診療のうち先進医療が評価療養の要件に該当しないため保険外併用療養費の支給要件を満たさないものに関しては、被保険者の受けた療養全体のうちの保険診療相当部分についても」保険給付を行うことはできないとし、上告を棄却した。

## 知識を確認しよう

### 問題
(1) 健康保険と国民健康保険の違いについて説明しなさい。
(2) 混合診療について説明しなさい。

### 解答への手がかり
(1) 健康保険と国民健康保険の保険者・被保険者が違うこと、健康保険には被扶養者という概念はあるが、国民健康保険には被扶養者という概念がないこと、給付内容の違いなどを書いてみよう。
(2) 保険診療と自由診療の違い、混合診療禁止の原則、評価療養と選定療養に触れながら書くようにしよう。

# 第 14 章 年金保険

## 本章のポイント

1. 年金未納問題や消えた年金問題などから若者の年金不信は根強い。そもそも、公的年金と私的年金はどう違うのか。
2. 公的年金には老齢年金だけではなく、障害年金や遺族年金もあるが、どのような場合に支給されるのか。また、国民年金と厚生年金は、どのように違うのか。
3. 近年の法改正で、離婚時の年金分割、厚生年金と共済年金の統一、短時間労働者に対する厚生年金保険の適用拡大などが導入された。どのような内容なのか。また、AIJ企業年金から見た厚生年金基金の代行割れ問題について触れる。

## 1. 保険料

### A 年金加入対象者数

消えた年金等による年金行政への不信感、少子高齢化による世代間扶養のバランスへの不安から将来の年金が受給できるか、受給できたとしても支払った額が戻ってこないならば、損だから払いたくないという考えの若者は少なからずいる。テレビ・新聞報道で、国民年金の未納者が4割いると言われたりしているが、この数字は、当該年度中に実際に納付された月数である納付月数を当該年度分の保険料として納付すべき月数（法定免除月数・申請全額免除月数・学生納付特例月数・若年者納付猶予月数を含まない）である納付対象月数で除し、100を乗じた割合で算出している。しかも、第1号被保険者の納付月数であり、ごく一部の被保険者の月数をもとに算出された数字でしかない。

実際、平成24（2012）年度末の公的年金加入者6737万人（第1号被保険者1864万人、第2号被保険者3913万人、第3号被保険者960万人）のうち、未納者は296万人（第1号被保険者平成23〔2011〕年4月～平成25〔2013〕年3月の保険料を未納の者）である。つまり、公的年金加入対象者全体で見た場合の未納者は全体の約5％なのである。しかし、保険料免除者、保険料猶予者、第3号被保険者がおり、保険料を実際に支払っていない人の割合は、もっと高くなる。

### B 保険料納付義務

国民年金の第1号被保険者は、平成25（2013）年度月額15,040円の保険料を支払う。第1号被保険者の保険料納付義務を負うのは、被保険者本人であるが、その被保険者の属する世帯の世帯主および配偶者も、被保険者と連帯して保険料を納付する義務を負う（国年88条）。一方、国民年金の第2号被保険者は、所得に応じて、1階部分である国民年金と2階部分である厚生年金をまとめて労使折半によって使用者によって支払われる。平成25（2013）年度は、月収の17.12％（労使で折半）のため、労働者負担は8.56％になる（一般の被保険者の場合で、坑内員・船員、厚生年金基金加入者、共済加入者は

除く)。第2号被保険者の保険料納付義務を負うのは、事業主である（厚年82条）。なお、任意継続被保険者の場合、その保険料は、全額被保険者が負担し、納付する義務を負う。第3号被保険者は、自ら保険料を支払う義務がなく、第2号被保険者の保険料で賄われている。

したがって、保険料未納問題が生じるのは、第1号被保険者だけである。なお、第1号被保険者の場合、保険料の前納をすること（国年93条）で、保険料の割引があり、口座振替やクレジットカード払いがある。また、免除制度や猶予制度があるのも第1号被保険者の場合に限られている。

## C 免除制度

被保険者は、保険料を納めなければならないが、経済状況によっては、保険料を納めることができない場合、免除制度があり、この制度を使えば、未納にはならない（表14-1）。

表14-1 年金免除制度

|  | 老齢基礎年金 | | 障害基礎年金・遺族基礎年金<br>（受給資格期間への算入） |
|---|---|---|---|
|  | 受給資格期間への算入 | 年金額への反映 |  |
| 納付 | ○ | ○ | ○ |
| 全額免除 | ○ | ○ | ○ |
| 一部納付 | ○ | ○ | ○ |
| 納付猶予 | ○ | × | ○ |
| 未納 | × | × | × |

筆者作成

免除制度は大きく分けて全額免除と一部免除があり、平成24年度の第1号被保険者のうち、全額免除者は587万人、一部免除者48万人である。

全額免除は、生活保護受給者等法定の要件を満たせば当然に免除される法定免除（国年89条）と被保険者の申請に基づき免除される申請免除（国年90条）がある。

一部免除には、4分の1納付、2分の1納付、4分の3納付がある。

### D　猶予制度

30歳未満の若年者に対しては、若年者納付猶予制度がある。申請者本人のほか、配偶者・世帯主の所得も審査の対象となる。平成24年度42万人がその対象者であった。

学生に対しては、学生納付特例制度があり、申請により在学中の保険料の納付が猶予される仕組みである。若年者猶予制度とは異なり、学生のみの所得で判断する。平成24年度172万人がその対象者であった。

保険料を免除または猶予した場合、追納は10年間認められ、免除または猶予を受けて2年以内であれば、利子を支払わずに済む。

### E　免除または猶予される場合の所得基準と年金額

所得が少なく本人・世帯主・配偶者の前年所得（1月から6月までに申請される場合は前々年所得）が一定額以下の場合や失業した場合など、国民年金保険料を納めることが経済的に困難な場合は、本人から申請書を提出し、それが承認されると保険料の納付が免除になる。また、免除することによって、その免除期間が老後の年金を受け取る際に、反映される（若年者納付猶予と学生納付特例は除く）。

## 2　公的年金制度

年金制度は1階部分と2階部分の公的年金と3階部分の私的年金部分に分かれ、1階部分は、20歳以上の国民全員に加入義務がある基礎年金、2階部分は、サラリーマンなどを対象とする厚生年金と公務員などを対象とする共済年金に分けられる（図14-1）。3階部分に当たる私的年金は、企業年金と言われ、厚生年金基金、確定給付企業年金、確定拠出年金がある。

公的年金は老後に支給される老齢年金だけではなく、障害年金、遺族年金がある。

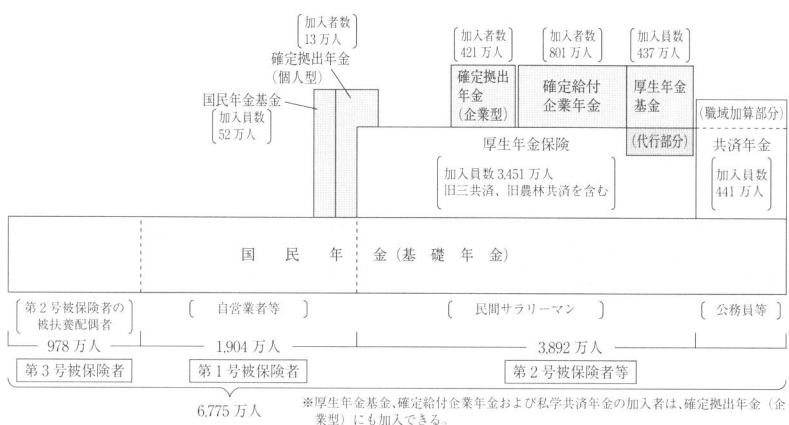

## 2 公的年金制度

[図：公的年金制度の仕組み]

加入者数 13万人
確定拠出年金（個人型）
国民年金基金 加入員数 52万人

加入者数 421万人
確定拠出年金（企業型）

加入者数 801万人
確定給付企業年金

加入員数 437万人
厚生年金基金
職域加算部分

厚生年金保険
加入員数 3,451万人
旧三共済、旧農林共済を含む

（代行部分）

共済年金
加入員数 441万人

国　民　年　金（基　礎　年　金）

第2号被保険者の被扶養配偶者　978万人　［自営業者等］　1,904万人　［民間サラリーマン］　3,892万人　［公務員等］

第3号被保険者　　第1号被保険者　　第2号被保険者等

6,775万人

※厚生年金基金、確定給付企業年金および私学共済年金の加入者は、確定拠出年金（企業型）にも加入できる。
※国民年金基金の加入員は、確定拠出年金（個人型）にも加入できる。
※第2号被保険者等は、被用者年金被保険者のことをいう（第2号被保険者のほか、65歳以上で老齢または退職を支給事由とする年金給付の受給権を有する者を含む）。
※合計値のずれは端数によるもの。

出典）厚生労働省 HP. 数値は、平成24年3月末.
http://www.mhlw.go.jp/seisakunitsuite/bunya/nenkin/nenkin/zaisei01/index.html
平成25（2013）年7月30日閲覧

図14-1　公的年金制度の仕組み

## A 老齢年金

　老齢基礎年金の支給要件は、①保険料納付済み期間または保険料免除期間の合計（受給資格期間）が25年を満たすこと（ただし、消費税引き上げにあわせて、平成27年10月から老齢基礎年金を受け取るために必要な受給資格期間が、25年から10年に短縮される）、②満65歳に至ること、である（国年26条）。平成25（2013）年の老齢基礎年金の満額は、年額786,500円である。

　老齢基礎年金の場合、60歳から64歳までに繰上げ受給をすることができ（国年附則9条の2）、その年金額は月々0.5%減額される（国年令12条の2）。したがって、60歳から受給した場合、0.5%×12か月×5年＝30%が減額される。一方、65歳時に繰下げを希望する場合、最長5年間、受給開始を遅らせることができ（国年28条）、その年金額は各月ごとに0.7%ずつ年金額が増額される。したがって70歳時に受給した場合、0.7%×12か月×5年＝42%が増額される。なお、一度、減額または増額した年金額は一生続く。

　老齢厚生年金の報酬比例部分の支給要件は、①老齢基礎年金の受給資格

期間 (25年) を満たすこと、②厚生年金保険の被保険者期間が 1 月以上あること、③ 65 歳に達すること、である。なお、報酬比例部分は、平成 12 (2000) 年の法改正によって男性は平成 25 (2013) 年から (女性は平成 30 〔2018〕年から) 段階的に 60 歳から 65 歳へ引き上げていくことになった。

現在、支給開始年齢は引き上げられており、60 歳支給から 65 歳支給へと移行していることを示したのが図 14-2 である。特別支給の老齢厚生年金 (定額部分) の支給開始年齢を平成 13 年度から 25 年度にかけて 1 歳ずつ引き上げていき、次に、特別支給の老齢厚生年金 (報酬比例部分) についても平成 25 年度から 37 年度にかけて 65 歳に引き上げることとなっている。

60 歳定年を迎えても元気なうちは働きたいというニーズに応じて、老齢厚生年金を受給しながら、働いて賃金を得る制度として、在職老齢年金がある。ただし、老齢厚生年金の一部または全部が支給停止となり、支給停止は、① 60 歳から 64 歳までと② 65 歳以降とでその条件が異なり、② 65 歳以降の方がやや緩やかな条件となっている。なお、老齢基礎年金は全額支給される。在職老齢年金の詳細は、**第 9 章**を参照。

## B 障害年金

障害基礎年金は、①初診日 (疾病または負傷およびこれらに起因する疾病のことを傷病と捉え、この傷病につき初めて医師または歯科医師の診療を受けた日) に、20 歳から加入する国民年金の被保険者、または被保険者であった日本国内に住所を有する 60 歳以上 65 歳未満の者が、②障害認定日 (初診日から起算して 1 年 6 か月を経過した日を障害認定日である。ただし、1 年 6 か月に至る前にその傷病が治った場合〔その症状が固定し、治療の効果が期待できない場合も含む〕は、その治った日) において、③障害等級 1 級または 2 級に該当する場合で、④初診日の属する月の前々月までの被保険者期間のうち、保険料納付済期間や保険料免除期間を合わせた期間が初診日の前日において被保険者期間の 3 分の 2 以上ある場合に給付される (国年 30 条)。

障害基礎年金の支給額は、平成 25 (2013) 年度の障害等級 1 級の場合、98 万 3100 円 (満額の老齢基礎年金×1.25) ＋子の加算 (第 1 子、第 2 子は 22 万 6300 円、第三子以降は 7 万 5400 円) である。2 級の場合は、78 万 6500 円＋子の加算である。

2　公的年金制度　203

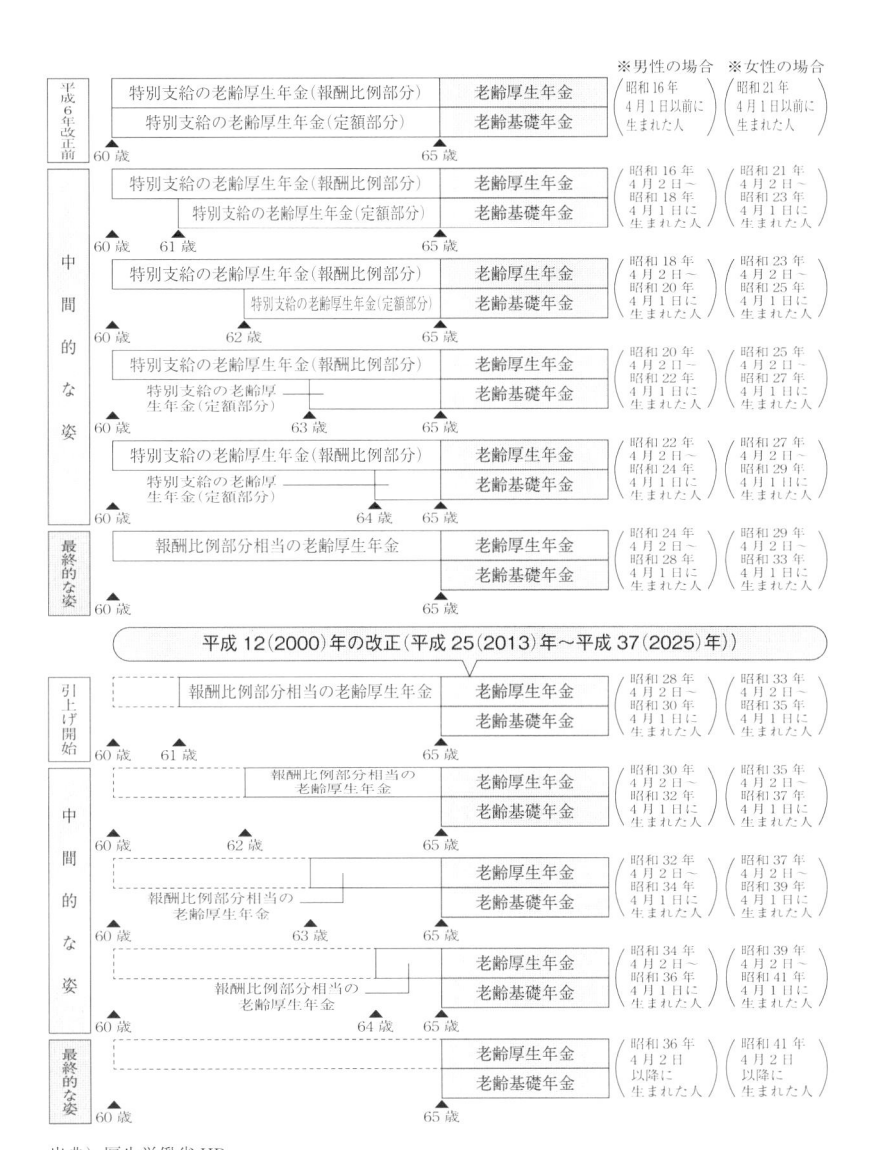

※男性の場合　※女性の場合

| 平成6年改正前 | 特別支給の老齢厚生年金（報酬比例部分） | 老齢厚生年金 | 昭和16年4月1日以前に生まれた人 | 昭和21年4月1日以前に生まれた人 |
| | 特別支給の老齢厚生年金（定額部分） | 老齢基礎年金 | | |
| | 60歳　　　　　　　　　65歳 | | | |

中間的な姿

- 特別支給の老齢厚生年金（報酬比例部分）／特別支給の老齢厚生年金（定額部分）
  60歳　61歳　　　　65歳
  昭和16年4月2日～昭和18年4月1日に生まれた人／昭和21年4月2日～昭和23年4月1日に生まれた人

- 特別支給の老齢厚生年金（報酬比例部分）／特別支給の老齢厚生年金（定額部分）
  60歳　　62歳　　65歳
  昭和18年4月2日～昭和20年4月1日に生まれた人／昭和23年4月2日～昭和25年4月1日に生まれた人

- 特別支給の老齢厚生年金（報酬比例部分）／特別支給の老齢厚生年金（定額部分）
  60歳　　　63歳　65歳
  昭和20年4月2日～昭和22年4月1日に生まれた人／昭和25年4月2日～昭和27年4月1日に生まれた人

- 特別支給の老齢厚生年金（報酬比例部分）／特別支給の老齢厚生年金（定額部分）
  60歳　　　　64歳65歳
  昭和22年4月2日～昭和24年4月1日に生まれた人／昭和27年4月2日～昭和29年4月1日に生まれた人

最終的な姿

- 報酬比例部分相当の老齢厚生年金／老齢厚生年金／老齢基礎年金
  60歳　　　　　　65歳
  昭和24年4月2日～昭和28年4月1日に生まれた人／昭和29年4月2日～昭和33年4月1日に生まれた人

**平成12（2000）年の改正（平成25（2013）年～平成37（2025）年）**

引上げ開始

- 報酬比例部分相当の老齢厚生年金／老齢厚生年金／老齢基礎年金
  60歳　61歳　　　65歳
  昭和28年4月2日～昭和30年4月1日に生まれた人／昭和33年4月2日～昭和35年4月1日に生まれた人

中間的な姿

- 報酬比例部分相当の老齢厚生年金／老齢厚生年金／老齢基礎年金
  60歳　　62歳　　65歳
  昭和30年4月2日～昭和32年4月1日に生まれた人／昭和35年4月2日～昭和37年4月1日に生まれた人

- 報酬比例部分相当の老齢厚生年金／老齢厚生年金／老齢基礎年金
  60歳　　　63歳　65歳
  昭和32年4月2日～昭和34年4月1日に生まれた人／昭和37年4月2日～昭和39年4月1日に生まれた人

- 報酬比例部分相当の老齢厚生年金／老齢厚生年金／老齢基礎年金
  60歳　　　　64歳65歳
  昭和34年4月2日～昭和36年4月1日に生まれた人／昭和39年4月2日～昭和41年4月1日に生まれた人

最終的な姿

- 老齢厚生年金／老齢基礎年金
  60歳　　　　　　65歳
  昭和36年4月2日以降に生まれた人／昭和41年4月2日以降に生まれた人

出典）厚生労働省 HP
http://www.mhlw.go.jp/topics/nenkin/zaisei/01/01-04.html
平成25（2013）年7月30日閲覧

図14-2　老齢厚生年金支給開始年齢引き上げ

障害厚生年金は、①初診日に、厚生年金保険の被保険者が、②障害認定日において、③障害等級1級から3級に該当する場合で、④初診日の属する月の前々月までの被保険者期間のうち、保険料納付済期間や保険料免除期間を合わせた期間が初診日の前日において被保険者期間の3分の2以上ある場合に給付される（厚年47条）。

　障害厚生年金の支給額は障害等級1級の場合、報酬比例の支給額×1.25＋配偶者加給年金（22万6300円）で、2級の場合、報酬比例の支給額＋配偶者加給年金で、障害等級3級の場合、報酬比例の支給額のみ支給されるが、最低保障額として58万9900円を定めている。なお、報酬比例の支給額は（平均標準報酬月額×7.125/1000×平成15年3月までの被保険者期間の月数＋平均標準報酬額×5.481/1000×平成15年4月以後の被保険者期間の月数）×改定率（被保険者期間が300か月未満の場合は300か月として計算）で計算される。また、ここでいう配偶者は、障害厚生年金の受給権者によって生計が維持されている65歳未満の者をいう。最低保障額の58万9900円は障害基礎年金（2級）の額の4分の3に相当する額である。

　さらに、障害等級3級よりも障害が軽い場合は、障害手当金が一時金で支給される。その支給要件は、①初診日に厚生年金の被保険者で、②初診日から起算して5年を経過する日までの間に傷病が治っており、③政令で定める程度の障害の状態にあり、④保険料納付要件を満たしていること、である（厚年55条）。その支給額は、報酬比例の年金額の2倍である。なお、115万200円が最低保障額として支給される（厚年57条）。

## C　遺族年金

　遺族基礎年金は、①国民年金の被保険者が死亡したとき、②国民年金の被保険者であった者であって、日本国内に住所を有し、60歳以上65歳未満の者が死亡したとき、③老齢基礎年金の受給権者が死亡したとき、④老齢基礎年金の受給資格期間を満たした者が死亡したとき、のいずれかに該当した時に、その遺族に支給される（国年37条）。なお、①②に該当する者は、死亡日の前日において、死亡日の属する月の前々月までに被保険者期間があり、かつ、当該被保険者期間に係る保険料納付済期間と保険料免除期間とを合算した期間が当該被保険者期間の3分の2満たされていること

が必要である。

　遺族基礎年金の受給権者は、子を要する妻または子であり、夫に対しては支給されない。ここでいう子とは、18歳未満の子、または障害等級1級もしくは2級の障害がある20歳未満の子を指す。その支給額は、満額の老齢基礎年金と同額（786,500円＋子に対する加算〔第1子、第2子は各226,300円、第3子以降は各75,400円〕）である（国年38条・39条）。なお、遺族基礎年金は、死亡、婚姻、養子縁組によって受給できなくなるほか、子が18歳以上になった場合にも受給できなくなる。

　遺族厚生年金は、①被保険者が死亡したとき、②被保険者であった者が、被保険者の資格を喪失した後に、被保険者であった間に初診日がある傷病により当該初診日から起算して5年を経過する日前に死亡したとき、③障害等級の1級または2級に該当する障害の状態にある障害厚生年金の受給権者が死亡したとき、④老齢厚生年金の受給権者または老齢厚生年金の受給資格期間を満たしている者が死亡したとき、にその遺族に支給される（厚年58条）。なお、①②に該当する場合、被保険者が保険料を滞納した期間が国民年金の被保険者期間の3分の1以上あるときには不支給となる。

　遺族厚生年金の受給権者は、①18歳未満の子のある妻または子、②子（18歳未満）のない妻、③55歳以上の夫または父母、④18歳未満の孫、⑤55歳以上の祖父母で、その順に受給資格を認める。したがって、遺族厚生年金の方が遺族基礎年金よりもその遺族の範囲が広いことが明らかである。その支給額は、死亡した被保険者の老齢厚生年金の4分の3である（ただし、被保険者期間の月数が300か月未満の場合、300か月で計算）。このほかに、中高齢寡婦加算がある（厚年62条）。

　公的年金は1人1年金が原則であり、同一支給事由のみ併給を認めている（例えば、老齢基礎年金と老齢厚生年金）（図14-3）。しかし、保険事故が2つ以上重なる場合（例えば遺族厚生年金と老齢厚生年金）はどうなるのだろうか。基本は、同一人が複数の年金受給権を取得しても、原則として受給権者の選択により一方の年金の支給が停止される（国年20条、厚年38条）が、上記の例のような妻が、夫の遺族厚生年金と自分の老齢厚生年金を受け取れる場合、部分的に併給が認められる。

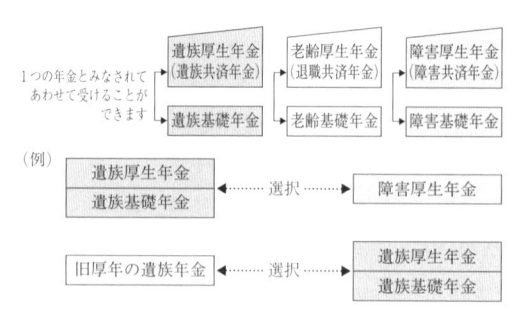

出典）日本年金機構 HP
http://www.nenkin.go.jp/n/www/service/detail.jsp?id=3244

図14-3　年金の併給

## 3　年金財政

### A　積立方式・賦課方式

年金の財政方式は、積立方式と賦課方式に分けられる。積立方式とは、将来の年金給付に必要な年金の原資をあらかじめ被保険者である期間中にその保険料で積み立てていく方式で、少子高齢化による人口構造の影響を受けにくいというメリットがある反面、インフレや賃金変動があった場合、年金の実質的価値を維持できないというデメリットがある。一方、賦課方式とは、年金給付に必要な費用をその時の被保険者からの保険料でまかなう方式で、世代間扶養の考え方に立っている。インフレや賃金変動があった場合、年金の実質的価値を維持できるというメリットがある反面、高齢化に伴う年金受給者と現役被保険者の人口バランスが崩れると現役被保険者の負担が重くなるというデメリットがある。

日本の年金制度は、積立金を保有しているため積立方式を修正した修正積立方式と呼ばれている。

### B　保険者と被保険者

年金保険の保険者は、国民年金も厚生年金も政府である。一方、被保険者は、国民年金の場合、昭和36（1961）年に国民皆年金制により、現行法上

表 14-2 被保険者の種類

| 職業等 | | 加入制度と保険料 | | |
|---|---|---|---|---|
| | | 加入制度 | 保険料 | |
| 自営業者、農業者、学生等（20歳以上60歳未満で下記以外の人） | | 国民年金【第1号被保険者】 | 平成25（2013）年度月額15,040円※毎年280円ずつ引き上げ、最終的に16,900円に固定。 | |
| 被用者 | 厚生年金適用事業所に雇用される70歳未満の人（民間サラリーマン等） | 国民年金【第2号被保険者】 | 月収の17.12%（労使で折半）※毎年9月に0.354%ずつ引き上げられ、最終的に18.3%に固定。 | 厚生年金 |
| | 公務員 私立学校教職員 | 国民年金【第2号被保険者】 | 加入共済制度により異なるが、国家公務員共済組合の場合、16.57% | 共済年金 |
| 専業主婦/主夫（被用者の配偶者であって主として被用者の収入により生計を維持する者） | | 国民年金【第3号被保険者】 | 保険料負担は要しない（配偶者の所属する被用者年金制度（厚生年金または共済年金）が負担） | |

厚生労働省 HP 一部修正
http://www.mhlw.go.jp/topics/nenkin/zaisei/01/01-03.html
平成 25（2013）年 7 月 30 日閲覧
なお、平成 27（2015）年 10 月から共済年金は厚生年金に統一される。

では 3 種類の被保険者がいる（国年 7 条）（**表 14-2**）。

　まず、日本国内に住所を有する 20 歳以上 60 歳未満の者であって、第 2 号・第 3 号被保険者に該当しない者を第 1 号被保険者という。典型例として、自営業者、学生、無職者などである。

　次に、被用者年金各法の被保険者、組合員または加入員を第 2 号被保険者という。典型例として、民間サラリーマン、公務員などである。

　最後に、第 2 号被保険者の配偶者であって主として第 2 号被保険者の収入により生計を維持する者で、20 歳以上 60 歳未満の者を第 3 号被保険者という。典型例としては、専業主婦/専業主夫などである。

　これらの者は、本人の意思如何にかかわらず、強制的に被保険者となる。なお、国民年金には 20 歳以上という年齢要件があるが、厚生年金保険には年齢要件がない。そのため、例えば、18 歳で国民年金の被保険者にはならないが、18 歳で会社員になった場合、厚生年金の被保険者になる。また、国籍要件を問わないため、外国人留学生が留学のためにビザをとって国内に住所を有した場合、原則として、国民年金制度に加入することになる。

一方、国民年金に加入している日本人学生が国内の大学に在籍しつつ、外国に留学し、日本国内に住所を残したまま外国に行く場合は、仮に外国で障害等級1級の障害を負った場合は、受給要件を満たしていれば、障害基礎年金を受給できる。

## 4 近年の法改正

　夫がサラリーマンで、妻が専業主婦の場合、世帯単位で考えると、夫の年金受給権により夫婦の生活が支えられることになる。しかし、熟年離婚をした場合、妻に年金権がないという事態が生じてしまう。そこで、昭和60（1985）年の基礎年金制度導入時に、夫婦それぞれに基礎年金の受給権を与えた。さらに、平成19（2007）年4月1日から離婚当事者の婚姻期間中における厚生年金記録を当事者間で分割することができる合意分割制度が実施された（合計の2分の1まで）。また、平成20（2008）年4月以降、3号分割制度が導入された。配偶者が第3号被保険者であった場合、平成20年4月1日以降の婚姻期間中の第3号被保険者期間について、請求により自動的に2分の1に分割される。合意分割と第3号分割の大きな違いは、①合意分割は夫婦双方から請求可能だが、第3号分割は第3号被保険者のみ請求が可能であること、②合意分割が婚姻期間中の相手方の厚生年金の標準報酬を分割するのに対し、第3号分割は婚姻期間のうち平成20年4月以降がその対象となること、③分割割合について、合意分割は最大2分の1とするのに対し、第3号分割は自動的に2分の1である。

　平成16（2004）年の法改正により、基礎年金の国庫負担割合が3分の1から2分の1に引き上げられ、消費税引き上げ法案の成立に伴い、平成26（2014）年4月1日から恒久化することとなった。また、同日から遺族基礎年金の父子家庭への支給、厚生年金保険・健康保険等について、産休期間中の保険料免除も行われる。さらに、平成27（2015）年10月1日から年金の受給資格期間が現在の25年から10年に短縮し、厚生年金と共済年金の統一がなされる。その上、平成28（2016）年10月1日から短時間労働者に

対する厚生年金・健康保険の適用拡大も決定している。その内容は、常時500人を超えて使用する事業主に使用される70歳未満の者であって、1週間の労働時間が同一の事業所に使用される通常の労働者の1週間の所定労働時間の4分の3未満である者または1か月間所定労働日数が、同一の事業所に使用される通常の労働者の1か月間の所定労働日数の4分の3未満である者のうち

① 1週間の所定労働時間が20時間以上であること、
② 当該事業所に継続して1年以上使用されることが見込まれること、
③ 報酬（最低賃金法で賃金に算入しないものに相当するものを除く）の月額が8万8000円以上であること、
④ 学生でないこと

のすべてに該当する者は厚生年金保険、健康保険の被保険者であるものとすることになった。

### コラム　AIJ企業年金

　約1852億円の企業年金資産の大半が消失したAIJ企業年金問題がニュースとなった。AIJとは、AIM＋Investment＋Japanの略である。そもそも、企業年金とは、企業が退職者に対して支給する年金制度であり、日本の年金制度の3階部分を構成している。企業年金には、厚生年金基金、確定給付企業年金、確定拠出年金等がある。確定給付企業年金とは、将来の給付額をあらかじめ決めておき、その給付額に必要な掛金を算出して拠出する制度である。一方、確定拠出年金は、掛金をあらかじめ決めておき、将来の給付額はその運用実績によって決まる制度である。

　厚生年金基金は、厚生年金保険料の一部を受け取り、国に代わって運用する代行部分と独自の上乗せ部分を一体運用して給付する。大企業が単独で基金を設立する「単独型」、大企業グループなどがつくる「連合型」、同業や同種または同一地域の中小企業が集まってつくる「総合型」がある。AIJと契約していた企業年金は多くが「総合型」の厚生年金基金だった。

　AIJ企業年金は、確定給付企業年金の資産を運用しており、企業がAIJに運用を委託し、運用実績が悪くなると、あらかじめ決まっている給付額

を支払えなくなり、その責任は企業が負うことになる。将来の年金給付に備えて、現時点で必要な年金資産が足りない状態である積立不足の中小企業が、利回りが良いと謳っていた AIJ に年金運用資産の半分以上を預けていた例もある。

　問題は、この損失部分をどうするかである。企業が、積立金不足から厚生年金基金を解散しようにも、厚生年金保険の代行部分は損失分を含め返還しなければならない。しかも、総合型の場合、1 社が倒産した場合、残った会社で倒産した会社分の損失も負担をしなければならず、連鎖倒産の可能性も高まる。その一方で、厚生年金基金を解散するということは、年金の受給権者の年金額が減ることを意味する。

　こうした問題に対して、代行割れリスク、運営上のリスクのある基金は早期解散のための措置を講じ、基本的には解散するか、他制度への移行を促し、健全で問題がない基金については存続の選択肢を残しつつ、基金に判断を委ねるという方向で見直しが行われている。厚生年金制度見直しは、厚年法等改正案が成立し、平成 26（2014）年 4 月 1 日が予定されている。

## 知識を確認しよう

### 問題

(1) わが国の公的年金制度をめぐる今日的課題について説明しなさい。
(2) 年金未納問題とその対策について説明しなさい。

### 解答への手がかり

(1) 私的年金と公的年金の違い、国民年金と厚生年金の違い、老齢年金・障害年金・遺族年金について説明をし、年金財政・近年の法改正などについて考えてみよう。
(2) 第 1 号被保険者の未納問題、免除・猶予制度に触れ、考えてみよう。

# 第15章 障害者福祉

## 本章のポイント

1. 障害者の生活における「措置」を必要とする実態は、非常に多い。
   たとえば、重度障害者に対する介護、障害者の高齢化に関する課題、虐待などは着目すべき点であり、深刻な社会問題である。
2. 障害者福祉の制度的背景には、国際生活機能分類（ICF）による障害の構造的概念、ノーマライゼーション、自己決定などの理念がある。また、障害者やその家族などの経済的自立を図るための所得保障も重要である。
3. 障害者福祉の制度を理解するには、「障害者の日常生活及び社会生活を総合的に支援するための法律」（以下、障害者総合支援法という）の把握は不可欠であり、同法は平成25（2013）年4月から施行された。

# 1. 障害者福祉に関する事例と現状

## A 重度身体障害者の介護事例

近年、障害福祉分野における長時間介護を求める介護訴訟が増加傾向にある。次に示す事例は、その1例ともいえる。

### [1] 事例の概要

身体障害者等級1級、障害者程度区分6、介護保険の要介護5、筋委縮性側索硬化症（以下、ALSという）による両上下肢機能全廃、言語機能喪失の障害をもつ70歳代の男性が、重度訪問介護の給付量変更を申請したALS訴訟の事例である。

男性は、ALSの診断を受けた半年後に寝たきりとなり、3ヵ月後には嚥下などが困難な状態となり、その後、胃瘻（いろう）が増設され人工呼吸器を常時装着する状態となった。彼は全身の筋肉が麻痺しており、身体の中で動かすことができるのは目と左足の小指のみであり、それ以外は動かすことはできず、寝たきり状態で、車イスの乗り降り、体位変換、胃瘻による流動食の管理、たんの吸引、おむつ交換、意思疎通など、すべて介助者が行わなければ不可能であった。同居家族は、左変形股関節症の疾患ある70歳代の妻、現在は脳梗塞で入院している男性の90歳代の母親である。彼の介護は、実質24時間の介護体制が必要だったが、和歌山市が公的負担の対象とする介護時間は1日11.5時間のため、これを超える分はボランティアによって無償で提供されていた。

そこで、男性は、処分行政庁（和歌山市福祉事務所長）に対し、「障害者自立支援法」（以下、自立支援法という）に基づく介護給付費の支給申請を行った。しかし、平成19（2007）年5月の支給量の決定では1ヵ月130時間と圧倒的に少なく、彼は支給決定を不服として審査請求をした。これ以降、審査請求と支給決定が繰り返され、平成23（2011）年5月、和歌山市福祉事務所長は、自立支援法に基づく重度訪問介護の支給量を1ヵ月268時間に留める決定をした。男性は、同決定を不服として取消訴訟と支給量を1ヵ月651時間とする決定の義務付け訴訟を提起し、併せて仮の義務付け申立てをした。

裁判所は、支給量を1ヵ月511.5時間とする決定を仮に行うよう福祉事務所長に命じた（和歌山地決平成23・9・26判タ1372-92）。

[2] 事例の課題

障害者の介護訴訟増加の社会的背景として、次の2点が指摘されている。

第1に、介護給付を希望する個人に対して申請権、すなわち介護給付請求権を認めながら、市町村には支給決定に関して支援費制度以前と同様に広範な裁量を付与したままにしているという点である。

第2に、自立支援法の改正により導入された国庫負担基準による影響である。国庫負担基準を越す部分は市町村負担となり、財政が厳しい市町村では、長時間利用者の介護支給量を基準以下に削減する事態が続出した。そのため、長時間介護を要する重度障害者の生活に甚大な影響を与えた。

## B 障害者の高齢化、孤立、貧困などに関連する事例

障害者の高齢化、孤立、貧困などに関する事例は、深刻な社会問題といえる。しかも、サービス利用に至っていない、発覚していない例が、現実は多数存在している。以下に挙げる事例1・2は、いずれも最終的に支援につながり「当事者の命は助かった事例」である。

[1] 事例1の概要

知的障害が疑われる40歳代の男性は、70歳代の母親と2人で暮していた。近所の人から「悪臭がひどい」と市の福祉機関に連絡があった。一家を支えてきた父親は3年前に死亡し、母親は足腰が弱り2～3年入浴せず、トイレも自分でできず、男性は母親に菓子パンを「与えている」だけであった。近所の連絡を受けた市の職員らが、母親を病院に連れて行った。すると、母親は右足が骨折しており、さらに認知症と診断され入院となった。男性は働いておらず、知的障害者に発行される療育手帳もなく、療育手帳の取得も拒否した。その後、職員らが母子に対して何とか生活保護につないだ（朝日新聞、平成24〔2012〕年9月4日）。

## [2] 事例2の概要

　平成24（2012）年、市の社会福祉協議会に、「視覚障害のある60歳代の息子と暮らす80歳代の母親が追い詰められている」との情報が寄せられた。母親に聞くと、これまで息子を外出させたのは「親戚の結婚式の一度だけ」という。夫が2年前に死亡し、背骨が変形した息子の介護は母親にのしかかった。入浴させる際に2人で転んで大けがをする可能性が高く、社会福祉協議会の職員は介助サービスを勧めた。しかし、母親は「障害を近所に知られたくない」と拒んだが、その後の説得でようやく週2回の入浴サービスが始まった（朝日新聞、平成24〔2012〕年9月4日）。

## C　障害者の権利—障害者虐待防止法との関連

　「障害者虐待の防止、障害者の養護者に対する支援に関する法律」（以下、障害者虐待防止法という）が平成24（2012）年10月に施行された。同法は、国や地方公共団体、障害者福祉施設従事者、使用者などに障害者の虐待防止の責務を課すとともに、虐待を受けたと思われる障害者を発見した者に対する通報義務、養護者への支援などを規定している。

　「虐待」については、現実的にどのレベルで把握できるのかという課題がある。厚生労働省では、障害者を雇用する事業主など「使用者」による障害者への虐待状況や、虐待を行った使用者に対して講じた措置について、障害者虐待防止法に基づき年度ごとに公表している。公表された内容には、以下の3つの要旨がある。

　1つは、使用者による「障害者虐待」が認められた事業所は、全体で133ヵ所である。そのうち、虐待を行った使用者は136名であり、直接の虐待者と被虐待者との関係をみると、事業主113名、所属の上司19名、その他4名であった。

　2つには、被虐待者は194名である。被虐待者の障害別（重複あり）は、身体障害25名、知的障害149名、精神障害23名、発達障害4名で、知的障害者の被虐待率が高くなっている。

　3つには、使用者による障害者虐待が認められた場合に採った措置は、全体で183件（1つの事業所で使用者による障害者虐待が複数認められたものは複数計上）である。内訳は、①労働基準法等労働基準関係法令に基づく指導な

ど159件（86.9%）で、そのうち最低賃金法関係が145件、②障害者雇用促進法に基づく助言・指導20件（10.9%）、③男女雇用機会均等法に基づく助言・指導1件（0.5%）、④個別労働紛争解決促進法に基づく助言・指導3件（1.6%）の4つである。

## D　障害者福祉サービス利用

　平成25（2013）年3月の「障害者福祉サービス利用状況」（厚生労働省統計）によると、身体障害者が29.2%、知的障害者が48.9%、精神障害者が19.3%であり、知的障害者のサービス利用が約半数を占めている。主に、就労移行支援や就労継続支援などの利用増加が目立つ。また、平成24（2012）年4月の制度改正により、児童デイサービス利用者が児童福祉法のサービス利用へ移行、18歳以上の障害児施設入所者が自立支援法の障害福祉サービス利用へ移行された。詳細は、主たる障害種別ごとの利用者数（実数）の推移（平成24年3月～平成25年3月）でみると、次のとおりである（**表15-1**を参照）。

表15-1　障害種別毎の利用者数（実数）の推移
平成24（2012）年3月～平成25（2013）年3月

| サービス提供月 | 利用者数（実数）計 | 利用者の主たる障害種別内訳 | | | |
|---|---|---|---|---|---|
| | | 身体障害者 | 知的障害者 | 精神障害者 | 障害児（注） |
| 平成24（2012）年3月 | 66.0 | 16.6 | 30.2 | 10.5 | 8.7 |
| 平成24（2012）年6月 | 63.3 | 18.6 | 31.6 | 11.6 | 1.6 |
| 平成24（2012）年9月 | 64.1 | 18.8 | 31.7 | 12.0 | 1.6 |
| 平成24（2012）年12月 | 64.8 | 19.0 | 31.7 | 12.4 | 1.7 |
| 平成25（2013）年3月 | 65.7 | 19.2 | 32.1 | 12.7 | 1.7 |
| （構成割合） | 100.0% | 29.2% | 48.9% | 19.3% | 2.6% |
| 1年間の利用者数の増加率：平成24（2012）年3月と平成25（2013）年3月の比較 | −0.5% | 15.7% | 6.3% | 21.0% | −80.5% |

注）　平成24（2012）年4月の制度改正により、障害児の利用者が減少している。
出典）　厚生労働省統計を参考に筆者作成

## 2　障害者の所得保障

### A　障害者の経済的自立を図る制度

　障害者やその家族などの経済的自立を図るうえで、所得保障は重要である。所得保障は、傷病や災害などによる収入減、福祉や医療サービス利用による生活費の負担増を補填するための保障でもある。障害者への所得保障については、次の3つをあげることができる。

　第1に、年金保険に基づき、保険事故が起きた場合に年金給付を受ける障害基礎年金や障害厚生年金などである。

　第2に、国民の最低生活を保障する生活保護制度に基づく障害者加算などである。また、労働者災害補償保険法（以下、労災保険という）に基づく傷病補償年金・障害補償年金、障害補償一時金などもある。

　第3に、特別障害者手当や障害児福祉手当、特別児童扶養手当、特別障害給付金などの「社会手当」である。無拠出、資産調査なしで行う現金給付制度であり、福祉的観点から障害ゆえの特別経費を補う制度である。

### B　年金保険における障害者の社会保障

　障害基礎年金は、原則20歳以上60歳未満のすべての国民が加入する国民年金の被保険者が、病気やけがによる年金の障害要件に合致した場合に支給される。国民年金に未加入の20歳未満のときに病気やけがで障害を残したときにも支給される。障害程度に応じて1級と2級があり、年金額は2級が老齢基礎年金と同額で、1級は2級の1.25倍となっている。公的年金の年金額は、物価スライド式である。また、障害基礎年金受給者で子（18歳到達年度の末日までにある子、障害児は20歳未満）がいる場合は、子の人数によって加算がある。

　障害厚生年金は、障害基礎年金に上乗せして支給されるものである。その対象は、厚生年金に加入している間に初診日のある病気やけがで障害基礎年金の1級または2級に該当する障害の状態になった場合である。障害の状態が障害基礎年金2級に該当しない軽度の障害は、3級の障害厚生年金が支給される。なお、障害厚生年金は、3級よりも軽い障害が残った

きに受け取ることができる障害手当金（一時金）についても定めている。

障害基礎年金が障害等級ごと一定額であるのに対して、障害厚生年金は所得比例給付である。それは、「従前の所得を保障」するという考え方を反映している。同様に、障害共済年金は障害厚生年金に準じて定められている。

## C 生活保護、災害補償などにおける障害者の社会保障

生活保護基準は、居住する地域や世帯員の年齢・性別、世帯構成によって細かく設定されている。生活保護には、生活扶助、教育扶助、住宅扶助、医療扶助、介護扶助、出産扶助、生業扶助、葬祭扶助の8種類がある。生活扶助は、飲食物費や被服費、光熱水費など日常生活に必要な費用であり、加えて障害者の場合は、その状態に基づき「加算」がある。内訳は、「障害者加算」、「重度障害者加算」、「重度障害者他人介護料」、「重度障害者家族介護料」などである。また、①業務上の病気やけがにより重度の障害状況の場合は労災保険の障害補償年金、②病気やけがは治ったものの比較的軽度の障害が残った場合は障害補償一時金が支給される。労災保険は、社会保険のしくみを通して行う所得補償の1つであるが、保険料は事業主が全額負担する。

## D 障害者の社会手当

特別障害者手当は、精神または身体に著しい重度障害を有し、日常生活で常時特別の介護を必要とする在宅20歳以上の障害者を対象としている。

障害児福祉手当は、精神または身体に障害を有するため、日常生活において常時介護を必要とする状態にある、在宅の20歳未満の重度障害児に対して支給される。

特別児童扶養手当は、20歳未満であり精神または身体に障害のある児童を家庭で養育している父母などに対し、子どもの福祉の増進を図ることを目的に支給される。

特別障害給付金は、平成17（2005）年施行の「特定障害者に対する特別障害給付金の支給に関する法律」がその根拠法となっている。平成3（1991）年度以前に国民年金に任意加入していなかった学生や、昭和61（1986）年度

以前に任意加入していなかった被用者の配偶者は、任意加入していなかった期間に障害を負った場合は障害基礎年金を受給できない「無年金障害者」となった。それを救済するため、本法により給付金を支給している。

# 3 障害者福祉における法制化への背景

## A 障害の概念

　障害は、心身機能の異常や身体の欠損などと、きわめてテクニカルな医学上の概念として捉えられてきた。しかし、昭和55（1980）年、世界保健機関（WHO）の国際障害分類（以下、ICIDHという）が、障害を身体機能の異常だけではなく、社会的不利益も含む包括的なものとして、障害の概念の明確化を図った。このICIDHが、障害を機能障害、能力障害、社会的不利の3因子の構造として捉え体系化したといえる。さらに、平成13（2001）年には、国際生活機能分類（以下、ICFという）が公表された。ICFの特徴は、社会環境要因をより重視し、身体機能・構造、活動、参加という3因子が提案されている点である。そして、ICFが社会的不利の発生メカニズムや、社会環境要因がいかに障害の発生に影響を与えているかを明確にし、障害者政策として社会環境への介入意義を定着させたともいえる。

## B 障害者福祉の理念

　現代社会における障害者福祉に最も影響を与えた理念として、ノーマライゼーションがある。この理念は、1960年代にデンマークのバンク-ミケルセンらによって提唱され、知的障害者の大規模施設の見直し（脱施設化）から始まった。その後、ヨーロッパやアメリカに拡がり、1975年に国連総会での決議による「障害者の権利宣言」に結実した。

　ノーマライゼーションと並ぶ理念の1つに自己決定の原則がある。それは、1960年代後半、アメリカで始まった障害者自立生活運動のなかで主張された理念である。障害者自立生活運動は、重度身体障害者がアメリカ政府の職業リハビリテーションサービスの対象から、「障害の重さ」を理由に

排除されていることに対する「異議申し立て」から始まっている。

## C 障害者福祉に関する法律

障害者福祉に関する法律は、障害の種別ごとに法制化されてきた。それは、昭和24（1949）年の身体障害者福祉法、昭和35（1960）年の知的障害者福祉法、平成7（1995）年の精神保健及び精神障害者福祉に関する法律である。すなわち、身体障害、知的障害および精神障害に区分し、それぞれに対応した制度として発展してきた。一方、障害者施策を推進する基本的理念とともに、施策全般について基本的事項を定めた法律、いわゆる障害者基本法がある。同法は、昭和45（1970）年の心身障害者対策基本法を平成5（1993）年に改正、改称して平成6（1994）年に施行され、まさに障害者施策における基本法である。また、既存の法や施策の対象にならない障害に対応する発達障害者支援法が、平成17（2005）年より施行された。

## D 社会福祉基礎構造改革—措置から契約へ

### [1] 措置から契約への始動

平成10（1998）年、旧厚生省は社会福祉基礎構造改革の「中間まとめ」を提出し、社会情勢の変化や福祉サービスへのニーズに対応する新しい社会福祉システムの構築の必要性を掲げた。とくに、サービス利用について「措置制度」を見直し、利用者の選択権に基づく「契約制度」に転換して福祉制度の市場原理を導入への意図があった。この「措置から契約へ」の実施は、児童福祉法の入所措置から保育の実施、また介護保険法が社会保険方式をとって契約の実施へとつながっている。

### [2] 支援費制度から障害者自立支援法へ

平成15（2003）年には、支援費制度がスタートした。その目的は、利用者のサービス選択、利用者負担の方法、サービス費用の支給方式の見直しである。だが、措置制度と同じだけの介護時間しか支給されなかった。

3年後の平成18（2006）年、支援費制度の理念を継承しつつ「障害者自立支援法」が施行された。しかしながら同法は、「支給決定の透明化、公平化を図る」として導入された規定の手続きを経ても、事例で課題となった24

時間介護が認められる例はほとんどない。

### [3] 障害者総合支援法の成立

平成21 (2009) 年の政権交代により自立支援法の廃止が表明され、それに代わって「障害者総合福祉法」(以下、総合福祉法という) や障害者基本法の抜本的な改正などが審議された。だが、基本的に抜本改革は困難を極め、同時に、自立支援法に基づく福祉施策と旧体系の経過措置の終了に関連した「空白期間」が問題となった。したがって、自立支援法に代わる新法として、同法の大部分を継承した「障害者総合支援法」が平成24 (2012) 年に成立し、翌平成25 (2013) 年に施行された。

## 4 障害者総合支援法と課題

### A 障害者総合支援法の概要

障害者総合支援法の趣旨は、障害者制度改革推進本部などの検討をふまえ、地域社会における共生社会の実現に向けて福祉サービスの充実など、障害者の日常生活および社会生活を総合的に支援するため、新たな障害保健福祉施策を講ずることである。その基本理念は、法に基づく日常生活・社会生活の支援が、共生社会を実現するため、社会参加の機会の確保および地域社会における共生、社会的障壁の除去に資するよう、総合的かつ計画的に行われることを掲げている。

自立支援法より改正されたポイントは、次の5点があげられる。

第1点は、難病患者を対象とするサービス対象の拡大である。つまり、制度の「谷間」を埋めるべく、サービス対象とする障害、疾患などの範囲に難病が加わり、支援が可能となった点である。難病患者などで症状の変動により、身体障害者手帳の取得はできないが一定の障害がある人も対象となる。そのサービス提供は、全市町村で可能となる。

第2点は、「障害程度区分」が平成26 (2014) 年度に「障害支援区分」となる点である。障害の多様な特性その他の心身の状態に応じて必要とされ

る標準的な支援の度合いを総合的に示す「障害支援区分」に改められる。すなわち、従来の「障害程度区分」は、「身体障害」に応じた傾向であったが、「障害支援区分」は、「知的障害」、「精神障害」の程度にも対応できるとしている。

第3点は、障害者に対する支援の改正である。①重度訪問介護の対象拡大、②共同生活介護（ケアホーム）と共同生活援助（グループホーム）の一元化、③地域移行支援の対象拡大、④地域生活支援事業の追加である。

第4点は、障害福祉計画の定期的な見直しによるサービス基盤の計画的整備である。

第5点は、利用者の応能負担原則の確立である。ただし、平成24（2012）年4月の障害者自立支援法当時に改正されており、そのまま障害者総合支援法へと引き継いでいる。自立支援法が施行されたときは、利用者の応益負担原則（1割の定率負担）であった。応益負担は、利用者の所得に応じて負担の月額上限が定められているが、同一生計者単位での所得を前提としており、家族との同居者が多い障害者（利用者）は、従来よりもかなり負担増となった。そのため、自立支援法の改正で所得に応じた応能負担の原則は、障害者総合支援法へと引き継がれた。

## B 障害者総合支援法に基づく障害者福祉サービス

障害者総合支援法に基づく障害者福祉サービスは、介護給付、訓練等給付、自立支援医療、補装具、地域生活支援事業の5つから構成されており、いずれも障害者自立支援法から継続している（図15-1を参照）。

介護給付には、①居宅介護、②重度訪問介護、③同行援護、④行動援護、⑤療養介護、⑥生活介護、⑦短期入所、⑧重度障害者等包括支援、⑨共同生活介護、⑩施設入所支援の10種類のサービスがある。

訓練等給付には、①自立訓練（機能訓練、生活訓練）、②就労移行支援、③就労継続支援、④共同生活援助（グループホーム）の4種類のサービスがある。④については、平成26（2014）年から共同生活介護（ケアホーム）との一元化を予定している。

自立支援医療は、身体障害者福祉法に定められていた更生医療、児童福祉法に定められていた育成医療、精神保健福祉法に定められていた精神通

院医療の3つの医療給付を統合したもので、いずれも個別給付である。

補装具は、障害者の身体機能を補完または代替し、長期にわたり継続的に使用され、個別給付（補装具費）である。

地域生活支援事業には、相談支援事業、移動支援事業、地域活動支援センター、福祉ホームなどがあり、自治体が事業形式でサービス提供するものであり個別給付ではない。

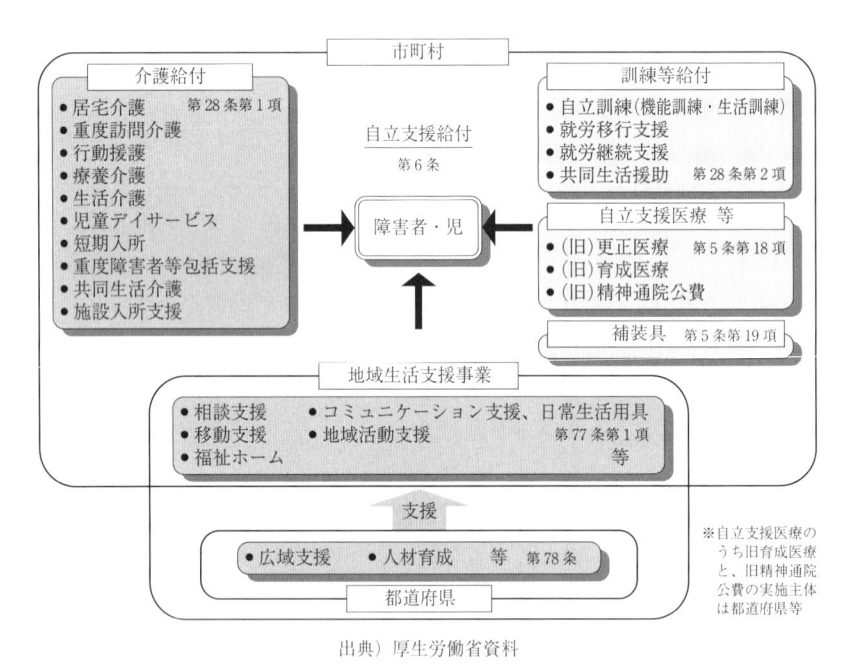

出典）厚生労働省資料

図15-1　総合的な自立支援システムの構築

## C　障害者総合支援法と課題─措置を必要とする例

障害者総合支援法には、施行後3年を目途とした「障害支援区分の認定を含めた支給決定のあり方」などの検討事項がある。これらは、総合支援法の今後の課題といえるが、他方、障害者の介護、高齢化、孤立、貧困、虐待など、当事者主権を脅かす多くの課題も存在する。平成15（2003）年に障害者支援費制度が導入され、「措置」から「契約」への移行が強調されることとなり、障害者福祉はまさに転換期を迎えた。現在の障害者総合支援

法により、障害者自身が契約する社会、つまり「当事者主権」となっている。ただし、緊急性を要する場合には「措置」がいまだ存在する。

たとえば、身体障害者福祉法では、「身体障害者福祉法に基づく福祉の措置等に関する規則」があり、自分で行動することが難しい重度の身体障害者に対して、行政措置を実施する権限を市長に与えている。

現在、利用契約制度が浸透し「措置」という用語は、ほとんど使用されなくなっている。しかし、現代社会において措置には重要な役割がある。それは、「障害児・者を虐待から守ること」である。早急に対応しなければ彼らが命の危険に陥る場面など、その状況に応じて措置がされる。

## 5 障害者に対する社会保障——障害者福祉への展望

本章では、事例をもとに障害者福祉の現状にある課題を提示してきた。むすびに、社会保障の観点から障害者福祉の将来的展望を総括したい。

現代社会における障害者福祉は、当事者である障害者とサービス提供者である支援者が直接「契約」を行う「当事者主権」を強調している。

すなわち、当事者主権は障害者自身に選択権があるが、措置は障害者に選択権がない、つまり当事者主権ではないという見方がある。しかし、「措置」が必要な現状があることを見落としてはならない。加えて、措置は当事者の障害が重度であることや、人権侵害や命の危険が迫る状況など緊急性が高いものに対し、当事者を擁護するための重要な役割を担っている。

いずれにしても、障害者福祉にかかわる者は、誇り高き信念と倫理のもとで実践していくことである。こうした実践活動が、今後、虐待や体罰といった人権侵害の減少につながっていく。

重ねて、共生社会実現の目的のもとで、支援者は障害者に寄り添い、彼らがその人らしい生活を営み、彼ら自身の主体性を尊重していくことに努めなければならない。まずは、支援者が、障害者の権利を擁護する立場にあることを1人ひとりが自覚することから始めなければならない。

## コラム　発達障害者支援法

　近年、従来の発達障害概念では、十分に対応できない人々の存在が話題となっていた。主な例として高機能広汎性発達障害、学習障害（以下、LDという）、注意欠陥多動性障害（以下、ADHDという）などの人々があげられ、それらの人々を「軽度の発達障害」とする概念が提唱され始めた。しかし、従来の支援は知的基準を目安としており、知的障害がほとんどない軽度の発達障害の人々は支援の対象外であった。発達障害者支援法の成立背景には、こうした人々への取組みがある。

　発達障害者支援法は、平成17（2005）年に施行され、自閉症、アスペルガー症候群その他の広汎性発達障害、LD、ADHDなどを法律上も障害と認定し、発現後できるだけ早期に必要な支援を行うことを目的としている。さらに、「発達障害の早期発見」、「発達支援を行うことに関する国及び地方公共団体の責務」、「発達障害者の自立及び社会参加に資する支援」の３点を明文化した。同法は、長年、福祉の谷間に取り残されていた発達障害者の定義や社会福祉法制における位置づけを確立したといえる法律である。

## 知識を確認しよう

### 問題
(1) 障害者福祉における理念について、具体的に説明しなさい。
(2) 障害者総合支援法のポイントについて、課題も含めて説明しなさい。

### 解答への手がかり
(1) 社会福祉全般における基本的理念について、史的背景から調べて考えてみよう。
(2) 障害者自立支援法と障害者総合支援法について、比較検討しながら考えてみよう。

# おわりに——支援も、保障も

本著は、社会保障を「ゆりかごから墓場まで」通して学ぶことの意義を考えることから始めた。それは、私たちの人生設計をイメージしながら、現行の社会保障制度の内容と照し合せて、社会保障制度の内容で何が問題なのかを確認し、社会保障の展望を試みるためである。

ちなみに、平成26（2014）年度の社会保障費に関する概算要求は以下のようになっている（表1参照）。

なお本文は、各章の執筆者が脱稿した後の社会保障に関する調査結果、話題となった内容などを含めて述べたい。

表1　平成26（2014）年度の社会保障費に関する概算要求

| 厚生労働省の社会保障費に関する概算要求の主要項目 | 要求額 |
|---|---|
| 産後ケアなど、切れ目のない妊娠・出産支援などを強化 | 91億円 |
| 「待機児童解消加速化プラン」に基づく、保育所などの受け入れ人数を約7万人分の拡大 | 4937億円 |
| 新型インフルエンザや風疹など、感染症対策を強化 | 79億円 |
| 再生医療の実用化や新たな医薬品・医療機器の開発などを促進 | 100億円 |
| 「日本版NIH」[注1]の創設に伴う医薬品などの研究体制強化 | 524億円 |
| いわゆる「ブラック企業」[注2]で働く若者が、夜間・休日にも相談できる電話窓口の開設など | 18億円 |
| 従業員を転職させた企業を支援する「労働移動支援助成金」を拡充 | 301億円 |
| 所得の低い高齢者の住まいを確保するため、空き家などの活用や見守り・生活相談などの取り組みを支援 | 38億円 |

注1）NIHは、アメリカの国立保健研究所の略称。同研究所のように医療分野の司令塔となる日本版NIHを創設して、革新的な医療技術の実用化にむけた研究などを進めることを目的としている。

注2）ブラック企業とは、法制度や労働慣習を守らない労働搾取企業をいう。英語圏では、低賃金・悪条件の職場をスウェットショップ（Sweatshop）、中国語圏は血汗工場（血汗工廠）と称している。具体的には、過労死に至るまでの長時間労働、有給休暇どころか法定休日すら取らせない、取れない場合や過重労働を強いたり、精神的にも苦痛を与えたりして退職に追い込む場合などがある。

## 1　第Ⅰ編「人生前期の"ゆりかご"から」

　第Ⅰ編では、「ゆりかご」からでは遅いという視点から、生まれる以前からの支援も含めて考察している。

　妊婦にとっては、出生前診断の費用、望まない妊娠、困窮している事例、出産後の育児や保育サービスなど、悩みは多い。未受診妊娠は、妊娠 350 件に 1 件の割合で増加しており、未受診理由の多くが虐待への行為に重なっていた（大阪産婦人科医会、平成 21〜24 年実態調査）。1 歳の誕生日を迎える前に虐待で死亡した 0 歳児は 218 人（心中を除く）で、児童虐待死の 44％ を占めている。しかも、生後 1 ヵ月未満の子どもが 100 人、そのうち 83 人は出産当日に亡くなった（厚生労働省、平成 24 年）。母子保健制度は平成 21 年の法改正により、出産後に虐待の恐れがある妊婦も支援の対象に、「生まれる前から児童虐待防止！」を実施していたはずである。

　その一方で、子どもが欲しいと望んでいる人たちもいる。その不妊治療への費用負担は高額のため、費用の補助がされていた。しかし、年々不妊治療希望者が増加したため、治療の対象者の年齢制限を提案した。これに対して、43 歳未満という年齢制限への批判意見が高まっている。

　また、児童虐待防止法の施行以来、虐待者の多くが実親であることが明らかになっている。その要因には多くの事由があるが、なかでも親の失業、精神的な病状などによる貧困や養育への不適正は、子どもの貧困問題にもつながっていた。これらを見据えてか、「子どもの貧困対策の推進に関する法律」が平成 25（2013）年 8 月 1 日に施行された。

　育児に対するサポートが大きな課題となっているなかで、もっとも大きな問題は、地方公共団体によって「待機児童の定義」があいまいなため、定義を変更して待機児童数を減らすことである。かつて、待機児童の受け皿となっていた家庭的保育・保育ママ制度は、認可保育所への入所待ちとして待機児童数に算入されていた。ところが、小泉政権のときに「実際に保育されている状態なのだから、待機児童とはいえない」と待機児童数から除外されてしまった。数を減らすための定義は、実際の保育ニーズを不明確にしてしまう点を指摘しておきたい。

## 2　第Ⅱ編「人生中期の"活躍のとき"」

　第Ⅱ編では、人生中期は人生で一番活躍するときである。したがって、活躍するための社会保障、活躍への何らかのアクシデントが起きた場合に対応する社会保障を知っておくことが重要である。

　現在、話題となっている「ブラック企業」、若者や女性たちに多い非正規雇用労働者、リストラ、退職を想定した出向や「追い出し部屋」、労災隠しなどへの対応施策は、遅々として進んでいない。また、国税庁の民間給与実態統計調査では、企業で働くフルタイム労働者およびパート労働者が平成24（2012）年に得た給与の平均は408万円で、前年より1万円減であった。とくに、正規雇用労働者の平均468万円は、非正規雇用労働者の168万円と300万円の差がある。これらの問題は、自立した生活ができない状況、家族の扶養を受けなければ生活できない状況、余儀なく退職し失業手当が切れてしまった状況など、人生の大切な活躍期に大きな打撃を与えることになる。

　こうした状況には、生活保護制度が対応している。この制度は、最後のセーフティーネットであり、年金受給額が少ない高齢者、年収が標準世帯の3分の1という母子家庭などにとっては頼りとなっている。

　ところで、母子家庭における保育料、公営住宅の家賃では、母親の結婚歴の有無により異なっている（表2参照）。

　地方公共団体によっては、「離別による単親家庭と状況は変わらない」と未婚の単親家庭に寡婦控除を「みなし適用」（コラム参照）しているところも

表2　結婚歴の有無で異なる年額

| 結婚歴 | 所得税 | 住民税 | 保育料 | 合　計 |
|---|---|---|---|---|
| ない | 28,300円 | 63,100円 | 128,400円 | 219,800円 |
| ある | 10,800円 | 0円 | 0円 | 10,800円 |
| 差額（年額） | 17,500円 | 63,100円 | 128,400円 | 209,000円 |

＊東京八王子市の平成24（2012）年度の試算による。同市は、平成25（2013）年度から保育料の差をなくしている。

ある。だが、税制上の問題であり、かつ他の控除とも関連するので法改正をしなければ根本的な解決はできない。結婚しないで子どもを産むことが、道徳に反するか否かを判断基準にすべきではなく、親が未婚であることで子どもが不利に扱われる合理的な理由はないなど、批判は多い。

なお、単親家庭の親は「仕事と家庭の両立」が困難であるため、「母子家庭の母及び父子家庭の父の就業の支援に関する特別措置法」が、平成25（2013）年3月1日に施行された。

### コラム　みなし適用

みなし適用は、法制度に規定がなく適用されない内容を「適用できるとみなすこと」によって、法的効果をもたらすことをいう。例えば、所得控除のひとつである「寡婦控除」は、昭和26（1951）年、夫が戦死した母子家庭の妻（寡婦）への支援として所得税法に定められたが、昭和56（1981）年に父子家庭にも拡大し、死別・離別で単親家庭となった場合の経済的配慮として導入された。しかし、未婚の単親家庭の母親は寡婦控除の対象外のため、地方公共団体によっては保育料や公営住宅の家賃などの収入算定の際に、寡婦控除を「みなし適用」している。

わが国の医療は、**表-1**で示されているように、アメリカの国立保健研究所を参考に医療分野の司令塔となるような機関を創設し、さらに革新的な医療技術の実用化・研究などを進める方針を示している。現行の医療保険による保障は、充実している面もあるが、先進諸国と比較してもっとも気になる点に「出産費用」がある。

アメリカを除く先進諸国は、出産費用を医療保険でカバーしているため、個人負担はほとんどない。ところが、日本の医療保険制度では、「出産は自然な現象」ととらえて帝王切開などの異常分娩以外は一律の出産育児手当金しか支給していない。当然、自己負担が生じる。「自然な現象」ならば、乳歯の抜歯、高齢による各種の病状などへの保険適用はどのように説明できるか、との批判がある。今後の医療保障を考えるとき、医療過誤、臓器

移植など、さまざまな場面で私たちがどのように対応すべきかを問われているといえよう。

# 3 第Ⅲ編「人生後期の"生活保障"」

　第Ⅲ編では、人生の約4分の1の期間に、何らかのアクシデントに出会った際、どのような社会保障が支え、保障してくれるのかを述べている。

　年金受給年齢が65歳に引き上げられたため、高年齢者雇用安定法が改正され、65歳までの継続雇用制度の導入または定年の廃止措置のいずれかをとらなければならなくなった。その背景には、①社会保障給付費に占める年金の割合が50％を超えたこと、②平均寿命が高くなり、就労の継続を望む高齢者も多くなったことがある。元気で生活するためには、健康や生きがいの持てる生活を自ら整えていくことが求められているといえよう。

　介護が必要になったとき、団塊の世代が頼りたいのは、男性が「妻」55％、女性が「夫」27％と男女差が表れている（内閣府調査平成24年調査）。しかも、介護保険制度が介護の社会化を実現できているとは言い難い現状のなかで、家庭で高齢者を虐待した人は、「独りで介護」が6割を超えている（日本高齢者虐待防止学会・朝日新聞社調査、平成25年報告）。裁判では、認知症の夫が事故を起こした損害賠償責任を介護していた妻に負わせたり、介護負担から親を殺してしまった子どもだけに刑罰を科し、介護を嫌がって関与しなかった子どもは無罪にしたりしている。こうした現実に、何かあった際の責任は取れないから、病院や施設への入所の方が安心であると希望が多くなるだろう。介護事故・介護殺人・孤立死などを家族の責任として問う以前に、家族を支える介護システムの再構築をすべきである。

　人生の晩年、自己資産を有効活用しながら過ごす制度として、リバースモーゲージとリビングニーズ特約が注目されている。これらの制度における問題は、不動産の評価方法、地価の下落、保険に関するモラルハザードなどである。いずれも現行制度の見直しが喫緊の課題となっている。

　人生最期のお墓の問題は、少子高齢化のなかで変化している。後々の負

担を少なくするための方法として、大きな樹木の下に絹の袋に入れた遺骨を埋める「樹林墓地」（東京都公園協会）などが評判となっている。多数の人が同じ所で眠るということも人気を高めているが、次年度の募集では、個人の樹木墓地も募集される。

## 4 第Ⅳ編「人生全般を支える社会保障」

　第Ⅳ編では、生涯を支える社会保障を見つめながら、充実した制度への改革へのあり方を模索している。

　平成25（2013）年8月、社会保障国民会議は消費増税にともなう改革案を報告書として提出した。医療・年金・介護のいずれも、高齢者を含めた高所得者への負担増を求めている。つまり、負担増のあり方を年齢別から負担能力別へと切替えを検討すべきとしている。

　医療保険では、①保険料を低所得者には軽減し、高所得者は引き上げ、②高額療養費も、所得に応じた区分を細分化し、③大病院への受診では、紹介状のない患者の定額負担制度が検討されている。年金では、①控除の見直しや課税強化、②受給開始年齢は、引き上げを中長期で検討している。一方、消費増税にともない、平成27（2015）年10月1日からは、年金の受給資格期間が25年から10年に短縮される。介護では、介護保険制度を利用する高所得者の自己負担は1割引き上げが検討されている。

　障害者は、生まれながら障害のある人より、病気、事故などによる障害児・者の方が多い。その多くが、高齢者介護と同じように家族によって世話や介護などが担われている。とくに、精神障害者が他人に危害や損害を与えた場合には、損害賠償責任を家族に負わせる裁判事例が先例としてあったため、認知症高齢者の損害賠償問題に関する家族責任につながっている。この点は、犯罪被害者等給付金支給法に基づく給付支給制度の活用で解決ができるはずである。

　社会保障の目的は、「支援も、保障も」でなければならない。

# 参考文献

## はじめに
秋元美世ほか編『現在社会福祉辞典』（有斐閣、2003）
伊奈川秀和『フランス社会保障法の権利構造』（信山社、2010）
厚生労働省編『厚生労働白書（平成24年版）』（日経印刷、2012）
厚生労働省 HP

## 第1章
岡田良則ほか『育児休業・出産・母性保護のことならこの1冊（はじめの一歩）』（自由国民社、2012）
厚生労働統計協会『国民衛生の動向 2012/2013』（厚生統計協会、2012）
上妻博明ほか『社会福祉基本六法 '13〜'14年版』（成美堂出版、2013）
日本小児科学会日本小児保健協会日本小児科医会日本小児科連絡協議会ワーキンググループ『子育て支援ハンドブック』（日本小児医事出版社、2011）
古橋エツ子編『新・はじめての人権』（法律文化社、2012）
古橋エツ子編『新・はじめての社会保障論』（法律文化社、2013）
ミネルヴァ書房編集部編『社会福祉小六法 2013』（ミネルヴァ書房、2013）

## 第2章
神里彩子＝成澤光編『生殖補助医療』生命倫理と法・基本資料集 3（信山社、2008）
齋藤有紀子編『母体保護法とわたしたち―中絶・多胎減数・不妊手術をめぐる制度と社会』（明石書店、2002）
櫻田嘉章ほか『学術会議叢 19 生殖補助医療と法』（［財］日本学術協力財団、2012）
玉井真理子＝大谷いづみ編『はじめて出会う生命倫理―生・老・病・死を考える』有斐閣アルマ（有斐閣、2011）
辻村みよ子『代理母問題を考える』岩波ジュニア新書＜知の航海シリーズ＞（岩波書店、2012）
樋口範雄『続・医療と法を考える―終末期医療ガイドライン』（有斐閣、2008）
町野朔ほか編『生殖医療と法』医療・医学研究と法 1（信山社、2010）
丸山英二編『出生前診断の法律問題』（尚学社、2008）
（社）日本産科婦人科学会　倫理的に注意すべき事項に関する見解
　　plaza.umin.ac.jp/〜jsog-art/jsog_kenkaishu.pdf

## 第3章
上里一郎監修　橋本和明編『虐待と現代の人間関係――虐待に共通する視点とは』（ゆまに書房、2007）

倉橋　弘『社会福祉法概説』（晃洋書房、2011）
児童虐待問題研究会編『Q＆A児童虐待防止ハンドブック〔改訂版〕』（ぎょうせい、2012）
芝野松次郎ほか編『児童や家庭に対する支援と児童・家庭福祉制度〔第2版〕』（ミネルヴァ書房、2013）
社会福祉士養成講座編集委員会編『児童や家庭に対する支援と児童・家庭福祉制度〔第4版〕』（中央法規、2013）
棚村政行『子どもと法』（日本加除出版、2012）
福祉臨床シリーズ編集委員会編『児童や家庭に対する支援と児童・家庭福祉制度〔第2版〕』（弘文堂、2013）

## 第4章

泉眞樹子「少子高齢化と社会保障制度―『社会保障と税の一体改革』とその背景」『調査と情報』第769号（国立国会図書館、2013）
掛札逸美『乳幼児の事故予防――保育者のためのリスク・マネジメント』（ぎょうせい、2012）
倉田賀世「保育における課題」日本社会保障法学会編『新・講座　社会保障法2 地域生活を支える社会福祉』（法律文化社、2012）
齋藤純子「ドイツの保育制度―拡充の歩みと展望」『レファレンス』2月号（国立国会図書館、2011）
杉山隆一＝田村和之編『保育所運営と法・制度――その解説と活用』保育理論と実践講座　第4巻（新日本出版社、2009）
日本学童保育学会編『現代日本の学童保育』（旬報社、2012）
福田志津枝＝古橋エツ子編『これからの児童福祉〔第4版〕』（ミネルヴァ書房、2010）
福田志津枝＝古橋エツ子編『私たちの生活と福祉〔第4版〕』（ミネルヴァ書房、2010）
古橋エツ子「スウェーデン」柴山恵美子編『新・世界の女たちはいま』（学陽書房、1993）
椋野美智子＝藪長千乃編『世界の保育保障―幼保一体改革への示唆』（法律文化社、2012）

## 第5章

財団法人労務行政研究所編『雇用保険法〔コンメンタール〕』（労務行政、2004）
田中耕太郎『社会保険の現代的課題』（財団法人放送大学教育振興会、2012）
水島郁子「第11章　長期失業・貧困と社会保険」（菊池馨実編『社会保険の法原理』法律文化社、2012年所収）
山田省三編『リーディングス社会保障法〔第2版〕』（八千代出版、2003）
労働政策審議会職業安定分科会雇用保険部会「平成24年1月6日づけ雇用保険部会報告書」
労働調査会編『改正雇用保険法』（労働調査会、2003）
厚生労働省のHP

## 第6章
大内伸哉編『労働法演習ノート──労働法を楽しむ25問』(弘文堂、2011)
川人博『過労自殺と企業の責任』(旬報社、2006)
木村愛子＝古橋エツ子『ジェンダー平等とディーセント・ワーク──男女平等社会の実現をめざして』(日本ILO協会、2009)
熊沢誠『働きすぎに斃れて──過労死・過労自殺の語る労働史』(岩波書店、2010)
小嶌典明ほか『目で見る労働法教材』(有斐閣、2003)
菅野和夫『労働法〔第10版〕』法律学講座双書 (弘文堂、2012)

## 第7章
阿部彩『弱者の居場所がない社会──貧困・格差と社会的包摂』講談社現代新書 (講談社、2011)
阿部和光『生活保護の法的問題』(成文堂、2012)
岩田正美『現代の貧困──ワーキングプア/ホームレス/生活保護』ちくま新書 (筑摩書房、2007)
小山進次郎『改訂増補　生活保護法の解釈と運用〔復刻版〕』(全国社会福祉協議会、1975)
『生活保護50年の軌跡』刊行委員会編『生活保護50年の軌跡』(全国公的扶助研究会、2001)
日本社会保障法学会編『ナショナルミニマムの再構築』新・講座社会保障法3 (法律文化社、2012)
吉永純『生活保護の争点──審査請求、行政運用、制度改革をめぐって』(高菅出版、2011)

## 第8章
五十子敬子「意思決定の自由」『憲法論叢』No.17 (関西憲法研究会、2010)
五十子敬子編『医をめぐる自己決定』(批評社、2007)
畔柳達雄『医療事故と司法判断』(判例タイムズ社、2002)
小林正也『サンデルの政治哲学』(平凡社、2010)
資料集生命倫理と法編集委員会編『資料集　生命倫理と法』(太陽出版、2003)
高木美也子『図解　生命の科学が見る見るわかる本』(PHP研究所、2008)
樋口範雄編著『ケース・スタディ　生命倫理と法〔第2版〕』ジュリスト増刊 (有斐閣、2012)
古橋エツ子編『新・初めての人権』(法律文化社、2013)
山内義廣「脳死と臓器移植の問題」『法政論叢』46巻1号 (日本法政学会、2009)
米本昌平『バイオポリティクス』中公新書 (中央公論新社、2006)

## 第9章
加藤栄一編『年金と経済31 (1)』(公益財団法人年金シニアプラン総合研究機構、2012)
亀井聡編『月刊　ジュリスト3月号　1451号』(有斐閣、2013)
菊地敏夫監修・及川忠『図解入門ビジネス　最新　医療費の基本と仕組みがよ〜くわか

る本〔第3版〕』（秀和システム、2012）
富樫ひとみ『高齢期につなぐ社会関係――ソーシャルサポートの提供とボランティア活動を通して』茨城キリスト教大学言語文化研究所叢書（ナカニシヤ出版、2013）
直井道子ほか編『高齢者福祉の世界』有斐閣アルマ（有斐閣、2008）
日本社会保障法学会編『医療保障法・介護保障法』講座社会保障法第4巻（法律文化社、2001）
久塚純一ほか『テキストブック　社会保障法』（日本評論社、2000）
広田薫『希望者全員の継続雇用義務化！　改正高年齢者雇用安定法の解説と企業実務』（日本法令、2012）
福田志津枝＝古橋エツ子編『私たちの生活と福祉〔第4版〕』（ミネルヴァ書房、2010）
労働政策研究・研修機構編『高齢者雇用の現状と課題』JILPT第2期プロジェクト研究シリーズ1（独立行政法人労働政策研究・研修機構、2012）

## 第10章

一番ヶ瀬康子監修『家族介護と高齢者虐待』介護福祉ハンドブック（一橋出版、2004）
武田京子『老女はなぜ家族に殺されるのか―家族介護殺人事件』OP叢書（ミネルヴァ書房、1996）
日本社会保障法学会編『医療保障法・介護保障法』講座　社会保障法4（法律文化社、2001）
橋本篤孝＝古橋エツ子編『介護・医療・福祉小辞典〔第2版〕』（法律文化社、2006）
マスン，B.＝オーレスン，P.編（石黒暢訳）『高齢者の孤独』（新評論、2008）
久塚純一ほか編『チャレンジ現代社会と福祉―〈社会福祉原論〉を現場から学ぶ』（法律文化社、2012）
福田志津枝＝古橋エツ子編『これからの高齢者福祉〔改訂版〕』（ミネルヴァ書房、2009）
藤田綾子『超高齢社会は高齢者が支える』阪大リーブル（大阪大学出版会、2007）
古橋エツ子『介護休業―家族の介護が必要となったとき』岩波ブックレット（岩波書店、1999）
古橋エツ子編『家族の変容と暴力の国際比較』（明石書店、2007）

## 第11章

内田貴『民法Ⅲ〔第3版〕』（東京大学出版会、2005）
加賀山茂『債権担保法講義』（日本評論社、2011）
道垣内弘人『担保物権法〔第3版〕』（有斐閣、2008）
山下友信＝米山高生編『保険法解説』（有斐閣、2010）
米山秀隆『少子高齢化時代の住宅市場』（日本経済新聞出版社、2011）

## 第12章

井上治代「家族と墓」神原文子ほか編『よくわかる現代家族』（ミネルヴァ書房、2009）
岩井紀子「〈墓〉意識の多様化の背景」谷岡一郎ほか編『日本人の意識と行動』（東京大

学出版会、2008）
島津一郎ほか編『新・判例コンメンタール民法十四相続（一）』（三省堂、1992）
高橋朋子「平成12年度主要民事判例解説」『判例タイムズ』（判例タイムズ社、2001）
利谷信義『家族の法〔第2版〕』（有斐閣、2005）
星野智子「お墓の継承」星野智子＝和田美智代『家族のこれから』（三学出版、2010）
本沢巳代子「社会保障法と家族」古橋エツ子先生還暦記念論文集編集委員会編『21世紀における社会保障とその周辺領域』（法律文化社、2003）

## 第13章
岡伸一『損得で考える二十歳からの年金』（旬報社、2011）
加藤智章ほか『社会保障法〔第5版〕』（有斐閣、2013）
加藤智章ほか『世界の医療保障』（法律文化社、2013）
健康保険組合連合会「NHS改革と医療供給体制に関する調査研究報告書」（2012）
社会保障入門編集委員会『社会保障入門2013』（中央法規出版、2013）
久塚純一ほか『社会保障法解体新書〔第3版〕』（法律文化社、2011）
堀勝洋『年金保険法──基本理論と解釈・判例〔第3版〕』（法律文化社、2013）
本沢巳代子ほか『トピック社会保障法〔第7版〕』（信山社、2013）

## 第14章
岡伸一『損得で考える二十歳からの年金』（旬報社、2011）
加藤智章ほか『社会保障法〔第5版〕』（有斐閣、2013）
社会保障入門編集委員会『社会保障入門2013』（中央法規出版、2013）
久塚純一ほか『社会保障法解体新書〔第3版〕』（法律文化社、2011）
堀勝洋『年金保険法〔第3版〕』（法律文化社、2013）
本沢巳代子ほか『トピック社会保障法〔第7版〕』（信山社、2013）
週刊社会保障2732号（2013年6月24日）

## 第15章
安積純子ほか『生の技法―家と施設を出て暮らす障害者の社会学〔第3版〕』（生活書院、2012）
小澤温＝大島巌編『障害者に対する支援と障害者自立支援制度〔第2版〕』（ミネルヴァ書房、2013）
古橋エツ子編『新・初めての社会保障論』（法律文化社、2013）
シリーズ生命倫理学編集委員会編『高齢者・難病患者・障害者の医療福祉』（丸善出版、2012）
山内一永『図解 障害者総合支援法早わかりガイド』（日本実業出版、2012）
金川めぐみ「ALS患者への自立支援給付に関する仮の義務付け決定の意義と課題」『賃金と社会保障』No.1552（旬報社、2011）
滝口真＝福永良逸編『障害者福祉論―障害者に対する支援と障害者自立支援制度』（法律

文化社、2010)
障害者生活支援システム研究会編『どうつくる？　障害者総合支援法――権利保障制度確立への提言』(かもがわ出版、2010)

# 事項索引

## あ行

ILO（国際労働機関）……92
ICIDH（国際障害分類）
　………………………218
ICF（国際生活機能分類）
　………………………218
アウトリーチ……………48
朝日訴訟…………………100
新しい公共………………135
アレルギー対応…………53
安全衛生確保等事業……90
イエ………………………173
イエ制度…………………174
家（イエ）墓……………173
生きがい対策……………133
異議申し立て……………219
育児休業給付……………77
遺産相続…………………174
遺族基礎年金……204,205,208
遺族厚生年金……………205
遺族年金…………………200
遺族補償年金の事例……168
1.57ショック………55,56
逸脱（通勤経路からの）…86
遺伝カウンセリング……27
遺品処理…………………151
医療・医業の定義………110
医療行為…………………110
医療従事者………………110
医療水準…………………111
医療扶助…………33,104,217
医療保険制度……………129
胃瘻………………………212
運営適正化委員会………46
AID（非配偶者間人工授精）
　………………………26
ALS（筋委縮性側索硬化症）

　………………………212
応益負担…………………221
応能負担…………………221

## か行

介護休業給付……………77
介護給付…………………221
介護訴訟…………………212
介護扶助…………104,217
介護保険法………………143
核家族化（小家族化）…173
学習活動…………………135
確定給付企業年金…200,209
確定拠出年金……200,209
家族出産育児一時金…11,189
学校保健安全法…………16
活動［ICF］……………218
家庭的保育ガイドライン…60
家庭的保育支援者………61
家庭的保育者………60,61
家庭的保育制度…………52
家督相続…………………174
環境上養護を要する児童…45
義援金……………………171
機会費用…………………144
企業年金…………………209
基準及び程度の原則……102
機能障害…………………218
基本手当…………………73
虐待されている児童……45
虐待的人間関係の再現傾向
　………………………148
求職者支援制度…………78
給付日数…………………75
教育訓練給付……………77
教育訓練給付金…………77
教育扶助…………104,217

共済組合…………………130
共生社会…………………220
共同生活援助（グループ
　ホーム）……………221
共同生活介護（ケアホーム）
　………………………221
共同墓……………173,179
業務起因性………………82
業務遂行性………………82
居住地保護………………103
筋委縮性側索硬化症（ALS）
　………………………212
緊急避妊薬………………32
緊急不動産活用型住宅再建
　資金…………………159
苦情解決…………………46
グループホーム…………144
訓練等給付………………221
経済的理由………………28
継続雇用制度……………126
刑法………………………29
ケースカンファレンス…48
ゲノム……………………114
ゲノム解読………114,115
健康保険…………………130
現在地保護………………103
現代の医療………………111
減点査定…………………191
顕微授精…………………25
権利擁護（障害者の）…223
後期高齢者………………145
後期高齢者医療制度……130
公共職業安定所…………70
合計特殊出生率………55,56
厚生年金…………206,210,216
厚生年金基金……200,209
厚生年金保険……………202
厚生労働省………………88

公的年金………198,200,205
高年齢雇用継続給付………77
高年齢者雇用安定法（高年齢者等の雇用の安定等に関する法律）…………126,154
高年齢者雇用確保措置……126
高年齢退職者……………127
神戸市被害高齢者向け終身生活貸付………………159
公務災害………………168
高齢者医療確保法………132
高齢社会………………134
高齢社会対策基本法……134
高齢社会対策大綱………134
高齢者学級……………134
高齢者虐待防止法（高齢者虐待の防止、高齢者の養護者に対する支援等に関する法律）………………147
高齢者対策……………133
高齢者の医療の確保に関する法律………………132
高齢者福祉増進事業……134
高齢者保健福祉推進十か年戦略の見直し（新ゴールドプラン）………………134
高齢者向け返済特例制度
　………………………159
国際障害分類（ICIDH）
　………………………218
国際生活機能分類（ICF）
　………………………218
国民皆年金制……………206
国民皆保険（制度）
　…………………129,184
国民健康保険………130,192
国民健康保険組合………130
国民年金……204,205,206,216
こころの耳………………89
個人墓…………………177
国家（地方）公務員災害補償法（公務員労災）………168
国家責任の原理…………99
国庫負担…………………72
子どもの権利条約………63

雇用安定事業……………78
雇用継続給付……………77
雇用政策………………136
雇用保険…………………69
雇用保険の被保険者……71
雇用保険法………………69
孤立死…………………150
混合診療………………195

## さ行

災害弔慰金の支給等に関する法律………………171
最後のセーフティネット…97
祭祀に関する権利承継……174
再就職手当………………76
在職老齢年金……………202
再審査請求……………106
最低生活保障……………98
最低生活保障の原理……100
里親……………………43,47
里親委託…………………43,47
里親制度…………………46
サービス残業……………90
参加［ICF］……………218
産科医療補償制度………33
散骨……………………173
3歳児神話………………57
三大疾病保障保険………164
自営業者保険……………185
ジェンダー…………91,168
自己決定の原則…………218
資産の活用……………101
失業……………………68,74
失業の認定………………75
失業保険…………………68
失業保険法………………69
指定医師…………………29
指定代理請求人制度……165
私的年金………………200
児童虐待防止法（児童虐待の防止等に関する法律）
　……………………38,147
児童相談所………………44
児童福祉司………………48

児童福祉審議会…………48
児童福祉法………………63
児童養護施設……………45
社会貢献活動…………134
社会参加活動…………135
社会的自立………………98
社会的性差……………168
社会的入院……………141
社会的不利……………218
社会福祉基礎構造改革…219
社会福祉協議会……140,214
社会復帰促進事業………90
社会保険方式…………129
就業手当…………………76
就職促進給付……………76
住宅扶助……………104,217
就労移行支援…………215
就労継続支援…………215
受給期間…………………75
受給資格…………………74
受精卵診断………………27
受精卵スクリーニング…27
受胎調節…………………30
受胎調節の実地指導……28
出産育児一時金……11,33,189
出産手当金……………189
出産扶助……………33,217
出生前診断………………27
受療率…………………129
準用（保護の）…………99
障害基礎年金……202,204,216
障害共済年金……………217
障害厚生年金……204,205,216
障害支援区分…………220
障害児福祉手当………216,217
障害者加算……………216
障害者基本法…………219
障害者虐待防止法………214
障害者自立生活運動……218
障害者総合支援法………220
障害手当金……………204
障害程度区分…………220
障害年金………………200
障害福祉計画…………221
障害補償一時金…………217

事項索引　239

障害補償年金……………217
少子化……………………173
傷病手当金………………189
常用就職支援手当………77
職域保険……………130,184
助産施設…………………33
職権保護…………………102
自立支援医療……………221
自立助長…………………98
シルバー人材センター…128
シルバー人材センター連合
　……………………………128
人権侵害…………………223
人口学……………………137
人工授精…………………25
人工妊娠中絶……………28
審査請求…………………106
審査請求前置主義………106
申請保護の原則…………102
身体機能・構造［ICF］
　……………………………218
身体障害者福祉法………219
診療報酬明細書（レセプト）
　……………………………190
生活再建支援金…………169
生活扶助……………103,217
生活保護…………………96
生活保護の財源…………106
生業扶助……………104,217
生産年齢人口……………137
生殖補助医療……………25
精神的満足度……………152
精神保健及び精神障害者福祉
　に関する法律…………219
生前給付金………………163
生存権の保障……………97
性別役割分業意識………56
生命倫理…………………118
世帯単位の原則…………102
世帯分離…………………102
船員保険…………………130
前期高齢者財政調整制度
　……………………………130
全国シルバー人材センター
　事業協会………………128

選定療養……………189,195
臓器移植…………………113
臓器移植法………………113
葬祭扶助…………………217
争訟権……………………106
措置から契約へ…………222
措置制度…………………46

**た行**

第1号被保険者……198,207
体外受精…………………25
待機期間…………………75
待機児童解消促進等事業
　実施要綱………………60
待機児童ゼロ作戦………60
待機児童対策……………60
第3号被保険者……198,207
第三者評価………………46
胎児診断…………………27
退職者医療制度…………130
退職被保険者……………131
第2号被保険者……198,207
第2のセーフティネット…78
代理懐胎…………………25
代理出産…………………26
宅幼老所の取組…………63
他法優先の原則…………101
ターミネーション………41
団塊世代…………………136
地域生活支援事業………221
地域包括ケアシステム…145
地域包括支援センター…144
地域保険……………130,184,185
地域保健法………………20
知的障害…………………213
知的障害者福祉法………219
着床前診断………………27
中高年者等の雇用促進に
　関する特別措置法……127
中断（通勤の）…………86
弔慰金……………………169
超高齢社会………………173
長男相続…………………174
治療行為の適法性要件…111

治療目的…………………111
通勤災害…………………85
積立方式…………………206
定期接種…………………18
ディーセント・ワーク…92
低体重児…………………15
適用事業…………………70
同意………………………111
特定求職者………………79
特定受給資格者…………75
特定不妊治療……………32
特定不妊治療費助成事業…31
特定理由離職者…………75
特別児童扶養手当……216,217
特別障害給付金………216,217
特別障害者手当………216,217
都道府県社会福祉協議会…46

**な行**

ナショナルミニマム……97
難病患者…………………220
日本産科婦人科学会……26
任意接種…………………18
認知症……………………213
妊婦健康診査……………10
年少人口…………………137
脳死………………………112
能力開発事業……………78
能力障害…………………218
能力の活用………………101
ノーマライゼーション…218

**は行**

胚移植……………………26
バイオエシクス…………118
配偶者からの暴力の防止及び
　被害者の保護に関する法律
　（DV法）………………147
胚提供……………………26
発達障害者支援法………219
犯罪被害者給付金制度…33
被災者生活再建支援法…171
被災労働者等援護事業…90

必要即応の原則‥‥‥‥‥102
ヒトゲノム解読‥‥‥‥‥119
被保険者資格要件‥‥‥‥‥71
日雇労働者健康保険‥‥‥130
評価療養‥‥‥‥‥‥189,195
被用者保険‥‥‥‥‥130,185
夫婦墓‥‥‥‥‥‥‥‥‥177
賦課方式‥‥‥‥‥‥‥‥206
福祉資金貸付事業‥‥‥‥157
福祉事務所‥‥‥‥‥‥‥106
物価スライド式‥‥‥‥‥216
不動産担保型生活資金‥‥159
不妊手術‥‥‥‥‥‥‥‥‥28
不妊専門相談センター‥‥‥32
不妊治療‥‥‥‥‥‥‥‥‥27
不服申立て‥‥‥‥‥‥‥106
扶養‥‥‥‥‥‥‥‥‥‥101
扶養義務者‥‥‥‥‥‥‥101
保育施設における事故‥‥‥52
保育所‥‥‥‥‥‥‥‥52,58
保育ママ制度‥‥‥‥‥‥‥52
保険料率‥‥‥‥‥‥‥‥‥72
保護者のない児童‥‥‥‥‥45
保護の実施機関‥‥‥‥‥106
保護の実施体制‥‥‥‥‥106
保護の補足性‥‥‥‥‥‥100
保護の要否判定‥‥‥‥‥103
母性神話‥‥‥‥‥‥‥‥‥56
補装具‥‥‥‥‥‥‥‥‥221
母体保護法‥‥‥‥‥‥12,28

## ま行

未熟児‥‥‥‥‥‥‥‥‥‥15
見舞金‥‥‥‥‥‥‥‥‥169
民法897条‥‥‥‥‥‥‥174
無差別平等の原理‥‥‥‥‥99
無認可保育所‥‥‥‥‥‥‥54
メンタルヘルス対策支援事業
‥‥‥‥‥‥‥‥‥‥‥‥89
メンタルヘルス対策支援
センター‥‥‥‥‥‥‥‥89
モラル・ハザード‥‥‥‥165

## や行

夜間対応型サービス‥‥‥144
優生保護法‥‥‥‥‥‥‥‥12
養育医療‥‥‥‥‥‥‥‥‥15
幼稚園‥‥‥‥‥‥‥‥‥‥52
幼保一元化‥‥‥‥‥‥‥‥62
要保護児童‥‥‥‥‥‥‥‥43
横浜方式‥‥‥‥‥‥‥‥‥60
予防接種法‥‥‥‥‥‥‥‥18

## ら行

離職理由‥‥‥‥‥‥‥‥‥75
リバースモーゲージ‥‥‥157
リビングニーズ特約‥‥‥163
リプロダクティブ・ヘルス/
ライツ‥‥‥‥‥‥‥12,35
療育手帳‥‥‥‥‥‥‥‥213
連携保育所‥‥‥‥‥‥‥‥61
労災かくし‥‥‥‥‥‥‥‥88
労使協定による基準‥‥‥127
老人福祉法‥‥‥‥‥‥‥133
労働安全衛生規則‥‥‥‥‥88
労働安全衛生法‥‥‥‥‥‥87
労働安全衛生法施行令‥‥‥88
労働基準監督官‥‥‥‥‥‥89
労働基準監督署‥‥‥‥‥‥88
労働基準監督署長‥‥‥‥‥88
労働基準法‥‥‥‥‥‥87,214
労働局‥‥‥‥‥‥‥‥‥‥88
労働者災害補償保険‥‥‥‥82
労働者災害補償保険法
‥‥‥‥‥‥‥‥‥168,216
労働者災害補償保険法施行
規則‥‥‥‥‥‥‥‥‥‥92
労働保険‥‥‥‥‥‥‥‥‥70
老年人口‥‥‥‥‥‥‥‥137
老齢基礎年金
‥‥‥‥‥‥201,202,204,205
老齢厚生年金‥‥201,202,205
老齢年金‥‥‥‥‥‥126,200
老老介護‥‥‥‥‥‥‥‥140

## わ行

ワーク・ライフ・バランス
（仕事と生活の調和）‥‥90
ワンストップ支援センター
‥‥‥‥‥‥‥‥‥‥‥‥32

# 判例索引

大判大正 5・2・5 刑録 22-109 …………… 110
最大判昭和 42・5・24 民集 21-5-1043
　〔百選 1 事件〕 ……………………………… 100
最判昭和 53・4・4 判時 887-58 …………… 191
東京高判昭和 57・7・14 判時 1053-105 …… 54
浦和地判昭和 57・9・17 労民 33-5-837
　〔百選 76 事件〕 ………………………………… 71
東京地判昭和 58・7・22 判タ 507-246
　……………………………………………… 27, 29
東京高判昭和 59・2・29 労民 35-1-15 …… 71
名古屋高判昭和 59・4・19 判タ 531-163 … 175
東京地八王子支判昭和 59・6・27 判時 1138-97 ……………………………………………… 54
大阪高決昭和 59・10・15 判タ 541-235 …… 175
神戸地判昭和 61・5・28 労判 477-29
　〔百選 80 事件〕 ………………………………… 75
最判昭和 61・10・17 判時 1219-58
　〔百選 17 事件〕 ……………………………… 192
長崎家審昭和 62・8・31 家月 40-5-161 …… 175
広島高判昭和 63・10・13 労判 526-25
　〔百選 78 事件〕 ………………………………… 75
千葉地松戸支判昭和 63・12・2 判時 1302-133
　〔百選 104 事件〕 ……………………… 42, 54
東京地判平成 4・7・8 判時 1468-116
　……………………………………………… 27, 29
東京地判平成 4・11・20 労判 620-50
　〔百選 77 事件〕 ………………………………… 75
東京高判平成 7・2・3 判時 1591-37 ……… 55
浦和家審平成 8・5・16 家月 48-10-162
　〔百選 98 事件〕 ……………………………… 40
名古屋地判平成 8・10・30 判時 1605-34
　………………………………………………… 101
名古屋高判平成 9・8・8 判時 1653-71
　………………………………………………… 101
最判平成 11・7・13 判例集未登載 ………… 55
神戸地判平成 12・3・9 判時 1729-52 …… 55

最判平成 12・3・24 民集 54-3-1155
　電通事件〔百選 74 事件〕 ………………… 84
最判平成 12・7・17 判時 1723-132
　横浜南労基署長（東京海上横浜支店）事件
　〔百選 54 事件〕 ……………………………… 82
名古屋地判平成 13・2・23 判例集未登載
　………………………………………………… 142
奈良家審平成 13・6・14 家月 53-12-82 …… 176
仙台高判平成 14・5・3 裁判所ウェブサイト
　………………………………………………… 142
岡山家審平成 15・5・8 家月 56-1-128 …… 40
東京高判平成 17・1・27 判時 1953-132 …… 27
高松地判平成 17・4・20 判時 1897-55 …… 43
東京家審平成 18・2・7 家月 58-6-69
　〔百選 99 事件〕 ……………………………… 41
東京高判平成 18・3・22 判時 1928-133、判タ
　1218-298 …………………………………… 165
最決平成 19・3・23 民集 61-2-619 ………… 26
大阪高判平成 19・4・18 労判 937-14
　国・羽曳野労基署長（通勤災害）事件
　〔百選 59 事件〕 ……………………………… 86
東京地判平成 19・11・7 判時 1996-3
　〔百選 31 事件〕 ……………………………… 195
東京地判平成 19・11・27 判時 1996-16 …… 42
秋田家審平成 21・3・24 家月 62-7-79 …… 41
東京高判平成 21・9・29 判タ 1310-66 …… 196
京都地判平成 22・5・27 労判 1010-11
　国・園部労基署長事件 ……………………… 92
福岡高判平成 22・11・15 判タ 1377-104
　大分外国人生活保護訴訟 ………………… 99
和歌山地決平成 23・9・26 判タ 1372-92
　………………………………………………… 213
最判平成 23・10・25 民集 65-7-2923 ……… 196
東京地判平成 23・11・8 賃社 1553=1554-13
　………………………………………………… 101
最判平成 24・11・29 労判 1064-13 ………… 126

## 編者・執筆分担

神尾真知子（かみお　まちこ）……………はしがき、はじめに、第5章
日本大学法学部　教授

古橋エツ子（ふるはし　えつこ）………………………第4章、おわりに
花園大学　名誉教授

## 執筆者（五十音順）・執筆分担

井川淳史（いかわ　あつし）………………………………………… 第15章
名古屋経営短期大学健康福祉学科　専任講師

五十子敬子（いらこ　けいこ）……………………………………… 第8章
尚美学園大学大学院総合政策研究科　教授

片山由美（かたやま　ゆみ）………………………………………… 第1章
花園大学社会福祉学部児童福祉学科　准教授

倉橋弘（くらはし　ひろむ）………………………………………… 第3章
神戸医療福祉大学社会福祉学部経営福祉ビジネス学科　専任講師

富樫ひとみ（とがし　ひとみ）……………………………………… 第9章
茨城キリスト教大学生活科学部　准教授

中尾治子（なかお　はるこ）………………………………………… 第10章
名古屋経営短期大学健康福祉学科　教授

東根ちよ（ひがしね　ちよ）………………………………………… 第6章
同志社大学大学院総合政策科学研究科　博士後期課程

星野智子（ほしの　ともこ）………………………………………… 第12章
大阪女子短期大学生活科学科　准教授

松井丈晴（まつい　たけはる）……………………………… 第13章、第14章
中央学院大学法学部　非常勤講師

## 執筆者（五十音順）・執筆分担（続き）

森田理恵（もりた　りえ） ………………………………………… 第11章
大阪大学大学院法学研究科　特任研究員

脇野幸太郎（わきの　こうたろう） ……………………………… 第7章
長崎国際大学人間社会学部　専任講師

和田美智代（わだ　みちよ） ……………………………………… 第2章
宝塚医療大学保健医療学部　教授

---

**Next 教科書シリーズ　社会保障**

2014（平成26）年2月28日　初版1刷発行

| | |
|---|---|
| 編　者 | 神尾　真知子・古橋　エツ子 |
| 発行者 | 鯉渕　友南 |
| 発行所 | 株式会社　弘文堂　　101-0062　東京都千代田区神田駿河台1の7<br>TEL 03(3294)4801　　振替 00120-6-53909<br>http://www.koubundou.co.jp |
| 装　丁 | 水木喜美男 |
| 印　刷 | 三美印刷 |
| 製　本 | 井上製本所 |

©2014　Machiko Kamio & Etsuko Furuhashi. Printed in Japan
JCOPY 〈(社)出版者著作権管理機構　委託出版物〉
本書の無断複写は著作権法上での例外を除き禁じられています。複写される場合は、そのつど事前に、(社)出版者著作権管理機構（電話 03-3513-6969、FAX 03-3513-6979、e-mail: info@jcopy.or.jp）の許諾を得てください。
また本書を代行業者等の第三者に依頼してスキャンやデジタル化することは、たとえ個人や家庭内の利用であっても一切認められておりません。

ISBN978-4-335-00208-3

## Next 教科書シリーズ

**■ 好評既刊**

### 授業の予習や独習に適した初学者向けの大学テキスト

(刊行順)

| 書名 | 編者 | 定価 | ISBN |
|---|---|---|---|
| 『心理学』[第2版] | 和田万紀＝編 | 定価(本体2100円＋税) | ISBN978-4-335-00205-2 |
| 『政治学』 | 山田光矢＝編 | 定価(本体2000円＋税) | ISBN978-4-335-00192-5 |
| 『行政学』 | 外山公美＝編 | 定価(本体2400円＋税) | ISBN978-4-335-00195-6 |
| 『国際法』[第2版] | 渡部茂己・喜多義人＝編 | 定価(本体2200円＋税) | ISBN978-4-335-00211-3 |
| 『現代商取引法』 | 藤田勝利・工藤聡一＝編 | 定価(本体2800円＋税) | ISBN978-4-335-00193-2 |
| 『刑事訴訟法』 | 関　正晴＝編 | 定価(本体2400円＋税) | ISBN978-4-335-00197-0 |
| 『行政法』 | 池村正道＝編 | 定価(本体2800円＋税) | ISBN978-4-335-00196-3 |
| 『民事訴訟法』 | 小田　司＝編 | 定価(本体2200円＋税) | ISBN978-4-335-00198-7 |
| 『日本経済論』 | 稲葉陽二・乾友彦・伊ヶ崎大理＝編 | 定価(本体2200円＋税) | ISBN978-4-335-00200-7 |
| 『地方自治論』 | 山田光矢・代田剛彦＝編 | 定価(本体2000円＋税) | ISBN978-4-335-00199-4 |
| 『憲法』 | 齋藤康輝・高畑英一郎＝編 | 定価(本体2100円＋税) | ISBN978-4-335-00204-5 |
| 『教育政策・行政』 | 安藤忠・壽福隆人＝編 | 定価(本体2200円＋税) | ISBN978-4-335-00201-4 |
| 『国際関係論』 | 佐渡友哲・信夫隆司＝編 | 定価(本体2200円＋税) | ISBN978-4-335-00203-8 |
| 『労働法』 | 新谷眞人＝編 | 定価(本体2000円＋税) | ISBN978-4-335-00206-9 |
| 『刑事法入門』 | 船山泰範＝編 | 定価(本体2000円＋税) | ISBN978-4-335-00210-6 |
| 『西洋政治史』 | 杉本　稔＝編 | 定価(本体2000円＋税) | ISBN978-4-335-00202-1 |
| 『社会保障』 | 神尾真知子・古橋エツ子＝編 | 定価(本体2000円＋税) | ISBN978-4-335-00208-3 |
| 『民事執行法・民事保全法』 | 小田　司＝編 | 定価(本体2500円＋税) | ISBN978-4-335-00207-6 |